발음부터 중고급문법 회화까지! 7급 외무 영사 대비 적합서!

스페인어 개정판

EL ESPAÑOL PERFECTO Y PRÁCTICO

최근 11년 외무영사직 기출문제 수록

완벽핵심 ESPAK 스페인어 시리즈 3
발음부터 중고급문법 회화까지! 7급 외무 영사 대비 적합서!

스 페 인 어 개 정 판

EL ESPAÑOL PERFECTO Y PRÁCTICO

인 쇄 일 2017년 10월 12일
발 행 일 2017년 10월 23일

저   자 박삼규 저
발 행 인 윤우상
총   괄 윤병호
책 임 편 집 최다연
표지디자인 Design Didot 디자인 디도
발 행 처 송산출판사
주   소 서울특별시 서대문구 통일로 32길 14 (홍제동)
전   화 (02)735-6189
팩   스 (02)737-2260
홈 페 이 지 www.songsanpub.co.kr
E - m a i l songsan1@korea.com
등 록 일 1976년 2월 2일 제9-40호

ISBN   978-89-7780-245-2 13770

완벽핵심 ESPAK 스페인어 시리즈 3

발음부터 중고급문법 회화까지! 7급 외무 영사 대비 적합서!

스 페 인 어 개 정 판

EL ESPAÑOL PERFECTO Y PRÁCTICO

최근 11년 외무영사직 기출문제 수록

박삼규 저

송산출판사

머리말

　스페인어는 스페인을 비롯하여 중남미 20여 개국에서 사용하고 있으며 UN의 국제공용어 중의 하나입니다. 날로 급변하는 국제화 시대에 부응하여 국가 간에 스페인어에 대한 인식과 필요성이 나날이 높아가고 있는 추세입니다. 중요한 외교, 국방, 무역 등의 의존도가 높은 미국사회에서도 플로리다, 콜로라도, 캘리포니아, 애리조나, 네바다, 뉴멕시코 주, 특히 텍사스, 조지아 주 등에서는 스페인어를 공용어로 채택하자는 법안을 주 의회에 제출할 정도로 광범위하게 사용하고 있는 현실입니다. 게다가 2050년 내에 미국사회에서 스페인어 사용인구가 영어를 능가한다는 통계자료가 올라와 각광을 받고 있는 현실입니다.

　하나의 외국어를 마스터한다는 것은 결코 쉬운 일은 아니며 어렵고 고통스러운 과제이므로 커다란 인내와 끊임없는 노력을 요구하는 일입니다.

　스페인어를 공부하는 독자 여러분에게 이러한 무거운 짐들을 조금이나마 덜어드리기 위해 짧은 시간 내에 쉽고 간단하게 스페인어를 이해할 수 있도록 이 교재를 엮었습니다. 뿐만 아니라, 스페인어 사용국으로 유학, 여행, 출장, 이민 등에 대비하여 최소한의 언어능력을 기르기 위해 회화체 문장을 수록 하였습니다.

본 교재의 특징은

첫째, 초급 문법에서 고급에 이르기까지 강의식으로 초보자라도 쉽게 이해 할 수 있도록 핵심적이고 체계적으로 정리되어 있습니다.

둘째, 문법 단원에 걸맞은 테마별 회화체문장과 단원중심의 문제를 수록하여 보다 더 효율적으로 학습효과를 낼 수 있도록 하였습니다.

마지막으로, 종합 문제편에서는 외무 영사직 기출문제를 중심으로 수록하여 보다 더 확실한 문법정리와 시험을 대비하는 학생들에게 도움이 되도록 하였습니다.

아무쪼록 독자 여러분들의 행운과 스페인어 학습에 조그마한 도움이 되시길 빌면서 본 교재 출판을 위해 물심양면으로 지원을 아끼지 않으신 송산출판사 윤우상 사장님을 비롯해 직원 여러분께 심심한 사의를 표하는 바입니다.

2017 년 10 월

저 자 박 삼 규

목 차

Start-Up

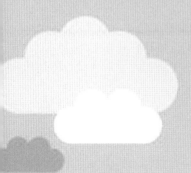

01. EL ALFABETO

문자	명칭	발음	문자	명칭	발음
A (a)	아	[아] a	N (n)	에네	[ㄴ] ene
B (b)	베	[ㅂ] be	Ñ (ñ)	에녜	[녜] eñe
C (c)	쎄	[ㅆ,ㄲ] ce	O (o)	오	[오] o
CH (ch)	체	[ㅊ] che	P (p)	뻬	[ㅃ] pe
D (d)	데	[ㄷ] de	Q (q)	꾸	[ㄲ] cu
E (e)	에	[에] e	R (r)	에레	[ㄹ] ere
F (f)	에풰	[ㅍ,ㅎ] efe	RR (rr)	에르레	[ㄹ…] erre
G (g)	헤	[ㅎ,ㄱ] ge	S (s)	에쎄	[ㅅ] ese
H (h)	아체	[묵음] hache	T (t)	떼	[ㄸ] te
I (i)	이	[이] I	U (u)	우	[우] u
J (j)	호따	[ㅎ] jota	V (v)	우베	[ㅂ] ve
K (k)	까	[ㅋ] ka	W (w)	베도블레	[우] doble
L (l)	엘레	[ㄹ] ele	X (x)	에끼스	[ㄱㅅ,ㅅ] equis
LL (ll)	에이 ㅈ예	[ㅈ] elle	Y (y)	이그리에가	[이] ye
M (m)	에메	[ㅁ] eme	Z (z)	세따	zeta

참고

① 스페인어 Alfabeto는 30개 문자로 구성된다. 그러나 최근 스페인 한림원은 CH와 LL을 독립된 알파벳 표기로 인정하지 않기로 함으로써 사실상 총 자모의 수는 28개가 되는 셈이다.

② ch, ll, ñ, rr은 영어에 없는 문자로서 특이한 음가를 갖고 있으며 ñ을 제외한 나머지 3개 문자는 절대 분리해서는 안된다.

③ K와 W는 원래 스페인어에는 없는 문자로서 외래어 표현에 사용된다.

④ RR는 어두에 오는 법이 없으며 어미에 오는 법도 없다.

02. 발음(Pronunciación)

스페인어 발음은 다른 외국어와는 달리 몇 개의 문자를 제외하고는 매우 쉽다. 그대로 읽으면 되지만 주의해야할 몇 개의 문자를 살펴보도록 하자.

[C] e와 i 앞에서 쎄, 씨, 일부지역에서는 [S]로 발음한다.
　　a, o, u 앞에서 까, 꼬, 꾸 형태로 발음한다.

　e;　casa　(까사)　　　　　coreano (꼬레아노)　　　coca – cola (꼬까 – 꼴라)
　　　　escuela (에수꾸엘라)　　cama (까마)
　　　　cenar (쎄나르)　　　　　ciudad (씨우닫)

[CH] '짜'과 'ㅊ'사이의 발음이나 대개 'ㅊ'발음을 낸다.

　e;　muchacho (무차쵸)　　　chile (칠레)
　　　　chocolate (쵸꼴라떼)　　mucho (무쵸)

[G] 모음 e, i 앞에서는 [ㅎ]발음을 강하게 한다. 물론 a, o, u 앞에서는 우리말 [ㄱ]의 발음이 된다. 그러나 gue인 경우는 [게]로 gui[기]로 발음한다.

　e;　gato (가또)　　　　　　agua (아구아)　　　　　amigo(아미고)
　　　　Argentina (아르헨띠나)　gigante (히간떼)
　　　　guitarra (기따르라)　　　guerra (게르라)

　또한 gue인 경우 'u'위에 점(··)이 찍히면 [구에]로 발음한다.

　e;　vergüenza (베르구엔사)

[H] 어떠한 경우에도 발음되지 않는 무성음이다.

　e;　hoy (오이)　　　　hombre (옴브레)
　　　　hablar (아블라르)　ahora (아오라)
　　　　hasta (아스따)

[J] 우리말의 [ㅎ]보다 강하게 배에 힘을 주어 발음한다.

  e; caja (까하)   naranja (나랑하)

        joven (호벤)   trabajar (뜨라바하르)

[LL] 스페인어에서 가장 까다로운 발음 중 하나이다.
    'lla'인 경우 대개 '야'와 '쟈'의 중간 형태의 발음을 하나 지역에 따라 차이가 있다.
    아르헨티나, 칠레 등 몇 몇 국가에서는 [ㅈ] 혹은 [ㅅ]처럼 발음한다.

  e; calle (까ㅈ예)   llamar (ㅈ야마르)

        llave (ㅈ야베)   lluvia (ㅈ유비아)

[N] 우리말의 'ㄴ(니은)'과 같은 발음이나 c, g, j, q 등의 앞에 올 때는 콧소리가 난다.
    ('o') b, m, p, v 등의 앞에서는 'm'발음이 나온다.

  e; noche (노체)   tanque (땅께)

        sangre (상그레)   blanco (블랑꼬)

        antes (안떼스)   convoy (꼼보이)

[Ñ] ña '냐', ño '뇨'로 발음한다.

  e; mañana (마냐나)   señor (쎄뇨르)

        niño (니뇨)   año (아뇨)

[Q] 항상 ue 및 ui 와 함께 [께], [끼]로 발음한다.
    다른 문자와 함께 오는 경우는 없다.

  e; querer (께레르)   qué (께)   queso (께소)

        máquina (마끼나)   quién (끼엔)

[R] 우리말의 [라]와 같으나 단어의 첫머리에 나올 때는 [rr]로 발음한다.

- cara (까라)　　　　roca (르로까)　　　　rápido (르라삐도)
- rico (리꼬)　　　　ropa (르로빠)

[RR] 단어의 어두 및 어미에 오지 않는 문자로써 혀를 굴려서 발음한다.

- arroz (아르로스)　　　perro (뻬르로)　　　roca -rica 와 같은 형태
- tierra (띠에르라)　　　correo (꼬르레오)　　의 발음

[T] 우리말의 [ㄸ]처럼 발음한다.

- todo (또도)　　　　tarde (따르데)　　　　trabajar (뜨라바하르)

[X] 모음 앞에서는 [gs], 자음 앞에서는 [s]로 발음한다.

- examen (엑사멘)　　　taxi (딱시)　　　　extranjero (에스뜨랑헤로)

[Y] 우리말의 [예], [요] 등과 비슷한 발음이다.

- Yo (요)　　　　　　ayuda (아유다)　　　　ayer (아예르)

[Z] 중남미 지역에서는 일반적으로 [s]로 발음 하거나 [θ]음으로 발음한다.

- zapato (사빠또)　　　arroz (아르로스)　　　azul (아술)

이상과 같이 유의해야할 문자들을 살펴보았다. 그밖에 발음상 주의할 점도 있겠으나 문제될 것은 없다고 본다. 앞으로 문장을 통해 익히도록 할 것이며 나머지 거의 대부분은 곧이곧대로 발음하면 된다.

03. 음절과 음절분해

낱말은 음절의 결합체이며 음절이라 함은 한 번에 발음할 수 있는 음의 최소 단위체이다.

♠ 음절분해의 중요성
- 정확한 발음
- 악센트의 분명한 위치파악
- 인쇄 혹은 띄어쓰기에서 다음줄로 나누어 옮겨 쓸 때

(1) 두 개의 모음 사이에 끼인 한 개의 자음은 아래음절에 붙인다.

   ej   comedor : co-me-dor   amigo : a-mi-go
         mexicano : me-xi-ca-no   capital : ca-pi-tal

(2) 두 개의 모음사이에 끼인 두 개의 자음(이중자음과 ch, ll, rr 제외)은 분리되어 전·후 음절에 붙인다.

   ej   hermoso : her-mo-so   armario : ar-ma-rio
         caliente : ca-lien-te   apartamento : a-par-ta-men-to

(3) s직후에 자음이 오면 s는 전의 음절에 붙인다.

   ej   obstáculo : obs-tá-cu-lo   instrumento : ins-tru-men-to
         obscuro : obs-cu-ro   transportar : trans-por-tar

(4) 연속된 강모음과 이중모음 일지라도 그 약모음위에 불규칙하게 악센트 부호가 찍혀 있으면 서로 분리된다.

ej tío : tí-o frío : frí-o

leer : le-er Corea : Co-re-a

oír : o-ír héroe : hé-ro-e

(5) 합성어인 경우 접두어는 분리되지 않으나 근래에 와서는 분리시키는 경향이 있다.

ej bisabuelo : bis-a-bue-lo(bi-sa-bue-lo)

desagradable : des-a-gra-da-ble(de-sa-gra-da-ble)

(6) 복수가 되면서 음절이 는다. (자음으로 끝나는 경우)

ej atención : a-ten-cio-nes pared : pa-re-des

joven : jó-ve-nes mujer : mu-je-res

참고

① 스페인어 모음 역시 영어와 마찬가지로 A, E, I, O, U (A, E, O : 강모음) (I, U : 약모음)
   나머지 Alfabeto는 자음이다.
② ┌ 2중 모음 : 강 + 약, 약 + 강, 약 + 약 으로 구성
  ├ 3중 모음 : 약 + 강 + 약 으로 구성
  └ 2중 자음 : bl, cl, dl, fl, gl, pl, br, cr, dr, fr, gr, pr, tr
③ 2중, 3중 모음은 한 개의 모음으로 간주되어 음절분해 하지 않는다.
④ 2중 모음일지라도 약모음에 악센트 부호가 불규칙하게 찍혀 있으면 강모음화되어 분리된다.
⑤ 2중 자음과 ch, ll, rr는 분리되지 않는다.

04. 강세(Accento)

스페인어에 있어서 액센트는 정확하게 해야한다. 부정확한 액센트는 전혀 다른 뜻으로 될 수도 있기 때문이다. 그러나 스페인어에 있어서 강세는 별 문제가 없다고 본다. 왜냐하면 다른 외국어와는 달리 일정한 규칙이 있기 때문이다.

(1) 모음(a, e, i, o, u)과 n, s로 끝나는 단어일 경우에는 대개 끝에서 두 번째 음절에 강세가 있다.

> *ej*   za/pâ/to   jô/ven   Ar/gen/tî/na
>   싸 빠 또   호 벤   아르 헨 띠 나
>   se/ñô/ra   câm/pos   ôr/den
>   쎄 뇨 라   깜 포스   오르 덴

(2) (1)과는 반대로 모음과 n, s를 제외한 모든 자음으로 끝나는 단어는 마지막 음절에 강세가 온다.

> *ej*   ciudâd 씨우닫   españôl 에스빠뇰   animâl   아니말
>   mujêr   무헤르   estudiâr 에스뚜디아르   profesôr 쁘로페소르

(3) 위 두 규칙적인 것 외에 불규칙하게 강세가 오는 경우 (´)부호로써 그 위치를 밝힌다. 부호까지 포함해서 하나의 단어이다.

> *ej*   corazón 꼬라손   árbol 아르볼   periódico 뻬리오디꼬
>   café 까풰

※ 그러나 어미가 -ico로 끝난 단어는 무조건 끝에서 세 번째 음절에 불규칙하게 강세가 온다.

PARTE 2 명사와 관사

스페인어 명사에는 여성, 남성 명사가 있다. 따라서 관사(정관사, 부정관사)도(p.23 참조) 명사의 성·수에 일치 시킨다.

01. 명사

스페인어의 명사는 어떤 일이나 천태만물의 이름을 나타내는 말로써 영어나 우리말과는 달리 남성과 여성명사로 구분하는 것이 특징이다. <u>일반적으로 '-o'로 끝나는 명사는 남성형</u>이고 <u>'-a'로 끝나는 명사는 여성형</u>이다.

(1) 명사의 성

① 보통 어미가 a, d, z, ie, ción, sión, tión, umbre로 끝나는 단어는 대개가 여성이고 '-o'를 비롯해서 나머지 경우는 대개 남성이다.

e;

여성		남성	
(la) casa	집	(el) libro	책
(la) pared	벽	(el) papel	종이
(la) luz	빛	(el) padre	아버지
(la) superficie	표면	(el) traje	옷
(la) costumbre	풍습	(el) reloj	시계
(la) estación	역, 계절	(el) país	국가
(la) excursión	소풍	(el) cuaderno	노트
(la) cuestión	문제	(el) sol	태양

② 물론 사람이나 동물에 관한 성(sexo)은 그 자연 원래의 성에 따라 문법의 성도 일치한다.

(la)	mujer	여자	(el)	hombre	남자
(la)	madre	어머니	(el)	padre	아버지
(la)	actriz	여배우	(el)	actor	배우
(la)	vaca	암소	(el)	toro	황소

③ 남, 여성으로 공히 쓰이는 명사가 있는데, 주로 '-ista'로 끝나는 단어이며 관사로써 구분한다. 이유는 남자도 여자도 공히 존재할 수 있기 때문이다.

pianista	피아니스트	perodista	신문기자
tuirsta	여행가	cliente	고객
estudiante	학생	oficianista	회사원
testigo	증인	artista	예술가
deportista	운동선수	guarda	감시인
modelo	모델		

④ 성 전환 방법

• '-o'로 끝난 명사에 '-o'대신 '-a'를 붙임으로서 여성명사가 되는 것

amigo	(남자친구)	→	amiga	(여자친구)
hijo	(아들)	→	hija	(딸)
niño	(남자아이)	→	niña	(여자아이)
muchacho	(소년)	→	muchacha	(소녀)
abuelo	(할아버지)	→	abuela	(할머니)
alumno	(남학생)	→	alumna	(여학생)
maestro	(남자선생)	→	maestra	(여선생)
novio	(남자애인)	→	novia	(여자애인)

- '-r'로 끝난 명사에 '-a'를 첨가함으로서 여성명사가 되는 것

e;

profesor	(남자교수)	→	profesora	(여자교수)
señor	(신사)	→	señora	(부인)

⑤ 한 단어가 성에 따라 의미가 다른 경우

e;

(el) capital	자본	(la) capital	수도
(el) orden	질서, 순서	(la) orden	명령
(el) parte	통지	(la) parte	부분

⑥ 불규칙 : ⟨mano(손)는 어미가 '-o'로 끝나지만 여성이고⟩, ⟨día는 어미가 '-a'로 끝나지만 남성이다.⟩ 이와 같이 자주 쓰이는 불규칙을 정리하면 다음과 같다.

e;

남성어미로 자주 쓰이는 여성명사		여성어미로 자주 쓰이는 남성명사	
(la) foto	사진	(el) mapa	지도
(la) flor	꽃	(el) lápiz	연필
(la) calle	길, 거리	(el) arroz	쌀
(la) clase	반, 수업	(el) idioma	언어
(la) tarde	오후	(el) sistema	제도
(la) noche	밤	(el) tema	주제
(la) moto	오토바이	(el) problema	문제
(la) sal	소금	(el) maíz	옥수수
(la) carne	고기	(el) telegrama	전보
(la) llave	열쇠	(el) césped	잔디
(la) suerte	행운	(el) pie	발
(la) gente	사람들	(el) diploma	졸업증서
(la) fuente	우물, 샘		

(2) 명사의 수 (단수 → 복수)

① 자음으로 끝난 단어는 어미에 '-es'를, 모음으로 끝난 단어는 '-s'를 붙인다.

 árbol   (나무)   −árboles   casa   (집)   −casas

    profesor   (선생님)   −profrsores   mano   (눈)   −manos

    ciudad   (도시)   −ciudades   ojo   (손)   −ojos

② 자음으로 끝났더라도 'z'이면 'c'로 바꾸고, 'c'이면 'qu'로 바꾸어 '-es'를 붙인다.

 luz   (빛)   luces

    frac   (연미복)   fraques

③ 단·복수형이 같은 명사들이 있다. 이들은 관사로 단·복수를 구별해야 한다.

월요일~금요일

(el) lunes   −   (los) lunes

(el) martes   −   (los) martes

(el) míercoles   −   (los) míercoles

(el) jueves   −   (los) jueves

(el) viernes   −   (los) viernes

(el) paraguas (우산)   −   (los) paraguas

(el) cumpleaños (생일)   −   (los) cumpleaños

(el) tocadiscos (전축)   −   (los) tocadiscos

02. 관사

스페인어의 관사는 영어의 경우와 마찬가지로 정관사와 부정관사가 있는데 스페인어의 명사에는 성이 있으므로 관사도 이에 상응하는 성이 있다. 관사의 용법을 보면 처음 나오는 명사 앞에는 부정관사를 붙이고 이미 상대방이 알고 있는 경우는 정관사를 붙인다. 이는 영어와 별 차이가 없겠으나 정관사, 부정관사 또는 무관사 중에 어느 것을 사용하든지 간에 문법적으로 절대로 옳다, 그르다고 말할 수 없고 적절한 사용법에는 필히 말하는 사람의 기분이 반영된다는 것을 알아두면 좋겠다.

■ 정관사

수 \ 성	남 성	여 성	중 성
단 수	el	la	lo
복 수	los	las	

■ 부정관사

수 \ 성	남 성	여 성
단 수	un	una
복 수	unos	unas

(1) 정관사의 용법

① 일반적으로 고유명사를 제외한 앞의 모든 명사 (대화자끼리 서로 인식하고 있는 특정체, 즉 '그'라는 개념)

> *ej* (El) Libro está sobre la mesa.   (그) 책은 책상 위에 있다.
> (Los) Muchachos son altos.   (그) 소년들은 키가 크다.

② 일반적인 의미로 전체를 나타낼 때(대표 단수)

- **ej** (El) Hombre es mortal.   인간은 죽는다.
-     (El) Jabón es barato.   비누는 싸다.
-     (El) Oro es útil.   금은 유익하다.

③ 언어의 명칭 앞에서 정관사를 쓴다.

- **ej** (El) Español es fácil.   스페인어는 쉽다.
-     (El) Inglés es difícil.   영어는 어렵다.

참고

관사의 생략★★

- 사람의 이름 앞에는 붙이지 않는다.

  - **ej** Juan es alto.   환은 키가 크다.
  -     Veo a pérez.   나는 뻬레스를 본다.

- 직업, 신분, 국적, 종교 등을 나타내는 명사가 ser동사의 보아가 될 때 관사를 생략한다.

  - **ej** Ella es alumna.   그녀는 학생이다. (직업, 신분)
  -     Juan es peruano.   환은 페루 사람이다. (국적)
  -     Yo soy católico.   나는 카톨릭 신자이다. (종교)

- 전치사 de, en, con 다음에 명사가 와서 품질 형용사 및 부사구 역할이 될 때

  - **ej** la clase de español   스페인어 수업
  -     Hablo en español.   나는 스페인어로 말한다.
  -     café con leche   밀크커피
  -     la mesa de madera   나무로 된 탁자

- 언어의 명칭이 hablar직후에 올 경우 관사 생략, 그러나 그 사이에 부사가 삽입되면 생략하지 않는다.

  - **ej** María habla español.   마리아는 스페인어를 말한다.
  -     El señor Martínez habla bien el español.   마르티네즈씨는 스페인어를 잘 말한다.

④ 신체의 일부, 몸에 지니는 것에 정관사를 붙인다.

la mano(손)   el pie(발)   la cabeza(머리)

la pierna(다리)   el brazo(팔)   el corazón(심장)

Me pongo el abrigo. 나는 외투를 입는다.

> **참고**
>
> 중성정관사 'lo'는 형용사와 어울려 항상 추상적인 개념에 사용하며 'lo'뒤에는 절대로 명사가
> 올 수 없다.
> - lo + 형용사 → 추상명사
>   lo hermoso : 아름다운 것
>   Lo caro es bueno. 비싼 것은 좋다.
> - lo de + inf (동사원형)
>   Lo de hablar español es fácil. 스페인어를 말한다는 것은 쉽다.

(2) 부정관사의 용법

영어의 a, an, some에 해당하며 하나의, 어느, 약간의 뜻이 있다.

① 수를 의식하며 말할 때 사용한다.

ej Hay un libro sobre la mesa.   탁자위에 한 권의 책이 있다.

② 'unos(unas) + 수'는 대략, 약 의 뜻

ej unas cincuenta páginas   약 50페이지

③ ser동사 다음에 오는 보어가 국적 또는 직업에 관한 명사일때는 부정관사가 붙지 않
으나 형용사가 직업 또는 국적을 나타내는 명사를 수식할 때는 부정관사를 붙여야
한다.

ej El Sr. Kim es coreano.   김군은 한국사람이다.

Juan es doctor.(=médico)   환은 의사이다.

El Sr. Kim es un coreano diligente.   김군은 근면한 사람이다.

Juan es un doctor famoso.   환은 유명한 의사이다.

참고

- 남성 단수 정관사 el은 전치사 a, de와 함께 어울려 축약형으로

  a + el → al

  de + el → del로 쓰인다.

PARTE 3 주격인칭 대명사와 동사와의 관계

스페인어의 동사는 주어가 누구냐에 따라 동사 (-ar형, -er형, -ir형. 3가지 뿐) 어미가 변한다. 그러나 ser와 estar (영어의 be동사에 해당)은 불규칙하게 변하므로 철저히 암기하기 바란다.

01. 주격인칭 대명사

인칭 \ 수	단 수(s)		복 수(p)	
1인칭	Yo	나	Nosotros(as)	우리들
2인칭	Tú	너	Vosotros(as)	너희들
3인칭	El(él)	그	Ellos	그들
	Ella	그녀	Ellas	그녀들
	Usted	당신	Ustedes	당신들

참고 Usted, Ustedes는 약자로 Ud., Uds. 로 표시하며 실제로는 상대방 즉 2인칭을 나타내나 동사 활용형이 3인칭과 똑같은 형태변화를 하므로 문법적으로 3인칭으로 취급한다.

02. 동사

스페인어에서 동사는 3가지 형태뿐이다. 즉, 어미가 -ar, -er, -ir 형으로 끝나는 형태뿐인데 편의상 각기 1, 2, 3 변화 동사라 한다. 그런데 스페인어에서 동사는 주어에 따라 동사의 어미가 대개 규칙으로 변한다. 그러면 대표적인 규칙변화 동사들을 예로 들어보자. 본격적인 동사는 PARTE 9(p.104) 동사편을 참고바란다.

(1) 제1변화 동사

hablar → 말하다

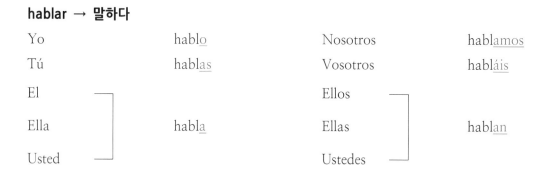

Yo	hablo	Nosotros	hablamos
Tú	hablas	Vosotros	habláis
El		Ellos	
Ella	habla	Ellas	hablan
Usted		Ustedes	

위와 같이 제 1변화 동사(-ar)의 직설법 현재는 주어에 따라 어미가

o	amos
as	áis
a	an

으로 변한다.

참고 2인칭 복수에 액센트 주의! 그러나 중남미에서는 2인칭 복수를 거의 사용하지 않는다.

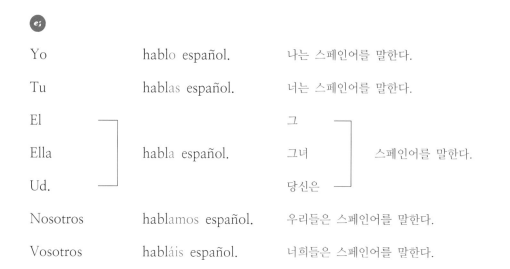

Yo	hablo español.	나는 스페인어를 말한다.
Tu	hablas español.	너는 스페인어를 말한다.
El		그
Ella	habla español.	그녀
Ud.		당신은
Nosotros	hablamos español.	우리들은 스페인어를 말한다.
Vosotros	habláis español.	너희들은 스페인어를 말한다.

(El / Ella / Ud. 스페인어를 말한다.)

Ellos		그들	
Ellas	hablan español.	그녀들	스페인어를 말한다.
Ustedes		당신들	

(2) 제2변화 동사

comer → 먹다

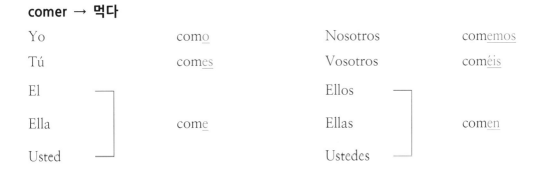

Yo	como	Nosotros	comemos
Tú	comes	Vosotros	coméis
El		Ellos	
Ella	come	Ellas	comen
Usted		Ustedes	

제2변화 동사(-er)의 직설법현재는

o	emos
es	éis
e	en

으로 변한다.

leer(읽다) vender(팔다) comprender(이해하다) 같은 변화를 하며 자세한 것은 (동사편 p.106) 참고편을 보기 바란다.

¿Dónde come Ud.?	당신은 어디서 식사를 하십니까?
Yo siempre como en un restaurante.	나는 항상 식당에서 식사합니다.
Yo leo una novela.	나는 한권의 책을 읽는다.
Antonio lee el periódico.	안또니오는 신문을 읽는다.
¿Comprende Ud. español?	스페인어를 이해합니까?

Sí, Comprendo un poco.   네, 조금 알 것 같습니다.

Ella vende libros en una librería.   그녀는 서점에서 책들을 판다.

(3) 제3변화 동사

vivir → 살다

Yo	viv<u>o</u>	Nosotros	vivi<u>mos</u>
Tú	viv<u>es</u>	Vosotros	viv<u>ís</u>
El		Ellos	
Ella	viv<u>e</u>	Ellas	viv<u>en</u>
Usted		Ustedes	

-ir로 끝나는 제3변화동사는 위와 같이

o	imos
es	ís
e	en

으로 변한다.

¿Dónde vive usted?   당신은 어디에서 살고 있습니까?

Yo vivo en un apartamento.   나는 아파트에서 삽니다.

¿Con quién vive usted?   당신은 누구와 함께 삽니까?

Yo vivo con mi familia.   나는 나의 가족과 함께 삽니다.

ser와 estar동사는 영어의 be동사에 해당하며 영어에서도 be동사를 모르면 영어가 안되 듯이 스페인어도 마찬가지로 상당히 중요한 동사이다. 이 두 동사는 불규칙적으로 변하 니 철저히 외우기 바란다.

Ser				Estar			
(Yo)	soy	(Nosotros)	somos	(Yo)	estoy	(Nosotros)	estamos
(Tu)	eres	(Vosotros)	seis	(Tu)	estás	(Vosotros)	estáis
El		Ellos		El		Ellos	
Ella	es	Ellas	son	Ella	está	Ellas	están
Ud.		Ustedes		Ud.		Ustedes	
일시적 용법:	주어의 본질, 人(성품, 외모) (직업, 국적) 불변적인 표현			용법:	주어의 상태(안부), 컨디션 위치(장소), 가변적인 표현		

스페인어 동사는 주어가 누구냐에 따라 변하므로 주격인칭 대명사가 생략되는 경우가 많다. 위 두 동사의 사용구분을 잘 이용하는 것이 스페인어 문법의 가장 중요한 기초가 된다. 구체적인 용법을 살펴보면 다음과 같다.

01. Ser동사의 용법

(1) 주어의 본질을 나타낸다. (~이다)

- Juan es simpático(=amable).
- La mesa es redonda.
- Yo soy rubio y pequeño.
- Ella es rubia y bonita.
- La ciudad es grande.

환은 친절하다. (원래 친절한 사람이다.)
탁자는 둥글다.
나는 금발이며 체구는 작다.
그녀는 금발이고 예쁘다.
도시는 크다.

(2) 주어의 직업이나 국적을 나타낸다.

es · Calros es médico(=doctor).   카를로스는 의사이다.

· Luis es peluquero.   루이스는 이발사이다.

· Carmen es enfermara.   까르멘은 간호원이다.

· (Yo) soy estudiante.   나는 학생이다.

· Tú eres americano.   너는 미국사람이다.

· Yo soy coreano.   너는 한국사람이다.

· ¿ Eres (tú) japonés?   너는 일본사람이냐?

No. no soy japonés, soy coreano.   아니요, 나는 일본사람이 아니라 한국사람입니다.

(3) Ser de의 용법
출신, 소유, 재료/제품 등을 나타낸다.

$$
\text{Ser de} \begin{cases} \text{장소} & \rightarrow \text{출신, 출처} \\ \text{사람} & \rightarrow \text{소유} \\ \text{재료/제품} & \rightarrow \text{성분} \end{cases}
$$

· **출신**

¿ De dónde eres (tú)?   너는 어디 출신이지?

Yo <u>soy de</u> corea(=soy coreano).   나는 한국 출신이다.

· **소유**

¿ De quién es la casa?   그 집은 누구의 것입니까?

La casa <u>es de</u> mi papá.   그 집은 나의 아빠의 것입니다.

- 재료

¿De qué es el libro?   그 책은 무엇으로 만들어진 것입니까?

El libro <u>es de</u> papel.   그 책은 종이로 만들어진 것입니다.

참고

¿De dónde ser?		각기 출신, 소유, 재료의 뜻을 묻는 의문형으로
¿De quién ser?	→	dónde, quién, qué는
¿De qué ser?		영어의 where, who, what에 해당

---

02. Estar동사의 용법

(1) 안부를 물을 때, 엄격히 말하면 번째 주어의 상태에 해당

¿Como está usted? 당신은 어떠한 상태에 있느냐? 즉, 안녕하세요?
영어의 "How are you?"에 해당한다.

es Ana : ¡Hola! Susana.   헤이! 수잔나.
               ¿Cómo estás (tú)?   안녕?
        Susana : (Estoy) Muy bien.   나는 매우 잘있어.
               Gracias. ¿Y tú?   고마워, 그런데 넌?

(2) 주어의 위치를 나타낸다. (-있다)

es Yo estoy en seúl.   나는 서울에 있다.
        ¿Dónde está Usted?   당신은 어디에 있습니까?
        Estoy en la clase.   나는 교실에 있습니다.
        ¿Dónde está el libro?   그 책은 어디에 있습니까?
        El libro está sobre la mesa.   그 책은 탁자위에 있습니다.

(3) 보어가 형용사나 과거분사를 동반하여 주어의 상태를 나타낸다.

이때의 형용사나 과거분사는 주어의 보어이므로 주어의 성·수(o로 끝나는 형용사는 a로, 주어가 복수이면 보어도 복수로)에 일치시킨다.

ej Juan está enfermo.	환은 아프다. (아픈 상태)
El café está caliente.	커피는 뜨겁다. (뜨거운 상태)
La mesa está limpia.	탁자는 깨끗하다. (깨끗한 상태)
Ella está triste.	그녀는 슬프다. (슬픈 상태)
El doctor está cansado.	의사는 피곤하다. (피곤한 상태)
La ventana está cerrada.	창문은 닫혀져 있다. (닫혀진 상태)

(4) Estar + 현재분사 = 현재 진행형, 영어의 (be + ing)

ej
- Estoy preparando las lecciones para los alumnos.
  나는 학생들을 위해 학과들을 준비하고 있는 중이야.
- (Yo) Estoy hablando en español con él.
  나는 그와 스페인어로 말하고 있는 중이야.
- Estoy aprendiendo español.
  나는 스페인어를 공부하고 있는 중이야.
- ¿Qué estás (tú) haciendo?   ※ 현재분사 p.124 참고
  넌 뭘 하고 있니?
- Estoy preparando las lecciones.
  나는 학과들을 준비하고 있는 중이야.

> 참고 Ser와 Estar의 비교 차이점

Ser	Estar
• Juan es simpático.	• Juan está simpático.
환은 친절하다. (본래의 성격)	환은 친절하다. (일시적인 상태)

- La esfermera es simpática.
  간호원은 친절하다.
- Mi amigo es bueno.
  나의 친구는 좋다. (성격)
- ¿Cómo es la ventana?
  창문은 어떻습니까? (크기)
- La ventana es grande.
  창문은 크다.
- ¿Cómo es el profesor Kim?
  김교수는 어떻습니까? (성격이나 외모)
- El profesor Kim es alto y simpático.
  김교수는 키가 크고 친절합니다.

- La enfermera está cansada.
  간호원은 피곤하다. (건강상태)
- Mi amigo está bueno.
  나의 친구는 건강이 좋다. (건강상태)
- ¿Cómo está la ventana?
  창문은 어떤 상태에 있습니까?
- La ventana está cerrada.
  창문은 닫혀져 있다. (상태)
- ¿Cómo está profesor Kim?
  김교수는 어떻게 계십니까? (상태)
- El profesor Kim está muy bien.
  김교수는 잘 계십니다. (건강하게)

위에서 보는 바와 같이 ser는 본질적, estar는 일시적인 개념

직업, 국적 → ser

안부, 위치 → estar로 확실히 정리하길 바란다.

03. 기본 독해 연습

1.

Bárbara : ❶<u>Buenos días.</u> ¿Está Juan en casa?

Madre : ¿Sí, ❷<u>está en la cama.</u>

Carlos : ¿No está bien?

Madre : No, está enfermo.

Carlos : Hola, Juan! ¿Cómo estás?

Juan : ❸<u>Estoy resfriado.</u> Y vosotros, ¿Cómo estáis?

Bárbara : Nosotros estamos muy bien. Hoy es fiesta y no hay clase.

❶ 아침 인사 '좋은 날'이란 뜻

    Buenas tardes.   (오후 인사)

    Buenas noches.   (밤 인사)

❷ Está en cama.   (자려고 침대에 누워 있다.)

    Está en la cama.   (아파서 침대에 누워 있다.)

❸ 감기에 걸리다 (coger un resfaiado = tener un resfriado)

2.

Antonio   :   ¿ Es ❶<u>ésta</u> la casa de Juan?

Bárbara   :   No, ésta no es.

Antonio   :   ¿ Dónde está?

Bárbara   :   Está en la calle del Pino.

                  Es la próxima calle ❷<u>a la derecha.</u>

Antonio   :   ¿ Cómo es la casa?

Bárbara   :   Es un edificio antiguo. ❸<u>Delante</u> de la casa ❹<u>hay un jardín.</u>

                  Es pequeño. En el jardín hay un árbol. Está en el centro.

                  También hay un banco. Está ❺<u>debajo del</u> árbol. ❻<u>Sobre</u> la puerta

                  hay un balcón. En el balcón hay muchas plantas.

❶ 지시 대명사(여성 단수) (P.43 참고)

❷ 오른쪽에(으로)   반 a la izquierda.

❸ ~의 정면에   반 detrás de ~

❹ 영어의 'There is (are)'에 해당

❺ ~ 아래에   반 encima de ~

❻ ~ 위에

3.

Klaus : ¿También es estudiante ❶aquel señor?

Carlos : No, no es estudiante. Es Profesor. Y las chicas son secretarias de la Escuela. ❷¡Mira! ¡Dos estudiantes nuevos!

Klaus : ¡Hola! ¿También sois estudiantes extranjeros?

John : Sí, Somos americanos. Yo soy de Florida.

David : Yo de California. Y vosotros, ¿de dónde sois?

Carlo : Yo soy italiano.

❶ 지시형용사 (P.42 참고)

❷ Mirar의 2인칭 단수 명령형 '저기 봐'

PARTE 5 형용사

사물의 성질과 모양 그리고 상태의 어떠함을 나타내는 품사로서 명사를 수식하는 형용사 역시 명사의 성·수에 따라 적절한 변화를 한다.

01. 형용사

스페인어의 형용사에는 크게 품질 형용사와 한정 형용사(지시·소유·의문·부정·수)로 나뉘는데 대부분의 형용사는 품질 형용사이다. 먼저 품질형용사의 위치는 일반적으로 명사 뒤에 놓인다. 형용사는 수식받는 명사의 성·수에 일치한다. 즉, 모든 '-o'로 끝난 형용사는 수식받는 명사가 여성일 때 '-a'로 바뀌며, 명사가 복수면 수식하는 형용사도 무조건 복수형태를 취한다. 또한 형용사가 주격보어로 쓰일 때도 주어의 성·수에 일치한다.

(1) 형용사의 위치

① 한정 형용사: 한정 형용사는 명사의 앞에 위치한다.

- 지시 형용사: esta libro   이 집
  (p. 41)   esta casa   이 책

- 소유 형용사: mi corbata   나의 넥타이
  (p. 44)   tu hermano   너의 형제
              su madre   당신의, 그의, 그녀의 어머니

- 수 형용사: dos libros   두 권의 책
  (p. 53)   tres mesas   3개의 탁자

- 의문 형용사: ¿ Qué lengua habla Ud.?
  (p. 47)   당신은 무슨 언어를 말하십니까?
                   ¿ Cuántos libros tiene usted?
                   당신은 몇권의 책을 가지고 있습니까?

- 부정 형용사: Hay muchos libros.
  (p. 49)   많은 책들이 있습니다.
                   Tengo otra corbata en mi casa.
                   나는 집에 또 다른 넥타이가 있습니다.

② 품질 형용사: 품질 형용사는 명사의 뒤에 위치한다.

- el libro interesante   흥미있는 책
- la casa bonita   예쁜 집

(2) 성·수 일치의 일반 원칙

① '-o'로 끝난 형용사는 주어나 명사의 성·수에 일치시킨다.

- **ej**   el libro nuevo, los libros nuevos
  la casa nueva, las casas nuevas

② '-o'가 아닌 문자로 끝난 형용사는 명사의 성과는 관계없이 수에만 일치시킨다.

- **ej**   el lápiz azul, los lápices azules
  la tinta azul, las tintas azules

③ 국명 형용사는 성수에 일치한다. (국명과 그의 형용사 p.41 참조)

(3) 형용사의 어미 탈락형

① 형용사의 어미탈락은 남성 단수 명사 앞에서 '-o'가 탈락하며 8개이다. 즉 uno, bueno, malo, alguno, ninguno, primero, tercero, postrero. 이때 algún, ningún 액센트 부호에 유의해야 한다.

- un amigo   (una amiga)
- un buen amigo   (una buena amiga)
- un mal amigo   (una mala amiga)
- un mal amigo   (la primera lección)
- el primer curso   (la tercera lección)
- el tercer curso   (la postrera lección)
- algún periódico   (alguna revista)
- ningún periódico   (alguna revista)
- ningún periódico   (ninguna revista)

② Santo(성스런)는 남성 단수명사(사람) 앞에서 '-to'탈락한다.
ciento(100)는 복수명사 앞에서 '-to'탈락한다.
tanto(그렇게, 그 정도로)는 형용사, 부사 앞에서 '-to'탈락한다.

그러나, 명사 앞에서는 명사의 성·수에 일치시킨다.

San Juan   San Francisco   San Pedro   San Salvador
Yo tengo cien libros.   나는 백 권의 책들을 가지고 있다.
Ella es tan bonita.   그녀는 그렇게 예쁘다.

▣ 예외
Santo Domingo, Santa María, Santa Clous
※ grande(커다란)는 남, 여성 단수 앞에서 de 탈락
gran hombre(위대한 남자), gran mujer(위대한 여자)

(4) 국명과 그의 형용사

- Corea → coreano(a)
- China → chino(a)
- Rusia → ruso(a)
- (el)Perú → peruano(a)
- España → español(a)
- Inglaterra → inglés(a)
- Japón → japonés(a)
- Bolivia → boliviano(a)
- Costa Rica → costarricense(a)
- Guatemala → guatemalteco(a)
- Italia → italiano(a)
- (el)Paraguay → paraguayo(a)
- (los)Estados Unidos → estadounidense

- Argentina → argentina(a)
- México → mexicano(a)
- Colombia → colombiano(a)
- (el)Brasil → brasileño(a)
- Alemanía → alemán(a)
- Frencia → francés(a)
- Chile → chileno(a)
- (el)Canadá → canadiense(a)
- Cuba → cubano(a)
- Honduras → hondureño(a)
- Panamá → panameño(a)
- El Salvador → salvadoreño(a)

여기서 '-o'로 끝나지 않은 국적 형용사더라도 명사의 성·수에 일치시킨다. 주격 보어로 쓰일때도 마찬가지이다. (자음으로 끝나는 것은 남성형이고, 여성형은 자음에 'a'를 덧붙인다.

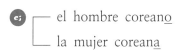

┌ el hombre coreano
└ la mujer coreana

┌ los hombres coreanos
└ los mujeres coreanas

02. 지시형용사와 지시대명사

(1) 지시형용사

지시형용사는 명사 앞에서 뒤에 나오는 명사를 수식하며 문자 그대로 지시해 주는 형용사다. 공간, 시간적 개념에 사용되고 뒤에 나오는 명사의 성·수에 따라 변한다.

구 분	성 수	단 수	복 수
이	남	este	estos
	여	esta	estas
그	남	ese	esos
	여	esa	esas
저	남	aquel	aquellos
	여	aquella	aquellas

① 공간(거리)적 개념

- 남성:　este libro　　　　(이 책)　　　→　　estos libros
　　　　　ese cuadro　　　 (그 그림)　　→　　esos cuadros
　　　　　aquel amigo　　　(저 친구)　　→　　aquellos amigos
- 여성:　esta mesa　　　　(이 탁자)　　→　　estas mesas
　　　　　esa pluma　　　　(그 펜)　　　→　　esas plumas
　　　　　aquella flor　　　(저 꽃)　　　→　　aquellas flores

② 시간적인 개념

- este mes　　　　　　(이번 달)
- este año　　　　　　(금년)
- esta mañana　　　　(오늘 아침)
- esta noche　　　　　(오늘 밤)
- esa hora　　　　　　(그 시간)
- en aquel tiempo　　(그 당시에)

(2) 지시대명사

구 분	성 수	단 수	복 수
이것	남	éste	éstos
	여	ésta	éstas
	중	esto	
그것	남	ése	ésos
	여	ésa	ésas
	중	eso	
저것	남	aquél	aquéllos
	여	aquélla	aquéllas
	중	aquello	

> **참고**
> ① 지시형용사와 같으나 지시대명사와 식별하기 위해서 액센트를 첨가한다.
> ② 중성 지시대명사는 액센트가 없고, 복수형도 없다.
> ③ 지시대명사는 전자·후자로 쓰이는 용법이 있다.
> ④ 같은 단어의 중복을 피하고자 지시대명사를 많이 사용한다.

- este libro y ése   이 책과 그 책
- esta flor y aquélla (aquella fror)   이 꽃과 저 꽃
- aquellas casas y éstas (eatas casas)   저 집들과 이 집들
- aquel amigo y éste   저 친구와 이 친구
- esa señorita y aquélla   이 아가씨와 저 아가씨

※ 전자·후자로 쓰이는 경우
- La Srta. Kim y el Sr. Park son amigos.
  - → 김양과 박군은 친구이다.
- Aquélla es de Busan y éste es de Seúl.
  - → 전자(김양)는 부산 출신이고, 후자(박군)는 서울 출신이다.

03. 소유형용사와 소유대명사

(1) 소유형용사

소유형용사는 전치형(명사의 앞에 붙임)과 후치형(명사의 뒤에 붙임) 두 가지 형이있다. 소유형용사도 형용사이므로 수식받는 명사가 여성일 때 '-o'로 끝난 소유형용사는 명사의 성·수에 일치하며 '-o'로 끝나지 않는 mi, tu, su는 명사의 수에만 일치한다.

① 전치형(명사의 앞)

mi(s)	나의	nuestro/a(s)	우리들의
tu(s)	너의	vuestro/a(s)	너희들의
su(s)	그, 그녀, 당신의	su(s)	그들, 그녀들, 당신들의

- mi libro   (나의 책)   →   mis libros
- tu casa   (나의 집)   →   tus casas
- nuestro coche   (우리의 차)   →   nuestros coches
- nuestra mesa   (우리의 책상)   →   nuestras mesas

> **참고**
>
> mi, tu, su 또는 mis, tus, sus 인지에 신경을 쓸것이 아니고 뒤에 나오는 명사가 복수이면 mis, tus, sus가 된다. 그러나 3인칭 su가 단, 복수 동형이므로 (그, 그녀, 당신, 그들, 그녀들, 당신들 등) 다양한 뜻을 지니므로 정확한 것은 문맥상 구분하며 명확히 하기 위해서는 중복형 la casa de él(ella, Ud, ellas 등)의 형태를 취한다.

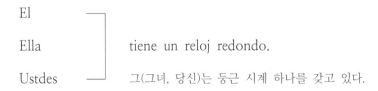

El
Ella   tiene un reloj redondo.
Ustdes   그(그녀, 당신)는 둥근 시계 하나를 갖고 있다.

= <u>Su reloj</u> es redondo.

$\downarrow$

중복형: <u>El reloj de</u>   ⌐ él   ⌐   es redondo.
                           ella
                           └ Ud. ┘

② 후치형(명사 뒤)

mío(a)s	나의	nuestro(a)s	우리들의
tuyo(a)s	너의	vuestro(a)s	너희들의
suyo(a)s	그, 그녀, 당신의	suyo(a)s	그들, 그녀들, 당신들의

뜻은 전치형과 같으나 전치형을 취할 때는 관사가 생략되나 후치형일 때는 생략하지 않는다.

ej

- mi libro = el libro mío.
- mi casa = la casa mia.

- Este es mi lápiz. 이것은 연필이다.
- El lápiz mío(=mi lápiz) está sobre la mesa. 나의 연필은 탁자위에 있다.
- Esta es mi casa. 이것은 나의 집이다.
- La casa mía(= mi casa) es muy grande. 나의 집은 매우 크다.
- El coche tuyo(= tu coche) está en la calle. 너의 차는 거리에 있다.
- Los amigos nuestros(= nuestros amigos) son muy simpáticos. 우리 친구들은 매우 친절하다.
- El amigo tuyo(= tu amigo) vive en el campo. 너의 친구는 시골에 산다.
- Las amigas nuestras(= nuestras amigas) leen el periódico. 우리 여자친구들은 신문을 읽는다.
- La casa suya(= su casa) es muy pequeña. 그의 집은 매우 작다.

(2) 소유대명사

소유대명사는 <u>정관사 + 소유형용사 후치형</u>의 형태이며 이때 정관사는 이미 한 번 나온 명사의 성·수에 따라 결정되며 소유형용사 후치형도 정관사의 성·수에 상응하는 변화를 한다.

단　수	복　수
el mío (la mía)	los míos (las mías)
el tuyo (la tuya)	los tuyos (las tuyas)
el suyo (la suya)	los suyos (las suyas)
el nuestro (la nuestra)	los nuestros (las nuestras)　－등－

ej

- tu camisa y la mía 너의 와이셔츠와 나의 것
- → 여기서 la mía는 mi camisa이지만 앞서 camisa가 나왔으므로 중복되는 것을 피하는 스페인어의 습성에 따라 이와 같이 소유대명사로 받았으며, camisa가 여성이므로 여성정관사 la를, 또한 이에 상응하는 la mía가 된 것이다.
- Tu libro es interesante, pero el mío es aburrido.
  너의 책은 재미있다. 그러나 나의 것은 지루하다.
- Mi casa es grande, pero la tuya es pequeña.
  나의 집은 크다. 그러나 너의 집은 작다.

참고

소유대명사는 ser동사의 보어가 될 때는 정관사를 생략하는 것이 일반적이다.
- Aquella camisa es (la) mía y ésta es (la) tuya.
- Las cartas son tuyas.
- El cuaderno es tuyo.

04. 의문형용사와 의문대명사

(1) 의문 형용사

① Qué

영어의 what(무엇, 무슨)에 해당하며, 성·수 변화를 하지 않는다.

- ¿ Qué hora es? 몇 시 입니까?

- ¿ Qué día es hoy? 오늘은 무슨 요일입니까?

- ¿ Qué lengua habla Ud.? 당신은 무슨 말을 합니까?

② Cuańto

영어의 How many, How much, '얼마', '몇 개의'에 해당하며 성·수 변화를 하며, 수와 양을 나타낸다.

- ¿ cuántos años tiene Ud.? 당신은 몇 살 입니까?

- ¿ Cuánto tiempo vive Ud. aquí? 당신은 여기서 얼마만큼 살았습니까?

- ¿ Cuántas mesas hay en la clase? 교실에 몇 개의 책상이 있습니까?

- ¿ Cuántos idiomas habla Ud.? 당신은 몇 개의 언어를 말합니까?

③ Cuál

영어의 Which, '어느', '어떤 것'에 해당되며, <u>선택적 의미의 의문사</u>로서 수식받는 명사의 성에 관계없이 수에만 일치한다.

- ¿ Cuál camino es más corta? 어떤 길이 더 가깝습니까?

- ¿ Cuál lengua habla Ud.?   당신은 어떤 언어로 말합니까?

- ¿ Cuál Srta es tu hermana?   너의 누이가 어떤 아가씨지?

(2) 의문대명사

① Qué

영어의 what(무엇, 무슨)에 해당하며, 성·수 변화를 하지 않는다.

- ¿ Qué desea Ud.?   당신은 무엇을 원하십니까?
- ¿ Qué hace tu madre?   너의 어머니는 무엇을 하고 있니?
- ¿ Qué es eso?   그것이 무엇입니까?
- Es un libro.   이것은 책입니다.
- ¿ Qué vende Ud. en ese mercado?   당신은 그 시장에서 무엇을 팝니까?

② Cuánto

영어의 How many, How much, '얼마', '몇 개의'에 해당한다. 성·수 변화를 하며,
수와 양을 나타낸다.

- ¿ Cuánto cuesta este libro?   이 책은 얼마입니까?
  (=Cuánto vale, Cuánto es)
- ¿ Cuánto pesa Ud.?   당신은 몸무게가 얼마나 됩니까?

③ Cuál

영어의 Which, '어느', '어떤 것'에 해당되며, 선택적 의미의 의문사로서 수식을 받는
명사의 성에 관계없이 수에만 일치한다.

- ¿ Cuál es su trabajo?   당신의 직업은 어떤 것입니까?
- ¿ Cuál es tu nombre?   너의 이름은 무엇이냐?
- ¿ Cuáles son los meses de la primera en   한국에서 봄의 달들은 몇 월입니까?
  corea?

④ Quién

영어의 Who, '누구'에 해당하며, 수 변화를 한다.

- ¿ Quién eres (tú)?   너는 누구니?
- Soy Chul-su.   나는 철수입니다.
- ¿ Quién es aquella señorita?   저 아가씨는 누구입니까?
- Es mi amiga.   나의 여자친구입니다.
- ¿ Con quién hablo?   (전화로) 누구십니까?
- ¿ Quién vive aquí?   여기서 누가 삽니까?

05. 부정형용사와 부정대명사

① Alguno(a)s → 어떤 (수식받는 명사의 성·수 일치)

    ↔ Ninguno(a)s → 어떤 ~은 아니다 (성·수 일치) 人, 物해당

    → <u>부정형용사</u>(남성 단수명사 앞에서는 'o'를 탈락)

¿ Tienes <u>algunos</u> <u>libros</u>? (형용사)   너는 어떤 책들을 가지고 있니?

Sí, tengo algunos. (대명사)   예, 나는 어떤 것(책)들을 가지고 있습니다.

No, no tengo ningunos. (대명사)   아니오, 나는 어떤 것(책)들을 가지고 있지 않습니다.

② Mucho(a)s(많은) → 부정형용사, 대명사, 부사, 수식받는 명사의 성·수 일치

    ↔ Poco(a)s(부사로 쓰일 때는 성·수 변화가 없다.)

Tú recibes <u>muchas</u> <u>cartas</u>, pero yo tengo <u>pocas</u>.
                                 대명사

    → 너는 많은 편지를 받는다. 그러나 나는 약간 받는다.

③ Todo: 모든, 영어의 all → 부정형용사, 대명사

'todo(a)s + 정관사(지시, 소유형용사) + 명사'일 때 그 뜻은 '모든 것'

└ 명사의 성·수 일치

ej todo el día (하루종일)

todos los días (날마다)

- Todos mis libros están sobre la mesa. 나의 모든 책들은 탁자위에 있다.

- Toda la gente pasea todos los días. 모든 사람은 날마다 산보한다.

④ Mismo

a) 사람을 나타내는 대명사 + mismo : 바로 자신

yo mismo 나 자신

usted mismo 당신 자신

b) 시간을 나타내는 부사 + mismo : 즉시, 당장

hoy mismo 오늘 당장

ahora mismo 지금 당장

c) mismo + 명사 : 똑같은, 영어의 'same'. 성·수 일치

Ella tiene el mismo reloj que yo.

그녀는 나와 똑같은 시계를 가지고 있다.

⑤ Alguien (누군가) → 사람에게만 한함 (부정대명사)

↔ Nadie (아무도 ~없다)

ej ¿Hay alguien en la clase? 누군가 교실에 있습니까?

No, no hay nadie. 아니오, 아무도 없습니다.

- algo: 어떤 것(영어의 something) ≠ nada (nothing) → 사물에 한하는 표현, 성·수 변화 없음
- otro(a)s: 다른 (성·수변화가 있다.)
- cada: 각각의 (성·수, 단·복수의 변화형이 없다.)
- ambos: 양쪽의 (los dos와 같으며 관사 없이 사용한다.)
- uno: 어떤, 하나의

06. 기본 독해 연습

1.

Policía	:	¿Viajan Uds. juntas?
Ana	:	Sí, señor.
Policía	:	❶¿Puedo ver sus pasaportes?
Ana	:	Aquí tiene ❷el mío.
María	:	Y éste es mío.
Policía	:	¿Son Uds. turistas?
Ana y	:	No. Somos estudiantes. ❸Venimos a hacer un curso de español.
María		
Policía	:	Bien. Todo está ❹en orden. Gracias.
Policía	:	¿Son éstas sus maletas?
Ana	:	No. Éstas no son nuestras. ❺Las nuestras son aquéllas.
Policía	:	¿Tienen ❻algo que declarar?
María	:	No. Sólo llevamos ropa y libros.
Policía	:	Pueden pasar. Feliz estancia en nuetro país.
Ana	:	Mira. Allí están nuestros amigos Fernando y Luis.
Fernando y Luis	:	❼Bienvenidas a España. ¿Es éste todo vuestro equipaje?
Ana	:	Sí. No tenemos nada más.
Fernando	:	Entonces vamos al coche.

❶ poder + inf : inf 할 수 있다

❷ 소유대명사 (mi pasaporte)

❸ venir a inf : inf 하러 오다

❹ 순서 있게, 정연하게, 필요한 것이 갖추어져 있는

❺ nuestras maletas.

❻ 어떤 것   Ⓜ nada

❼ Bienvenidas a + 장소 : ~에 오는 것을 환영한다

　　Bienvenido : 환영받는 사람들의 성·수에 어미를 변화 시킨다.

2.

　–　¿ También es estudiante aquel señor?

　–　No, no es estudiante. Es nuestro proferser.

　–　❶¿ De dónde es?

　–　❶Es de México. Es mexicano. Es profesor de español.
　　　❷Su hermano es profesor también.

　–　Y aquellas chicas, ¿ son estudiantes también?

　–　Sí, son estudiantes nuevas. son francesas.
　　　Son mis compañeras de clase. Son muy alegres.
　　　Son buenas amigas ❷mías.

　–　¿ Hay muchos estudiantes extranjeros en su clase?

　–　Sí, hay muchos. ❶Son de todas partes del mundo.
　　　Y todos son simpáticos.

　–　¿ En qué idioma habla usted con ❷sus amigos?

　–　❸Les gusta mucho el español y siempre hablamos ❹en español.

❶ 어디 출신입니까?

　　ser de + 국명 ~출신이다

　　ser +국명 형용사 ~사람이다 ⇒ 뜻은 같다.

❷ 소유형용사(전치형, 후치형)

❸ gustar 특수용법 참조

❹ en + 언어의 명칭(~언어로)

52

PARTE 6 수 형용사 및 시간, 요일, 날짜

01. 기수

0	cero	8	ocho
1	uno	9	nueve
2	dos	10	diez
3	tres	11	once
4	cuatro	12	doce
5	cinco	13	trece
6	seis	14	catorce
7	siete	15	quince

20	veinte	60	sesenta
30	treinta	70	setenta
40	cuarenta	80	ochenta
50	cincuenta	90	noventa

100	ciento	600	seiscientos
200	doscientos	700	setecientos
300	trescientos	800	ochocientos
400	cuatrocientos	900	novecientos
500	quinientos	1000	mil

16	diez y seis		dieciséis
17	diez y siete	축약으로	diecisiete
18	diez y ocho	-z + y → ci	dieciocho
19	diez y nueve		diecinueve

21	veinte y uno		veintiuno
22	veinte y dos	축약으로	veintidós
23	veinte y tres	-te + y → ti	veintitrés
24	veinte y cuatro		veinticuatro
...			
29	veinte y nueve		veintinueve

■ 이와 같이 축약형일 때 −s로 끝나는 숫자에 강세표시(´)를 찍는다. (16, 22, 23, 26) 축약형은 (16~19), (21~29) 뿐이다.

■ 10단위와 1단위 사이에만 y를 쓰며 1자리수는 강하게 읽는다.

33	treinta y tres	77	setenta y siete
44	cuarenta y cuatro	88	ochenta y ocho
55	cincuenta y cinco	99	noventa y nueve
66	sesenta y seis	등…	

101   ciento uno

134   ciento cuarenta y tres

999   novecientos noventa y nueve

2,000   dos mil

3,000   tres mil … 등

10,000   diez mil

20,000   veinte mil … 등

100,000   cien mil

200,000   doscientos mil … 등

1,000,000   un millón

2,000,000   dos millones … 등

■ 앞에서 말한 바와 같이

　-uno는 남성 명사 앞에서 'o'를 탈락, 여성 단수 명사에 앞에서 → una

un muchacho   1명의 소년

una muchacha   1명의 소녀

– '21'이 합성어일 경우 1자리수를 강하게 읽기 위해 악센트 첨가한다.

veinte y uno(veintiún) libros	21권의 책들
veinte y una(veintiuna) plumas	21개의 펜들

■ 마찬가지로 ciento(100)도 남, 여성을 막론하고 <u>복수명사 앞에서 '-to'를 탈락</u>시킨다. 또한 mil 앞에서도 to가 탈락된다.

cien hombres	100명의 남자들
cien mujeres	100명의 부인들

■ 200~900까지는 수식받는 명사의 성에 따라 남, 여성이 구별된다.

doscientos libros	200권의 책들
doscientas plumas	200의 펜들
quinientos lápices	500개의 연필들
quinientas mujeres	500명의 여자들

■ 1,000을 un mil이라 하지 않고 mil이라 한다.
100도 un ciento가 아니라 ciento이다.

mil libros	1000권의 책들
mil casas	1000채의 집들
el año mil novecientos noventa y nueve	1999년

■ millón은 성에 관계없이 수만 변하고 명사 취급한다. 따라서 뒤에 명사가 오면 전치사 de를 동반하지만 숫자가 오면 de를 사용하지 않는다.

un millón de casas	100만채의 집
nueve millones de habitantes	900만의 주민들
dos millones quinientos mil wones	250만원

02. 서수

primero	첫 번째의	séptimo	일곱 번째의
segundo	두 번째의	octavo	여덟 번째의
tercero(tercio)	세 번째의	noveno	아홉 번째의
cuarto	네 번째의	décimo	열 번째의
quinto	다섯 번째의	postrero(último)	최후의
sexto	여섯 번째의		

■ 기수는 한정형용사이나 명사의 앞에 놓이며 서수는 명사의 앞, 뒤에 아무곳에나 놓
   인다. 또한 성·수 변화를 하며 실제로 보통 서수는 10까지 쓰이고 그 이상은 기수
   로 표현한다. 앞서 배운 바 있는 primero, tercero, pestrero는 남성 단수 명사 앞에
   서 '-o'가 탈락한다.

-(el) promer día de vacaciones de verano. 여름방학의 첫날

-(el) día primero de vacaciones de verano.

-la prmera lección = la lección primera 제1과

-el tercer(cuarto) piso = el piso tercero(cuarto) 3층(4층)

-postrer año = el año postrero 마지막 해

-Isabel segundo. 이사벨2세

-Alfonso XII(=trece) 알폰소13세

■ 수의 계산

| + → y 또는 más | × → por |
| − → menos | ÷ → dividido por로 표시한다. |

'='에 해당하는 표현은 'ser' 혹은 'igual a'가 있다.

1 + 2 = 3		uno más (y) dos son tres
27 + 24 = 70		veintisiete y (más) cuarenta y tres igual a(son) setenta
7 − 4 = 3	→	siete menos cuarto son tres
3 − 2 = 1	→	tres menos dos es uno
2 × 3 = 6	→	dos por tres igual a seis
5 × 5 = 25	→	cinco por cinco son veinticinco
15 ÷ 3 = 5	→	quince dividido por tres son cinco
10 ÷ 2 = 5	→	diez dividido por dos son cinco

■ 분수

분수 계산시 분자에는 기수를 분모에는 3~10까지는 서수로 표시한다.
또한 분자가 2이상 복수이면 분모도 복수형을 취한다.

$\frac{1}{2}$과 $\frac{1}{3}$은 독특한 형태로 un medio, un tercio로 표시한다.

$\frac{1}{4}$ un cuarto	$\frac{1}{5}$ un quinto
$\frac{2}{3}$ dos tercios	$\frac{3}{4}$ tres cuartos
$\frac{3}{5}$ tres quintos	$\frac{2}{5}$ dos quintos

03. 시간

시간을 표현 할 때는 기수 앞에 여성 정관사 la (las)를 붙인다. 이유는 hora(시간)가 여성 명사이기 때문이다. 단, 한 시의 경우 단수 정관사 la를 쓴다.

또한 시간을 표현하는 동사는 ser의 3인칭 복수 son(단 한 시의 경우는 단수 es)형을 사용한다.

그리고 시간(hora)과 분 사이에는 y를 사용한다. 그러나 30분부터 51분까지는 시간 다음에 y를 생략하는 경우가 많다.

es ¿ Qué hora es?	
=Qué horas son	몇 시입니까?
=Qué hora tiene ud	

Es la una(en punto).	(정각) 한 시 이다.
Es la una y cinco(seis, diez······cincuenta y nueve).	한 시 5(6, 10······59)분 이다.
Son las dos y veinte(cuarto, media).	2시 20분(15,30)분 이다.

이때 15분 일때는 quince(=cuarto)

　　　30분 일때는 treinta(=media) 똑같이 사용된다.

Son las diez y diez.	10시 10분이다.
Son las dos menos quince(=cuarto).	2시 15분 전이다.
Son las 4 menos 5.	4시 5분 전이다.
Son las seis (y) treinta y cinco.	7시 35분이다.
Son las diez y cincuenta.	10시 50분이다.

■ '~시에'라는 표현을 할때는 시간 앞에 전치사 a를 붙이며 정확한(오전, 오후, 밤, ~시에) 시간을 표현 할 때는 '시간' de la mañana(de la tarde, de la noche) 등을 첨가한다.

그러나 막연히 〈오전에, 오후에, 밤에〉를 표현할 때는

por la mañana

por la tarde

por la noche   등으로 표시한다.

ej

- ¿A qué hora sale el tren?   기차는 몇 시에 출발합니까?
- El tren sale a las dos de la tarde.   기차는 오후 2시에 출발합니다.
- Mis amigos llegan <u>a eso de</u> las nueve de la mañana.

      나의 친구들은 오전 9시경에 도착한다.

- A las tres de la tarde tengo una cita con mis amigos.

      오후 3시에 나는 내 친구들과 약속이 있다.

- Por la noche hacemos los deberes.   밤에 우리는 숙제를 합니다.
- Salgo de casa por la mañana.   나는 오전에 집에서 나간다.
- Son las tres y media de la tarde.   오후 3시 30분 이다.

■ tardar + 시간 + en + 원형 동사(inf) : ~하는데 ~시간이 걸리다

  es hora de inf → ~inf 할 시간이다

ej

- ¿Cuánto tiempo tarda en llegar(ir) de aquí a la estacíon en taxi?

      여기서부터 역까지 가는데 택시로 얼마나 걸립니까?

- El taxi tarda una hora en llegar allí.

      택시가 거기에 도착하는데 1시간 걸립니다.

- Es hora de comer la cena.   저녁을 먹을 시간이다.
- Ya es hora de estudiar.   이제 공부할 시간이다.

04. 요일, 월 및 계절, 날짜의 표현

(1) 요일의 이름

el domingo	일요일	el jueves	목요일
el lunes	월요일	el viernes	금요일
el martes	화요일	el sábado	토요일
el miércoles	수요일		

(2) 달의 이름(관사 생략) 및 4계절

enero	1월	julio	7월
febrero	2월	agosto	8월
marzo	3월	septiembre	9월
abril	4월	octubre	10월
mayo	5월	noviembre	11월
junio	6월	diciembre	12월

la primavera	봄	el otoño	가을
el verano	여름	el invierno	겨울

(3) 요일 및 날짜의 표현

① ¿Qué día (de la semana) es hoy?　　　오늘은 무슨 요일입니까?
　→ Hoy es lunes.　　　　　　　　　　　오늘은 월요일입니다.

　= En qué día (de la semana) estamos?　오늘은 무슨 요일입니까?
　→ Estamos en lunes.　　　　　　　　　오늘은 월요일입니다.

ser동사의 보어일 때 요일 앞에 관사는 생략, 그러나 '매주 ~요일에'라고 표현할 때는
관사를 생략하지 않고 복수형을 취한다.

　　Los domingos voy a la iglesia.　　　　　　매주 일요일에 나는 교회에 간다.

② ¿Qué fecha es hoy?　　　　　　　　　　오늘은 며칠입니까?
　　→ Hoy es el (día) 16 de agosto.　　　　　오늘은 8월 16일입니다.
　　= ¿A cuántos(qué) estamos hoy?　　　　　오늘은 며칠입니까?
　　→ Estamos a 16 de agosto.　　　　　　　오늘은 8월 16일입니다.

　　그러나 1일 일때는 서수를 사용한다.
　　Hoy es el día primero de agosto

③ '년, 월, 일'의 완전한 표현
　　오늘은 2017년 8월 16일 수요일입니다.
　　→ Hoy es miércoles, el (día) 16 de Agosto 2017.

■ ~요일에, ~며칠에 이런 표현일 경우는 전치사 en을 쓰기가 쉽지만 전치사 없이 정
　관사로써 부사구를 만든다. 몇 월에, ~개월에, 해에 등을 표현할 때는 en을 사용한
　다.

　• El sábado voy a busan.　　　　　　　　토요일에 나는 부산에 간다.
　• Hay un concierto el día 25 de Noviembre.

　　　　　　　　　　　　　　　　　　　　11월 25일에는 연주회가 있다.
　• En diciembre hace mucho frío.　　　　　12월에는 날씨가 매우 춥다.
　• En corea lluve mucho en (el) verano.　　한국에서는 여름에 비가 많이 온다.
　• Ella va a casarse en el año que viene.　　그녀는 내년에 결혼하려고 한다.

- '초순, 하순, 중순에'를 표현할 때는

  a prinoipios de~
  a mediadios de~ ⎤ 를 사용한다.
  a fines de~

참고

- el año que viene = el año próximo
  = el próximo año
  año와 próximo 순서를 바꿔 써도 상관없다.

- viene의 원형은 venir(오다) 즉, 오는 해(내년)의 뜻이 된다.

- el mes que viene ⎤ 다음달
= el mes próximo

- la semana que viene ⎤
= la próxima semana 다음주
= la semana próxima

- el verano que viene ⎤ 오는 여름에
= el verano próximo

- el mes pasado   지난달
- el año pasado   지난해
- el verano pasado   지난여름
- otro día   언젠가(미래)
- el otro día   언젠가(과거)

05. 기본 독해 연습

1.

Viajero : **❶**¿ <u>A</u> qué hora sale el próximo tren **❶**<u>para</u> Tarragona?

Empleado : Sale a las 11,30 del andén Ⅲ

Viajero : ¿A qué hora llega?

Empleado : Llega a las 12,30.

Viajero : **❷**<u>Un billete de ida y vuelta,</u> por favor.

Empleado : Son cien pesetas.

❶ 시간을 나타내는 전치사 a : ~ 시에

　 방향을 나타내는 전치사 para : ~을 향해

❷ 왕복표

2.

María : **❶**<u>¿ Qué día es hoy?</u>

Pilar : Hoy es martes; mañana, miércoles, y pasado mañana, jueves.

María : **❷**<u>¿ A cuántos estamos hoy?</u>

Pilar : Hoy estamos a veintisiete de julio de mil novecientos ochenta y
nueve?

María : **❸**<u>¿ Qué hora tienes?</u> No tengo reloj.

Pilar : Ya son las tres y cuarto, y a la tres y media es la clase de
conversación.

María : Entonces, todavía tenemos un cuarto de hora para tomar un café.

❶ 오늘은 무슨 요일 입니까? = En qué día (de la semana) estamos.

❷ 오늘은 며칠입니까? (= Qué fecha es hoy.)

　 → Hoy es el (día) 15 de octubre. 오늘은 10월 15일입니다.

❸ 몇 시입니까? (= ¿ Qué hora es?, ¿ Qu horas son?)

3.

Antonio : En invierno ❶<u>hace frío</u> en la meseta y en las montañas. Pero el clima siempre es suave en las costas.

❷<u>A veces</u> hace mucho viento, sobre todo en otoño y en invierno.

En verano generalmente hace calor. En el Norte el clima es húmedo y llueve con frecuencia.

Klaus : ¿Qué estación perfieres tú?

Antonio : Prefiero la primavera. ❸<u>Llueve</u> ❷<u>de vez en cuando.</u> Pero ❹<u>a menudo</u> hace sol. La temperatura es muy agradable en todo el país.

❶ hacer의 3인칭 단수 hace + 날씨 → 일반적인 날씨 상황

❷ 때때로 (=de vez en cuando)

❸ llover(비가 오다), nevar(눈이 오다) → 3인칭 단수만 쓰인다. (llueve, nieva)

❹ 줄곧, 자주 (=con frecuencia, muchas veces)

Ⅰ 단원 종합 문제 - 7급 외무영사직 예상문제

1. 강세표시가 필요한 것은?

   ① ciudad ② joven ③ lapiz ④ reloj

2. 밑줄 친 부분에 가장 알맞은 것은?

   A mal tiempo, buena _____.

   ① cara ② clima ③ rostro ④ humor

3. 밑줄 친 부분의 쓰임이 옳지 <u>않은</u> 것은?

   ① Estoy cansado <u>de</u> tanto estudiar.

   ② Salgo <u>a</u> las cuatro de la tarde.

   ③ Vamos a esperar <u>con</u> paciencia.

   ④ Los precios han aumentado en un veinte <u>para</u> ciento.

4. 다음 글의 내용으로 보아 Ana는 오늘 아침 몇 분 지각했는가?

   Jefe : Siempre llegas tarde a la oficina.

   　　　Ya son las nueve y cuarto. El trabajo empieza a las nueve.

   　　　¿No lo sabes?

   Ana : Lo siento mucho.

   ① tres minutos

   ② cinco minutos

   ③ quince minutos

   ④ veinte minutos

5. 단수를 복수로 만든 것 중 <u>틀린</u> 것은?

   ① joven - jovenes ② corazón - corazones

   ③ corbata - corbatas ④ lápiz - lápices

6. ( ) 안에 알맞은 단어는?

   Tengo ( ) hambre.

   ① mucho ② mucha ③ buen ④ muy

7. 빈 칸에 들어갈 말로 알맞지 <u>않은</u> 것은?

    A: ¿Quieres comer más carne?

    B: No, gracias. _____.

    A: Entonces, vamos a pedir el postre.

    B: Bueno.

    ① Con mucho gusto   ② Estoy lleno

    ③ Ya no más   ④ Es demasiado

8. 단수를 복수로 만든 것 중 <u>틀린</u> 것은?

    ① carácter - caracteres   ② bambú - bambúes

    ③ vez - vezes   ④ jardín - jardines

9. 빈 칸에 알맞은 낱말들은?

    _____ día yo le encontré a _____ vendedor.

    ① La primera/un buen   ② El primer/un buen

    ③ El primero/un bueno   ④ La primer/un bueno

10. (   ) 안에 들어갈 옳은 대답은?

    Juan se encuentra con sus amigos diciendo así : "(   )"

    ① ¡Hasta mañama!   ② ¡Hasta luego!

    ③ ¡Hasta la vista!   ④ ¿Como están ustedes?

11. 글을 쓴 목적으로 알맞은 것은?

> ¡Hola!
> Me llamo Ana. Soy alumna francesa. Vengo a la Universidad de Barcelona
> para aprender más español, pero usted nos enseña en catalán. No entiendo
> nada de catalán. ¿Puede darnos la clase en español?
>
> Disculpe las molestias.
> Hasta luego.

① 시험을 카탈루냐어로 보게 해 달라고

② 수업 시간을 변경해 달라고

③ 수업을 스페인어로 해 달라고

④ 다양한 시청각 자료를 활용해 달라고

12. 다음 중 관사가 <u>잘못</u> 쓰인 것은?

① Hay el libro sobre la mesa

② Hay un mapa en la pared

③ El hombre es mortal

④ La Srta. Kim es inteligente

13. 밑줄 친 부분에 가장 알맞은 것을 고르시오.

El trabajo me gusta, pero ofrecen un _____ muy bajo.

① sueldo　　② paga　　③ contabilidad　④ mano de obra

14. 인터넷을 통한 책 구매에 대한 글이다. 내용으로 알 수 <u>없는</u> 것은?

> Comprar libros por Internet es fácil. Es posible comprarlos sólo con cliquear el ratón. No necesitas salir de casa para ir a la librería. Es más cómodo y puedes ahorrar tiempo.

① 마우스 클릭만으로 책을 구입할 수 있다.

② 가격을 비교할 수 있다.

③ 서점에 가지 않아도 된다.

④ 책을 쉽게 구입할 수 있다.

15. 스페인의 구겐하임(Guggenheim) 박물관에 대한 설명이다. 글의 내용으로 알 수 <u>없는</u> 것은?

> El Museo Guggenheim diseñado por Frank O. Gehry está en Bilbao. Esta ciudad está en el norte de España. En el museo hay muchas pinturas de arte moderno. El edificio del museo es muy famoso por ser de titanio y porque parece, al mismo tiempo, una flor y un barco.

① 모양　　　② 위치　　　③ 설계자　　　④ 전시날짜

16. 밑줄 친 부분에 들어갈 말로 알맞은 것은?

> España es el país más montañoso de Europa, después de Suiza. El 66% del territorio está a una _____ superior a los 500 metros sobre el nivel del mar.

① altura　　　　　　② anchura

③ distancia　　　　　④ profundidad

17. 다음 밑줄 친 곳에 들어갈 알맞은 답을 고르시오.

> María,
> si sales no te olvides de comprar el pan y el periódico.
>
> Besos Luis

En la nota se dice que_____

① María tiene que salir a comprar el pan y el periódico.

② Luis no sabe qué va a hacer María.

③ María debe ir al supermercado.

④ Luis debe comprar el pan y el periódico.

18. 다음 광고문에서 언급되지 <u>않은</u> 내용은?

> ¡ CHANCLA, tus tiendas de moda!
> Chancla es una cadena de 50 tiendas que vende ropas en toda España. Más de 300 empleados ayudan al cliente a elegir lo mejor de la moda. En nuestras tres fábricas diseña y confecciona la última moda para exportar a toda Europa.

① 이 회사 제품은 수출도 한다.

② 이 회사는 최근에 설립되었다.

③ 이 회사는 공장을 가지고 있다.

④ 이 회사는 체인점 형태로 운영된다.

19. 다음 문장 중 의미가 동일하지 <u>않은</u> 것은?

① No va a pasar por aquí dos meses.

② Lleva dos meses sin pasar por aquí

③ Hace dos meses que no pasa por aquí

④ No pasa por aquí desde hace dos meses.

20. 밑줄 친 부분과 같은 의미로 바꾸어 쓸 수 있는 것은?

A : Perdón, ¿ sabe usted quién es Steve Jobs?

B : No tengo ni idea. ¿ Quién es él?

A : Es una persona muy importante en el campo de la informática.

① No lo sé   ② Eso no es así

③ No tengo razón   ④ No hay problema

21. 글의 내용으로 알 수 없는 것은?

> En los Estados Unidos viven muchos chicanos. Ellos son estadounidenses de origen mexicano. En general, están orgullosos de su cultura. La lengua *chicana* es un poco diferente del español. La hablan, en especial, con su familia y sus amigos.

① *chicano*는 멕시코계 미국인이다.

② *chicano*의 인구는 계속 증가하고 있다.

③ *chicano*는 자기 문화를 자랑스러워 한다.

④ 특히 가족과 친구들 간에는 chicano 어를 사용한다.

22. 다음 밑줄 친 곳에 들어갈 알맞은 답을 고르시오.

> MODAS "LUCYMARI"
> TRAJES, VESTIDOS, PANTALONES Y CAMISAS
> • Para cambios y devoluciones es necesario presentar el ticket de compra en el plazo de un mes y con etiqueta.
> • Si compra unos pantalones en el mes de julio, le regalamos una camisa.
> • Los trajes de fiesta no se cambian si ha pasado una semana de su compra.
> Se admiten tarjetas

Según este aviso, si usted compra un traje de fiesta en la tienda "Lucymari"
_____

① le hacen un regalo.

② puede cambiarlo antes de 7 días.

③ tiene que pagarlo en metálico.

④ es una tienda de ropa.

23. 아래 문장에서 자연스러운 대화를 이룰 수 있는 가장 적절한 답을 고르시오.

A : ¿Está ocupada ahora?

B : _____

① Sí, me llama el jcfc.

② Sí, estoy feliz.

③ No, prefiero la primavera.

④ No, estoy ocupada.

24. 밑줄 친 부분과 뜻이 같은 것은?

Yo voy de compras a menudo con mi esposa.

① algunas veces   ② de vez en cuando

③ frecuentemente   ④ a veces

25. 다음 밑줄 친 곳에 들어갈 알맞은 답을 고르시오.

Pero, ¿a qué se dedica?

Usted pregunta de otra persona su _____.

① nombre   ② dirección   ③ profesión   ④ afición

26. 밑줄 친 곳에 가장 알맞은 말을 고르시오.

Cuando uno quiere saber el significado de una palabra. Puede preguntar :

_____

① ¿Qué quiere decir eso?　　② ¿Qué hay de nuevo?

③ ¿Cómo te encuentras?　　④ ¿Cómo se llama Ud.?

27. 다음 중 틀린 문장은?

① Seúl es la capital de Corea.

② El capital que tiene él no es nada.

③ Es la orden del jefe que no cambiemos el plan.

④ La orden social es muy importante para un país.

28. 다음 문장의 밑줄 친 형용사의 반대말이 잘못된 것은?

① La fruta está verde. - madura

② Esta calle es muy ancha. - estrecha

③ La película fue muy divertida. - interesante

④ El clima de esta región es seco. - húmedo

29. 대화의 내용으로 보아 Luis의 생일은?

Luis: José, ¿a qué estamos hoy?

José: Estamos a diez de octubre.

Luis: ¿Verdad? Quedan cuatro días para mi cumpleaños

① 10월 10일　　② 10월 14일　　③ 10월 18일　　④ 11월 14일

30. 대화의 내용으로 보아 빈 칸에 들어갈 말로 알맞은 것은?

A: ¿Sabes cómo dicen "merendar" en Chile?

B: No. ¿Cómo dicen?

A: Dicen "tomar _____."

B: ¿Ah, sí? ¿De dónde sale esta frase?

A: Parece que viene de la costumbre de tomar una comida ligera hacia las 11 de la mañana.

① aire   ② once   ③ taxi   ④ autobus

31. 다음 밑줄 친 곳에 들어갈 알맞은 답을 고르시오.

NO TIRE SU ROPA USADA
Nosotros la recogemos
en el portal de su casa
el primer sábado de cada mes.

Según este anuncio, se recoge la ropa usada _____

① el día uno de cada mes.

② una vez al mes.

③ todos los sábados.

④ el primer día al mes.

32. 글의 내용과 가장 관련이 깊은 것은?

El presidente ha decalarado el estado de emergencia para ayudar a afrontar un derrame de petróleo que amenaza a la costa del oeste del país. Ordenó que se destinaran todos los recursos disponibles para atender el derrame. El derrame tuvo lugar el domingo y se cree que se está extendiendo. La prensa la cuestionado la velocidad de la reacción inicial y el Gobierno dijo que se estaba haciendo todo para limitar el daño.

① 석유 과소비   ② 석유 수출 증가   ③ 석유 유출 사고   ④ 국제 유가 상승

33. 밑줄 친 빈 칸에 들어갈 알맞은 말을 고르시오.

Vamos a comprar _____ regalo para mis padres que están en el extranjero.

① alguno   ② algo   ③ algún   ④ ningún

34. 밑줄 친 곳에 가장 알맞은 말을 고르시오.

A : Mañana organizaremos una fiesta.

¿Puede ayudarme a comprar las bebidas y comidas esta tarde?

B : _____. Estoy muy libre esta tarde.

① Por nada.   ② Con mucho gusto.

③ No, gracias.   ④ No hay de qué.

35. 강조된 표현과 바꾸어 쓸 수 있는 말을 고르시오.

– ¿Qué tal está tu abuelo?

– Pues ya tiene ochenta años y está **como un roble.**

① enfermo   ② mayor   ③ sencillo   ④ fuerte

36. 빈 칸에 들어갈 말로 알맞은 것은?

Usamos la cuchara, el tenedor, el cuchillo y el plato
Cuando _____.

① comemos   ② contestamos   ③ escribimos   ④ hablamos

37. 글의 내용과 일치하는 것은?

> Esmeralda, una niña de cinco años, está en casa con su abuela. Su padre trabaja, sus hermanos están en la escuela, y su mamá está en la casa de una vecina enferma. Quiere ir a jugar afuera pero no puede, porque hace mal tiempo.

① 에스메랄다는 자기 할아버지와 함께 있다.

② 에스메랄다의 아버지는 지금 이웃집에 있다.

③ 에스메랄다는 지금 밖에 나가서 놀 수 없다.

④ 에스메랄다의 형제들은 밖에서 친구와 놀고 있다.

38. 다음 글을 읽고 아래 질문에 답하시오.

> ATENCIÓN
> C/ Construcciones, desde el n.° 1 hasta el n.° 9
> Prohibido aparcar mañana, día 10,
> desde las 8.30 h hasta las 11.00 h
> Motivo: Mudanza. Empresa: Caracol

Según este aviso está prohibido aparcar:

① en toda la calle.　　　② durante parte de la mañana.

③ durante toda la mañana.　　④ por obras.

39 밑줄 친 부분에 알맞은 것을 고르시오.

A : ¿_____tienes que salir?

B : A las ocho y media.

① Cuánto tiempo　　　② Qué tiempo

③ Qué hora　　　④ A qué hora

40. 대화에서 A가 가고자 하는 곳을 약도에서 찾으면?

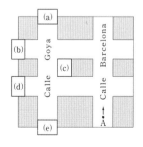

A: Perdón, ¿dónde está el parque?

B: Sigues todo recto y tomas la segunda calle a la izquierda. Luego, la primera a la derecha. Está al final de la calle Goya.

A: Muchas gracias.

① (a)　　　② (b)　　　③ (c)　　　④ (d)

41. 밑줄 친 곳에 가장 알맞은 말을 고르시오.

> Dentro de los servicios públicos de cualquier ciudad moderna, uno de los indispensables para mantener el orden público y cuidar de la seguridad de los ciudadanos es _____.

① el sindicato   ② la economía

③ la hacienda   ④ la policía

42. 빈 칸에 들어갈 말로 알맞은 것을 고르시오.

- ¿Está la Sra. Manrique?
- No, lo siento mucho. Está_____ vacaciones.

① en   ② de   ③ a   ④ por

43. 빈 칸에 들어갈 말로 알맞은 것은?

Mi padre es campesino y trabaja en el_____.

① banco   ② café   ③ campo   ④ teatro

44. 밑줄 친 부분과 내용이 같은 것은?

¿Doña Maria nuevamente va al cuarto de estar?

① a la vez   ② otra vez

③ a veces   ④ algunas veces

45. 다음 구인 광고문에서 언급되지 않은 조건은?

> Empresa de Importación-Exportación precisa relaciones públicas de habla inglesa, hombre o mujer, mayor de dieciocho años. Imprescindibles conocimientso básicos de español. Disponibilidad para viajar. Sueldo a convenir.

① 스페인어   ② 남녀 불문

③ 재택근무   ④ 18세 이상

46. 다음(   )에 들어갈 가장 알맞은 것을 고르시오.

Mi abuelo nos contó unas anécdotas de San Martín, (   ) nos divirtieron
mucho.

① el cual   ② que   ③ lo que   ④ las que

47. 빈 칸에 들어갈 말로 알맞은 것은?

A: Un billete para Toledo, por favor.

B: (   ) Ya no hay más billetes para Toledo.

A: ¿Y para mañana hay billetes?

B: Sí, hay.

① De nada.   ② ¡Qué rico!

③ Lo siento.   ④ Es posible.

48. 글의 내용과 관계있는 것은?

○Tomarla tres veces al día, 30 minutos después de cada comida.
○No tomarla con café ni con refrescos.
○Beber suficiente agua después de tomarla.

① Cómo pedir una cita

② Cómo tomar una foto

③ Cómo tomar la medicina

④ Cómo preparar la comida

49. 다음 밑줄 친 곳에 들어갈 알맞은 답을 고르시오.

Si quiere, lo probamos para comprobar que funciona sin problemas.
Usted está en _____

① una tienda de ropa.

② un restaurante.

③ una frutería.

④ una tienda de electrodomésticos.

50. 글의 내용으로 보아 축제는 몇 일간 지속되는가?

La fiesta comienza a las seis de la mañana del catorce de agosto y termina a
las nueve de la noche del vientiuno del mismo mes. Una de las actividades
favoritas de los ciudadanos son los conciertos en la playa.

① tres días   ② ocho días
③ diez días   ④ quince días

51. 다음 문장을 우리말로 가장 적절하게 옮긴 것을 고르시오.

No dejes de enviarme ese paquete.

① 그 소포를 내게 부쳐라.
② 내가 그 소포를 부친다.
③ 그 소포를 이제 내게 부치지 마라.
④ 내가 그 소포를 부치도록 하락해라.

52. 밑줄 친 부분이 공통으로 가리키는 곳은?

En general esto está en el centro de cada pueblo de España.
En esto hay una iglesia, cafeterías, tiendas y restaurantes.
Muchos españoles pasean por esto, o toman café al aire libre
con sus amigos. A veces en esto celebran fiestas.

① plaza   ② palacio   ③ playa   ④ oficina de correos

53. 대화의 내용으로 보아 A가 찾고 있는 장소는?

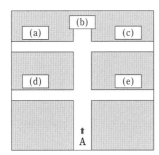

A : Por favor, ¿ puede decirme dónde está la biblioteca?

B : No está lejos. Siga todo recto y gire a la derecha en la segunda esquina. La biblioteca está en esa calle.

A : Muchas gracias.

① (a)　　　　② (c)　　　　③ (d)　　　　④ (e)

54. 빈 칸에 들어갈 말로 알맞은 것을 고르시오.

- ¿_____has explicado todo a Rocío?

- Que sí, no te preocupes.

① Se te　　　② Se lo　　　③ Se la　　　④ Se le

55. 다음 중 ser와 estar의 쓰임이 틀린 것은?

① Esta casa es de mi padre.

② Susana está delgada. Pero ahora no es delgada.

③ ¿En qué día estamos hoy?

④ Son las diez menos diez.

56. 다음 A와 B의 대화 중 빈 곳에 들어갈 가장 적합한 표현은?

> A : Tengo una clase de español.
>
>   Pero el profesor está enfermo, y no hay clase.
>
> B : _____.
>
> A : Está resfriado.

① ¿Qué le pasa?　　　② ¿Qué está haciendo?

③ ¿Qué le gusta más?　　④ ¿Qué tiene?

57. 다음의 대답이 나올 수 있는 가장 알맞은 의문문을 고르시오.

Hoy es lunes.

① ¿A qué estamos hoy?

② ¿Qué fecha es hoy?

③ ¿A cuántos estamos hoy?

④ ¿Qué día es hoy?

58. 빈 칸에 들어갈 말로 알맞은 것은?

> A: ¿Cuándo vamos al museo?
>
> B: Está abierto solo el lunes y el jueves.
>
> A: A ver… Hoy es martes.
>
>   Entonces tenemos que esperar (　　) más.

① 1 día　　② 2 días　　③ 3 días　　④ 4 días

59. 제시된 문장 다음에 이어지는 두 사람의 대화 순서를 가장 적절하게 배열한 것은?

> - Hola, Raúl. Quiero hablar con tu madre.
>
> (가) ¿No sabes cuándo regresa?
>
> (나) No está en casa. Está en mercado.
>
> (다) No, no lo sé.

① (가) – (나) – (다)　　　② (나) – (가) – (다)

③ (나) – (다) – (가)　　　④ (다) – (가) – (나)

60. 다음 밑줄 친 곳에 들어갈 알맞은 답을 고르시오.

> ALTEA, MODA JOVEN
> Cerrado por reforma del 1 al 30 de septiembre. Abrimos en octube con una nueva colección y con ideas renovadas.
> Te esperamos.

Según este cartel, en octubre esta tienda _____

① igual que antes　　　② permanecerá cerrada

③ ya no venderá ropa　　　④ será diferente

61. 밑줄 친 부분에 들어갈 가장 적절한 단어는?

> Está lloviendo ahora.
> Para salir de casa, tenemos que llevar _____.

① gafas de sol　　　② paraguas

③ bufandas　　　④ guantes

62. 밑줄 친 부분에 공통적으로 들어갈 가장 적절한 단어는?

> Las _____ son más que un simple pedazo de la tela; son el símbolo del país. Las _____ son la imagen de la unión de nación, de sus ideales, de su historia y también de su cultura.

① ropas　　　② faldas　　　③ cocinas　　　④ banderas

63. 다음 빈 칸에 가장 알맞은 것을 고르시오.

El jardín (　　　) lleno de flores.

① está　　　② ser　　　③ es　　　④ están

64. 밑줄 친 부분에 가장 적당한 것을 고르시오.

Hay muchas flores en la florería. ¿_____ quieres entre ellas?

① Quién　　② Cuál　　③ Cómo　　④ Qué

65. 밑줄 친 부분에 들어갈 말로 알맞은 것은?

A: ¿Cómo se llama?
B: Me llamo Kim Aram.
A: ¿Kim es su nombre?
B: No, es mi _____

① primo　　② trabajo　　③ familia　　④ apellido

66. 밑줄 친 부분에 들어갈 알맞은 것을 고르시오.

El jefe no se atrevía _____ del despacho.

① de salir　② a salir　③ para salir　④ por salir

67. 빈 칸에 들어갈 말로 알맞은 것을 고르시오.

- Tienes mejor aspecto.

- Sí, es que _____ hago deporte, me encuentro mucho mejor.

① desde que　② hasta que　③ después de　④ antes de

68. 아래 문장에서 자연스러운 대화를 이룰 수 있는 가장 적절한 답을 고르시오.

A: Esta noche me voy a casa de mis padres.

B: _____

① Por favor, dales mis intereses.

② Por favor, dales mis costumbres.

③ Por favor, dales mis saludos.

④ Por favor, dales mis pensamientos.

69. (   )안에 알맞은 것을 고른다면?

En eata calle (   ) muchos mendigos que andan pidiendo las limosnas.

① son   ② hay   ③ está   ④ están

70. 대화의 내용과 가장 관계 깊은 속담은?

A: ¿Cuántas horas tardamos en llegar a Barcelona?
B: Si vamos directo, unas seis horas.
A: Entonces, me gustaría visitar a mi tía Ana, que vive en Zaragoza.
    ¿Cómo le parece?
B: Claro. Zaragoza está en el camino. Allí descansamos un rato. Así, podremos hacer dos cosas al mismo tiempo: visitar a tu tía y, al mismo tiempo, descansar y comer algo.
A: De acuerdo.

① Más vale tarde que nunca.

② Matar dos pájaros de un tiro.

③ Nunca es tarde para aprender.

④ En boca cerrada no entran moscas.

71. '모임은 몇 시에 있습니까?'를 바르게 옮긴 것은?

　① ¿A qué horas está la reunión?

　② ¿A qué horas se celebran la reunión?

　③ ¿Cuándo está la reunión?

　④ ¿A qué hora es la reunión?

72. 빈 칸에 들어갈 말로 가장 알맞은 것은?

> A: ¿A qué hora es tu clase de pintura?
> B: A las diez de la mañana.
> A: Pero ya son las diez y media.
> B: ¡Dios mío! Me voy ahora mismo para la clase porque _____.

　① ver para creer　　　　　　　　② las paredes oyen

　③ a buena hambre no hay pan duro　　④ más vale tarde que nunca

73. 대화의 내용으로 보아 회의의 시작시각은?

> A: ¿Qué hora es?
> B: Son las cuatro menos cuarto.
> A: ¿A qué hora empieza la reunión?
> B: Faltan dos horas.

　① 4시 45분　　② 5시 15 ③ 5시 45분　　　④ 6시 15분
　　　　　　　　　　분

74. 다음 글에서 묘사된 'García'의 업무와 가장 밀접한 것은?

> A las siete el señor García sale para su trabajo. Trabaja en un edificio que está en el centro de la ciudad. Y se dedica a ayudar a las personas desde el punto de vista legal. El terminó la carrera de dercho en la Universidad Nacional.

　① chofer　　② técnico　③ abogado　　　　④ ingeniero

75. 강조된 표현과 바꾸어 쓸 수 있는 말을 고르시오.

- ¿Cuándo puedo ir a buscar el vestido?

- Esta tarde estaré en casa **a partir de** las cinco. ¿Te va bien?

① despué   ② hasta   ③ desde   ④ antes de

76. 밑줄 친 부분에 들어갈 적합한 표현을 고르시오.

La tienda ____ grande, pero ____ en una calle muy ruidosa.

① está/es   ② está/está   ③ es/ubica   ④ está/ubica

77. 다음 밑줄 친 곳에 적당한 것은?

Aquí hay más de ____ mujeres

① cientas   ② cienta   ③ cientos   ④ cien

78. 다음 물음에 대한 답으로 적절하지 않은 것은?

¿Qué tiempo hace hoy?

① Está nublado.

② Está lloviendo.

③ Hace buen tiempo.

④ Hoy no tengo tiempo.

79. comercio와 직접적인 관련이 <u>없는</u> 것은?

① echar de menos

② pagar en abonos

③ cambiar la mercancía

④ estar libre de impuesto

80. 밑줄 친 부분의 쓰임이 바르지 <u>않은</u> 것은?

> El Asia es (a)<u>hermosa</u>. Tiene una historia (b)<u>larga</u> e (c)<u>interesante</u>.
> Mucha gente come arroz (d)<u>blanca</u>. Su clima es bueno para vivir.

① (a)　　　　② (b)　　　　③ (c)　　　　④ (d)

81. 밑줄 친 부분에 들어갈 말로 알맞은 것은?

> A: Mamá, el ordenador no funciona. Parece que está _____.
> B: Pues, tendremos que avisarlo al técnico.

① averiado　　　　② arreglado

③ preparado　　　　④ equivocado

82. 밑줄 친 부분에 들어갈 말을 순서대로 바르게 배열한 것은?

> _____ López tienen una hija preciosa.
> _____ sábado 25 voy a ver al señor García.
> _____ miércoles siempre voy al cine.
> Se casó a _____ cuarenta.

① El – Los – El – el　　② El – El – El – los

③ Los – El – Los – el　④ Los – El – Los – los

83. 밑줄 친 부분의 쓰임이 바르지 <u>않은</u> 것은?

① Esta anillo <u>está</u> de oro.

② Rosa <u>está</u> enfadada con nosotros.

③ María y yo <u>estamos</u> de vacaciones.

④ Los niños <u>están</u> jugando en el patio.

84. 강조된 표현과 바꾸어 쓸 수 있는 말을 고르시오.

> – ¿Dónde están las chicos?
> – Están **ensayando** en el gimnasio.

① preparando la actuación   ② jugando al depoerte

③ jugando al ajedrez   ④ haciendo los deberes

85. 빈 칸에 들어갈 말로 알맞은 것을 고르시오.

> – Me encuentro fatal: no paro de estornudar y me pican los ojos.
> – Dicen que este año hay más alergrías _____ la contaminación.

① como   ② porque   ③ por   ④ ya que

86. 밑줄 친 부분에 가장 적당한 것을 고르시오.

> Camarero : ¿Qué quieren tomar Uds.?
> Paco : Un café para mí.
> Elena : Café con leche y un pastel.
> Camarero : _____.
> Paco, Elena : Gracias.
> Camarero : _____.

① Aquí tienen Uds. / De nada

② Con permiso / Con mucho gusto

③ Con mucho gusto / Por supesto

④ No hay de qué / De nada

87. 밑줄 친 단어의 유의어를 고르시오.

> Aparte del trabajo, ¿me podrías traer el resumen?

① además del   ② excepto

③ a pesar del   ④ respecto a

88. 밑줄 친 단어의 유의어를 고르시오.

La recaudación de los cines cae primera vez en diez años.

① Cantidad de producción
② Dinero que se cobra.
③ Precio de entrada
④ Construcción

89. 빈 칸에 들어갈 말로 가장 알맞은 것은?

A: ¿Qué haces esta noche
B: Voy a la fiesta de cumpleaños.
A: _____
B: Gracias.

① Más o menos
② No es así.
③ Aquí tienes.
④ ¡Pásalo bien!

90. 글의 내용으로 보아 Ana와 Luis의 관계는?

Me llamo Carmen. Mi hijo es Luis. Mi hermana Ana vive cerca de mi casa. Tiene una hija pequeña, Eva. Luis y Eva se llevan muy bien.

① Luis es sobrino de Ana.
② Ana es hija de Luis.
③ Luis es primo de Ana.
④ Ana es sobrina de Luis.

91. 빈 칸에 들어갈 말로 알맞은 것을 고르시오.

- Sólo tradó cinco mimutos _____ hacer unos tacos.
- ¡Qué rápido!

① a
② por
③ de
④ en

92. 밑줄 친 곳에 가장 알맞은 말을 고르시오.

> En 1999 se cumplieron cien años del nacimiento del escritor argentino Jorge Luis Borges. El Ministerio de Cultura de Argentina ha programado varios actos en homenaje al _____.

① novelista   ② cantate

③ futbolista   ④ pintor

93. 다음 대화를 읽고 아래 질문에 적절한 답을 고르시오.

> M : Tengo que hacer unos postres para la fiesta.
> H : ¿A qué hora empieza la fiesta?
> M : A las cinco de la tarde. Ya no me da tiempo.
> H : Si quieres, los preparamos juntos.
> M : Mil gracias por tu ayuda.

¿Qué le ofrece el hombre a la mujer?

① Ayudarle a hacer unos postres.

② Llevarla al mercado.

③ Traerle unos postres.

④ Hacer la mesa juntos.

94. 밑줄 친 부분에 들어갈 말로 알맞은 것은?

> Para ir a un sitio usamos uno de los medios de transporte. Por ejemplo, el coche, el autobús, la moto, el metro, el tren, _____ o el barco.

① el pie   ② el avión

③ el zapato   ④ el puente

95. estar와 hay의 용법에 관한 다음 예문 중 적절하지 <u>않은</u> 것은?

① Hay mucha gente en el concierto.

② Los turistas están en la Plaza Mayor.

③ Hay ese hospital al otro lado de la iglesia.

④ Nuestra universidad está cerca del centro de la ciudad.

96. 밑줄 친 부분에 들어갈 알맞은 것을 고르시오.

> Lo siento. Me gustaría ir con vosotros porque hace mucho que no veo a Luis, pero es que tengo que estudiar.
> Usted _____

① está de acuerdo con alguien.

② se disculpa.

③ no tiene ganas de estudiar.

④ está enfadado con alguien.

97. 밑줄 친 부분에 들어갈 말로 가장 알맞은 것을 고르시오.

> José se especializa en la construcción de las presas. Es _____ civil.

① médico   ② ingeniero   ③ cantante   ④ contador

98. 다음 밑줄 친 말과 바꿔 쓸 수 있는 것은?

> ¿A qué hora <u>parte</u> el tren para Mérida?

① sale   ② provendrá   ③ retrocede   ④ Se para

99. 다음 글의 내용과 가장 일치하지 <u>않는</u> 것을 고르시오.

La papa, o patata, como se la conoce en España, es originaria de los Andes, donde se comenzó a cultivar hace unos 5,000 años porque resistía las bajas temperaturas de las montañas. Parece que los españoles introdujeron la papa en Europa en el siglo XVI, pero su consumo no se popularizó hasta el siglo XVII. Un hospital de Sevilla fue el primer lugar europeo en el que se utilizó para alimentar a personas. En aquella época se pensaba que solo servía para curar enfermedades.

① El ser humano empezó a consumir patatas en los Andes hace varios miles de años.

② En el XVI, los españoles llevaron las patatas a España

③ En aquella época la gente no pensaba que era un alimento que se podía tomar en las comidas.

④ El consumo de las patatas se popularizó en el siglo XVII

100. 아래 문장에서 자연스러운 대화를 이룰 수 있는 가장 적절한 답을 고르시오.

A : ¡Qué mala suerte!
B : ¿Qué pasa?
A : No traje el informe que me había pedido el jefe. Se pondría furioso.
B : _____

① Lo va a alquilar esta tarde.

② No te va a regañar mucho.

③ No te lo encargaré nunca más.

④ Lamentablemente, no está el jefe.

PARTE 7 의문 부사 및 부사

01. 의문 부사

Dónde, Cómo, Cuándo 로 장소, 방법, 시간을 타나내고 영어의 where, how, when에 해당하며 성·수 변화는 없다.

① Dónde

- ¿Dónde está tu mamá?   너의 어머니는 어디 계시니?

- Mi mamá está en la cocina.   나의 어머니는 부엌에 계십니다.

- ¿Dónde vive usted?   당신은 어디에 살고 있습니까?

- Vivo en la ciudad.   나는 도시에 삽니다.

- ¿Dónde están aprendiendo español sus hijos?

　　　　당신의 아이들은 어디서 스페인어를 배웁니까?

- Mis hijos están aprendiendo español en la escuela de idiomas.

　　　　나의 아이들을 어학교에서 스페인어를 배웁니다.

- ¡Hola! amigo.   안녕, 친구

- ¿A dónde vas?   어디가니? (방향을 나타내는 전치사 'a')

- Voy a a la escuela.   나는 학교에 간다.

② Cómo

- ¿Cómo está Ud.?   안녕하세요? (How are you?)

- Estoy bien.   나는 잘 있다.

- ¿Cómo funciona este encendedor?   이 라이터를 어떻게 작동합니까?

- ¿Cómo está el tiempo de hoy?   오늘 날씨가 어떻습니까?

- ¿Cómo es tu padre?   너의 아버지는 어떠시니?

- ¿Cómo vas a la scuela?   너는 어떻게 학교에 가니?

- Voy a la escuela en autobús.   나는 버스로 학교에 간다.

※ 교통수단은 항상 전치사 'en'을 사용한다.

en taxi	택시로	en tren	기차로
en avión	비행기로	en coche	자동차로
en metro	지하철로		

③ Cuándo

- ¿Cuándo es tu cumpleaños?　　　너의 생일은 언제니?
- Mañana es mi cumpleaños.　　　내일이 나의 생일이다.
- ¿Cuándo vas a la escuela?　　　너는 언제 학교에 가니?
- Voy a la escuela a mediodía.　　　나는 정오에 학교에 간다.
- ¿Desde cuándo llueve?　　　언제부터 비가 옵니까?

02. 부사

부사는 성수 변화가 없으며 영어와 마찬가지로 동사, 형용사, 부사를 수식한다.
부사의 구성은 '-o'로 끝난 형용사에는 '-o'→ '-a'로 바꾸어 'mente'를 첨가하고, '-o'로 끝나지 않은 형용사에는 그대로 'mente'를 붙임으로서 부사를 만든다.

- hermoso　　(아름다운)　　→　hermosamente　　(아름답게)
- claro　　(명백한)　　→　claramente　　(명백하게)
- correcto　　(정확한)　　→　correctamente　　(정확하게)
- económico　　(경제적인)　　→　económicamente　　(경제적으로)
- político　　(정치적인)　　→　políticamente　　(정치적으로)
- social　　(사회적인)　　→　socialmente　　(사회적으로)
- fácil　　(쉬운)　　→　fácilmente　　(쉽게)
- feliz　　(행복한)　　→　felizmente　　(행복하게)

- general 　　　　（전반의, 일반의）　→　generalmente 　（일반적으로）
- amable 　　　　（친절한）　　　　→　amablemente 　（친절하게）
- elegante 　　　　（우아한）　　　　→　elegantemente 　（우아하게）

① 장소, 시간, 방법, 수량/정도, 긍정/부정 부사

a) 장소 부사

aquí 　（여기）　　　　ahí 　（거기）　　　　allí 　（저기）

acá 　（여기로）　　　allá′ 　（저기로）

b) 시간 부사

ahora 　　　（지금）　　　tarde 　　　（늦게）　　　mañana 　　（내일）

ya 　　　（벌써）　　　todavía 　　（아직）　　　temprano 　（일찍）

ayer 　　　（어제）

c) 방법 부사

pronto 　（곧장, 빨리）　　　despacio 　（천천히）　　　bien 　（잘）

mal 　（나쁘게, 잘못하게）　　así 　　（그처럼, 그렇게）

d) 수량, 정도 부사

mucho 　（많이, 열심히）　　poco 　　（조금）　　casi 　　　（거의）

muy 　（매우, 아주）　　　bastante 　（꽤）　　demasiado （상당히）

e) 긍정, 부정의 부사

también 　　　（역시）　　　tampoco 　　　（역시~아니다）

apenas 　　　（거의~않다）　　nunca 　　　（결코~않다）

② 2개 이상의 부사가 연속되면 맨 끝의 부사에만 '-mente'를 붙인다.

> - Corea está desarrollándo política, económica y culturamente.
>   한국은 정치, 경제, 문화적으로 발전하고 있다.
> - El autor escribe la novela difícil pero interesamente.
>   그 작가는 어렵지만 재미있게 소설을 쓴다.

③ 'con + 추상명사'는 부사구가 된다.

> con claridad   →   claramente (명백하게)
> con desgracia   →   desgraciadamente (불행하게)
> con facilidad   →   fácilmente (쉽게)
> con felicidad   →   felizmente (행복하게)
> con cuidado   →   ciudadosamente (조심스럽게)
> con cariño   →   cariñosamente (상냥하게)
> con mucha frecuencia   →   muy frecuentemente (매우 빈번하게)
> con mucho orgullo   →   muy orgullosamente (매우 자랑스럽게)

03. 기본 독해 연습

1.

María : ¿ Qué lee usted?

José   : Yo leo el periódico.

María : ¿ Qué **❶**<u>hay</u> en la pared?

José   : Hay un mapa de Corea en la pared.

María : ¿ Qué hay sobre la mesa?

José   : Hay un libro y dos lápices.

María : ¿ Dónde **❷**<u>eatá</u> el libro?

José	:	El libro eatá debajo de la mesa.
María	:	¿Dónde eatá el gato?
José	:	El gato eatá al lado de la mesa.
Luis	:	¿Dónde eatá Jaime?
Elena	:	Está detrás de Juan.
Luis	:	¿Dónde eatá Paco?
Elena	:	Paco eatá delante de Juan.
Luis	:	¿Dónde eatá Ana?
Elena	:	Ana eatá a la derecha de Juan.
Elena	:	¿Dónde eatá Carmen?
Luis	:	Carmen eatá a la izquierda de Juan.
Luis	:	Bueno, Hasta luego.
Elena	:	Adiós, Hasta luego.

❶ Hay : Haber 동사의 무인칭 형으로 「~있다」라는 뜻 (단수와 복수형 동일)

❷ Hay, Estar 「~있다」라는 뜻으로 estar 동사가 쓰일 경우에는 반드시 장소의 부사나 부사구가 필요하다. 반면에 hay는 부사나 부사구 없이 쓸 수 있다.

2.

Susana : ❶<u>Pasa</u>. Parece que ❷<u>no hay nadie</u>. Mi compañera ❸<u>debe haber salido.</u>

Vamos a la cocina. Te prepararé algo de beber. ¿Qué prefieres?

Tomás : Algo fresco. ❹<u>Prefiero un zumo de naranja a cerveza.</u>

Susana : La nevera eatá vacía. No queda ❺<u>ninguna cerveza.</u>

Tampoco hay agua. ❻<u>Vamos a mirar</u> en el mueblebar.

Hay algunas botellas, pero están vacías. ❼<u>Lo siento mucho.</u>

Se ha acabado todo en dos días y la casa está sucia y desordenada.

No entiendo nada. Vamos a ver si hay algo de comer.

Después del viaje ❽<u>tengo hambre</u>, ¿y tú?

Tomás : No sé… si encuentras algo…

Susana : No hay nada en ❾<u>ningún sitio.</u>
❿<u>Tendremos que ir</u> a un restaurante.

Tomás : ¡Escucha! alguién ⓫<u>está abriendo</u> la puerta.

Susana : ¿Isabel…?

Isabel : Sí, soy yo. ¿Ya has vuelto? ¿Cómo has pasado el fin de semana?

Susana : Muy bien. Y aquí, ¿qué ha pasado? ¿Has invitado a toda la ciudad?

Isabel : Sólo a algunos amigos. Pero no te preocupes.
He ⓬<u>ido de compras y</u> en esta bolsa traigo de todo.

❶ pasar 2인칭 단수 명령

❷ 아무도 ~없다 ⑪ alguién(누군가)

❸ deber + inf : ~해야만 한다
haber + 과거분사, 현재완료

❹ preferir Ⓐ a Ⓑ : Ⓑ보다 Ⓐ를 더 좋아하다

❺ 어떤 ~도 아니다 ⑪ algumo(a)

❻ 영어의 'be going to'에 해당한다. 가벼운 명령으로 쓰임

❼ 미안합니다.

❽ 관용적으로 '배고프다'는 뜻

❾ niuguno 남성단수 명사 앞에 'o 탈락' 악센트 주의

❿ ~해야만 한다

⓫ estar + 현재분사 → 현재 진행

⓬ 쇼핑하러 가다

PARTE 8 목적대명사

목적대명사는 직접 목적 대명사(을, 를)와 간접 목적 대명사(~에게)가 있다.
<u>일반적인 위치는 동사의 변화형 앞에 놓인다.</u>

01. 직접 목적 대명사(을, 를)

1. me (나를)	nos (우리들을)
2. te (너를)	os (너희들을)
3. le (그를, 당신을)	les (그들을, 당신들을)
la (그녀를) (人, 物) 🈁	las (人, 物) 🈐
lo (그 사실을) (人, 物) 🈐	los (人, 物) 🈁

직접목적대명사 le는 사람 남성일때만 쓰이며 lo로 쓸 수도 있고 복수의 경우 les, los
어떤 것을 써도 무방하다. 또한 어떤 사실을 나타내는 lo는 복수가 없다.

- El profesor Park enseña ❶a mí.

  ⇨ El profesor Park me enseña.

  박교수는 나를 가르친다.

- Yo quiero ❶<u>a ti</u>

  ⇨ (Yo) <u>te</u> quiero.

  나는 너를 사랑한다.

- El profesor enseña a él.

  ⇨ El profesor ❷<u>le</u>(lo) enseña (a él.)

  교수가 그를 가르친다.

- El profesor enseña a ella.

  ⇨ El profesor ❷<u>la</u> enseña (a ella).

  교수는 마리아를 가르친다.

⚽ 사물이 목적어로 오는 경우

- ¿Compra Ud. el libro?

  당신은 그 책을 삽니까?

  ⇨ Sí, lo compro.

  예, 나는 그것을 삽니다.

- ¿Lee Ud. la novela?

  당신은 소설을 읽습니까?

  ⇨ Sí, la leo.

  예, 나는 그것을 읽습니다.

❶ <u>전치격 인칭대명사</u>: 전치사 + 주격인칭 대명사 (P.178 참고)

　1, 2인칭 단수 yo, tú → mí, ti/ con과 어울릴때는 conmigo, contigo가 된다.

❷ 목적대명사가 3인칭 단, 복수의 경우 (le, les) 그 뜻이 (당신, 그녀, 그, 당신들, 그녀들, 그들) 잘 식별되지 않을 경우 a Ud., a él, a ella 등의 중복형을 쓴다.

❸ 사물이 목적대명사인 경우 일반적으로 중복형을 쓰지 않는다.

02. 간접 목적 대명사(~에게)

1.	me	나에게	nos	우리들에게
2.	te	너에게	os	너희들에게
3.	le(se)	당신 그　　에게 그녀	les(se)	당신 그　들에게 그녀 (남녀공용으로 쓰임)

위치는 직접 목적 대명사와 동일하다.

· Mi mamá da el dinero a mí.

　⇨ Mi mamá me da el dinero.

　　나의 어머니는 나에게 돈을 준다.

· Mi amigo da los libros a ti.

　⇨ Mi amigo te da los libros.

　　나의 친구는 너에게 책들을 준다.

· Yo escribo una carta(a Ud., él, ella)

　⇨ Yo le escribo una carta(a Ud., él, ella).

　　나는 당신(그, 그녀)에게 한통의 편지를 쓴다.

※ 직접목적어·간접목적 대명사가 바로 위 문장처럼 함께 오는 경우 <u>간·목 + 직·목 + 동사변화형</u> 순으로 놓는다. 이 때 간접 목적 대명사와 직접 목적 대명사가, 모두 3인칭일 때 앞에 놓이는 <u>간접 목적 대명사(le, les)는 se로</u> 고친다.

- María escribe una carta a mí.

  ⇨ María me escribe una carta.

     María me la escribe.

     María me la escribe a mí. (중복형)

     마리아는 나에게 편지를 쓴다.

- Yo doy los libros a Uds.

- Yo les doy los libros.

- Yo les los doy.

  └──┴──→ 간접목적어, 직접목적어가 3인칭이므로 le 나 les를 → se로 고친다.

- Yo se los doy a Uds.   나는 당신들에게 책들을 준다.

  └────────→ 중복형

03. 목적 대명사의 위치

앞서 말한바와 같이 목적대명사의 위치는 동사의 변화형 앞에 놓인다.

그러나 inf(원형동사), 현재분사, 긍정명령형인 경우 목적대명사(간접, 직접)들은 그 어미
에 붙인다. 이때 강세표시(′)에 주의! (원래 강세위치에 강세)

(1) 동사 원형(inf)인 경우

- Quiero leer una novela.

  ⇨ Quiero leerla.   나는 소설 읽기를 원한다.

- Yo deseo hablar español.

  ⇨ Yo deseo hablarlo.   나는 스페인어를 말하고 싶다.

(2) 현재분사인 경우

 • Estoy estidiando español.

    ⇨ Estoy estudiándolo.   스페인어를 공부하고 있는 중이다.

• Estoy enseñando español a Uds.   나는 당신들에게 스페인어를 가르치고

    ⇨ Estoy enseñándoselo.   있는 중이다.

(3) 긍정명령형인 경우

Tú(너)에 대한 긍정명령은 → 직설법 현재 3인칭 단수와 동일

                         (자세한 것은 명령법 참고)

 • Besa (tú) mucho a mí

    ⇨ Bésame mucho.   나에게 많이 키스해 주세요.

참고

① 역시 3가지 경우에도 목적대명사의 뜻이 확실하지 않을 경우 여기서도 중복형을 쓴다.

 • Yo deseo regalarlo.

  → Yo deseo regalár<u>se</u>lo a <u>él</u>(ella, Ud., ellos).   나는 그(그녀, 당신, 그들)에게 그것을

            └────────↑   선물하고 싶다.

  • Estoy enseñándoselo.

  → Estoy enseñándo<u>se</u>lo a <u>Ud</u>.(él, ellos 등)   나는 당신에게 그것을 가르치고 있는

            └──────↑   중이다.

② 조동사 + 본동사 문장에서 목적대명사는 조동사 앞에 놓여도 무방하다.

  • voy a comprarlo   → lo voy a comprar

  • deseo comprarlo   → lo deseo comprar

  • estoy escuchándola   → la estoy escuchando

04. 기본 독해 연습

1.

vendedor	:	¿Qué desea?
cliente	:	Quiero comprar una camisa.
vendedor	:	❶¿La quiere blanca o de color?
cliente	:	La quiero de color.
vendedor	:	Las tenemos de muchos colores: azules, verdes, amarillas, negras, rojas y a cuadros.
cliente	:	Está bien, Uso ❷la talla 40.
vendedor	:	¿Desea algo más?
cliente	:	Sí, una corbata.
vendedor	:	¿De qué color la quiere?
cliente	:	Verde, por favor.
vendedor	:	Ésta está muy bien.
cliente	:	Sí, ❸de acuerdo. También quiero comprar un bolso.
vendedor	:	¿Es para Usted?
cliente	:	No. Es para regalar a una amiga. Mañana es su cumleaños.
vendedor	:	Este modelo ❹está de moda. Lo tenemos en marrón y en negro.
cliente	:	❺¿Cuánto cuesta?
vendedor	:	500 euros.
cliente	:	Es un poco caro. pero es muy bonito. Lo compro.

❶ una camisa를 받는 직·목

❷ una corbata를 받는 직·목

❸ Estar de acuerdo 동의하다 (Eatar 생략된 것임)

❹ 유행중이다 (pasar de moda 유행이 지나다)

❺ 얼마입니까? (cuánto vale = cuánto es)

2.

¿ Qué escribe usted?

Escibo una carta.

¿ A quién escribe usted?

❶<u>Le</u> escribo a un amigo.

¿ En qué lengua escribe la carta?

❷<u>La escibo en inglés.</u>

¿ Escibe usted bien en inglés?

No, no **❸**<u>lo</u> escibo bien. Pero **❹**<u>me gusta escribir en inglés.</u>

❶ 간접 목적 대명사 a un amigo를 가리킨다.

❷ 직접 목적 대명사로 la carta를 지칭한다.

❸ 직접 목적 대명사로 위 문장을 나타낸다.

❹ gustar 용법 (P.133 참고)으로 항상 간접 목적 대명사를 수반한다.

PARTE 9 동 사

앞서 설명했듯이 스페인어 동사는 어미가 -ar, -er, -ir로 끝나는 세 가지 형태뿐인데 각기 주어(인칭과 수)에 따라 어미가 변한다.

참고

제1변화동사(-ar)		제2변화동사(-er)		제3변화동사(-ir)	
o	amos	o	emos	o	imos
as	áis	es	éis	es	ís
a	an	e	en	e	en

그러면 구체적으로 중요한 규칙 변화 동사들과 불규칙 변화 동사 위주로 살펴보도록 하자. 동사에 대한 완전한 정복은 스페인어의 정복을 의미한다 해도 과언이 아닐 정도로 중요하다.

01. 규칙 변화 동사

(1) -ar형

다음의 동사들을 하나씩 외워보도록 하자.

hablar	(말하다)	ayudar	(돕다)
comprar	(사다)	amar	(사랑하다)
trabajar	(일하다)	llevar	(운반하다)
desear	(원하다)	ganar	(이기다, 얻다, 돈을 벌다)
tocar	(연주하다)	avisar	(알리다)
visitar	(방문하다)	preguntar	(질문하다)
tomar	(잡다, 섭취하다)	llegar	(도착하다)
reparar	(수선하다)	viajar	(여행하다)

terminar	(끝나다)	regalar	(선물하다)
pasear	(산보하다)	preparar	(준비하다)
mirar	(바라보다)	cantar	(노래하다)
olvidar	(잊다)	nadar	(수영하다)
sacar	(꺼내다)	fumar	(담배피다)
llamar	(부르다)	pintar	(그림그리다)
lavar	(씻다)	invitar	(초대하다)
enseñar	(가르치다)	escuchar	(듣다)
regresar	(돌아오다)	pagar	(지불하다)
necesitar	(필요하다)	esperar	(기다리다)
constestar	(대답하다)		

ej

- Yo hablo siempre ❶en español.

  나는 항상 스페인어로 말한다.

- Nosotros contestamos en inglés.

  우리는 영어로 대답한다.

- Mi amigo compra un lápiz en la papelería.

  내 친구는 문방구에서 연필을 산다.

- Yo estudio ❷el español ❸para viajar.

  나는 여행하기 위해 스페인어를 공부한다.

- Los alumnos preparan las lecciones.

  학생들은 학과를 준비한다.

- Mi papá trabaja mucho para ganar el dinero.

  내 아버지는 돈을 벌기위해 일을 많이 한다.

- Yo ❹deseo viajar con mis amigos.

  나는 내 친구들과 여행가기를 원한다.

- Todos nosotros necesitamos trabajar.

  모든 우리들은 일하는 것이 필요하다.

- A veces yo nado en el río.
  가끔 나는 강에서 수영한다.
- Los niños tocan la guitarra.
  아이들은 기타를 친다.
- Los estudiantes pasean por el parque.
  학생들은 공원을 산책한다.
- Yo espero el coche para regresar a mi casa.
  나는 집에 들어가기 위해 차를 기다린다.
- El profesor Kim enseña (el) ❷español a los alumnos.
  김교수는 학생들에게 스페인어를 가르친다.
- Yo ❺necesito comprar un coche.
  나는 차를 살 필요가 있다.

참고

❶ en + 언어명칭 → ~어로
❷ hablar + 언어명칭일 때 관사를 생략한다.
　　estudiar, enseñar, aprender 동사도 관사를 생략하는 경향이 있다.
❸ 전치사 다음에 동사가 올 때 항상 원형동사가 온다.
❹ desear + 원형동사 → ~하기를 원한다
❺ necesitar + 원형동사 → ~하는 것이 필요하다

---

(2) -er형

comer	(먹다)	coser	(꿰매다)
vender	(팔다)	romper	(깨뜨리다)
comprender	(이해하다)	beber	(마시다)
creer	(믿다)	responder	(대답하다)
corresponder	(해당하다)	correr	(달리다)
aprender	(배우다)	poseer	(소유하다)
prometer	(약속하다)	deber	(해야한다, 빚지다)
leer	(읽다)		

es

- Yo como pan.

  나는 빵을 먹는다.

- Yo aprendo inglés.

  나는 영어를 배운다.

- José y calros beben cerveza en el bar.

  호세와 까를로스는 술집에서 맥주를 마신다.

- Yo vendo libros en una librería.

  나는 서점에서 책을 판다.

- Yo ❶prometo visitar a mi amigo Juan.

  나는 나의 친구 환을 방문하기로 약속했다.

- Mi papá lee el periódico en ❷el cuarto de estar.

  나의 아버지는 거실에서 신문을 읽으신다.

- Los deportistas corren en la pista.

  운동선수들은 경주로에서 달린다.

- Doña Isabel cose una camisa en su habitación.

  이사벨 여사는 자기방에서 와이셔츠를 꿰맨다.

- (Yo) ❸Debo asistir a la reunión porque es importante.

  모임이 중요하기 때문에 참석해야만 한다.

- El mes julio ❹corresponde al verano en corea.

  한국에서 7월은 여름에 해당한다.

참고

❶ prometer + 원형 → '원형동사'하기로 약속하다

❷ el cuarto de estar → 거실

❸ deber + 원형 → '원형동사'해야만 한다

❹ corresponder a~ → ~에 해당하다, 상응하다

(3) -ir형

vivir	(살다)	sufrir	(고통을 겪다)
cumplir	(완수하다)	repartir	(분배하다)
cubrir	(덮다)	recibir	(받다)
asistir	(출석하다)	partir	(나누다, 출발하다)
abrir	(열다)	subir	(오르다)
escribir	(쓰다)		

ej

- Vivo en un apartamento con mi familia.　　나는 가족과 함께 아파트에 산다.

- Abro la ventana.　　나는 창문을 연다.

- Ella recibe muchos regalos　　그녀는 많은 선물들을 받는다.

- Hoy cumplo catorce años.　　오늘 나는 14살이다.

- Isabel escribe una carta con una pluma.　　이사벨은 펜으로 편지를 쓴다.

- María cubre la mesa con un mantel.　　마리아는 덮개로 탁자를 덮는다.

- Juan sufre mucho.　　환은 무척 고통을 받는다.

- Yo asisto a clase.　　나는 수업에 출석한다.

02. 불규칙 변화 동사

불규칙 동사에는 먼저, 어간모음이 변하는 형태. 즉, (e → ei), (o → ue), (e → i) 등이 있는데 물론 어미는 인칭과 수에 따라 각기 규칙과 동일하게 변한다. 주어 1·2인칭 복수는 절대 어간 모음이 변하지 않는다.

(1) 어간모음 'e'가 'ie'로 변하는 불규칙 동사

pensar (생각하다)　　　　　　　pienso　　　　　pensamos
　↓ └ 규칙과 동일하게 변화　　　piensas　　　　pensais
　ie　　　　　　　　　　　　　　piensa　　　　　piensan

위의 동사(pensar)와 동일한 어간모음변화(e → ie)로 변하는 동사를 살펴보자.
물론 어미는 규칙과 동일하게 변한다.

① 제1변화동사(-ar형)

empezar	(시작하다)	negar	(부인하다)
confesar	(고백하다)	calentar	(가열하다)
sentar	(앉히다)	gobernar	(다스리다)
despertar	(깨우다)	comenzar	(시작하다)
cerrar	(닫다)	recomendar	(추천하다)
nevar	(눈이오다)		

② 제2변화동사(-er형)

querer	(원하다)	defender	(방어하다)
atender	(돌보다)	perder	(잃다)
extender	(확장하다)	encender	(켜다)
entender	(이해하다)		

③ 제3변화동사(-ir형)

sentir	(느끼다)	preferir	(선호하다)
consentir	(동의하다)	divertir	(기쁨을 주다)
herir	(상처를 입히다)	mentir	(속이다)
convertir	(변화시키다)	referir	(언급하다)

ej

- Siempre (yo) ❶<u>pienso en</u> María.

  나는 항상 마리아를 생각한다.

- La película empieza (=comienza) ❷<u>a las ocho de</u> la noche.

  그 영화는 밤 8시에 시작한다.

- Siempre (yo) me despierto ❷<u>a las 6 de</u> la mañana.

  나는 항상 오전 6시에 일어난다.

- María cierra la caja con mucho cuidado.

  마리아는 아주 조심스럽게 상자를 닫는다.

- Yo ❸<u>quiero regalar</u> una rosa a ella.

  나는 그녀에게 장미 한 송이를 선물하길 원한다.

- Yo pierdo mi reloj en la calle.

  나는 거리에서 내 시계를 잃어버렸다.

- Mi mamá enciende la luz de la cocina.

  나의 어머니는 부엌의 불을 켜신다.

- ❹<u>Lo siento</u> mucho.

  대단히 죄송합니다.

- María ❺<u>prefiere</u> el café a la leche.

  마리아는 우유보다 커피를 좋아한다.

- Los hombres malos mienten mucho.

  나쁜 사람들은 거짓말을 많이 한다.

참고

❶ pensar en~ → ~을 생각하다

  pensar + 원형동사 → ~할 생각이다 (작정이다)

❷ a → 시간을 나타내는 전치사

❸ querer + 원형동사 → ~하기를 원하다

❹ lo → 목적대명사 참조

❺ preferir A a B → B보다 A를 더 좋아하다

(2) 어간모음 'o'가 'ue'로 변하는 동사

```
contar (계산하다, 이야기하다)        cuento              contamos
    ↓   ↳ 규칙과 동일하게 변화        cuentas             contáis
   ue                               cuenta              cuentan
```

다음 동사들은 위의 동사와 동일한 변화형을 갖는다.

① 제1변화동사(-ar형)

recordar	(기억하다)	almorzar	(점심을 먹다)
encontrar	(발견하다)	costar	(비용이 들다)
rogar	(간청하다)	acordar	(결정하다)
acostar	(눕히다)	soñar	(꿈꾸다)

② 제2변화동사(-er형)

mover	(움직이다)	poder	(할 수 있다)
volver	(돌아오다)	llover	(비가 오다)
doler	(아프다)		

③ 제3변화동사(-ir형)

dormir	(자다)	morir	(죽다)
adormir	(잠들다)		

es

- (Yo) Recuerdo siempre tu nombre.
  나는 항상 너의 이름을 기억한다.
- ❶A mediodia siempre almuerzo en casa con mi familia.
  항상 나는 정오에 가족과 함께 집에서 점심을 먹는다.
- Encuentro mis libros en mi habitación.
  나는 나의 방에서 나의 책들을 발견한다.

- ¿ **❷**Cuánto cuesta este libro?

  이 책은 얼마입니까?
- Este libro cuesta mucho.

  이 책은 무척 비쌉니다.
- de acuerdo

  동의하다
- Puedo nadar en el río.

  나는 강에서 수영할 수 있다.
- ¿ **❶**A qué hora vuelve tu papá?

  너의 아버지는 몇 시에 돌아오시니?
- Este verano **❸**llueve mucho.

  이번 여름은 비가 많이 온다.
- A veces, duermo la siesta.

  가끔 나는 낮잠을 잔다.

해설

❶ 시간을 나타내는 전치사 → a

❷ Cuánto es = Cuánto vale → 얼마입니까?

❸ 자연의 현상이므로 항상 3인칭 단수만 사용한다.

---

(3) 어간모음 'e'가 'i'로 변하는 동사 (-ir형에만 존재한다)

pedir (요구하다)	pido	pedimos
↓ └ 규칙과 동일하게 변화	pides	pedís
i	pide	piden

servir	(봉사하다)	despedir	(작별하다)
repetir	(반복하다)	impedir	(방해해다)
elegir	(선택하다)	medir	(치수를 재다)
vestir	(옷을 입히다)	conseguir	(입수, 성취하다)
seguir	(계속하다)	competir	(경쟁하다)

ej

- El niño pide dinero a su mamá.
  아이는 그의 엄마에게 돈을 요구한다.
- El camarero sirve un café.
  종업원은 커피를 제공한다.
- María despide a su novio en el Aeropuerto.
  마리아는 공항에서 그녀의 애인을 전송한다.
- Repito mucho las palabras.
  나는 단어들을 많이 반복한다.
- Ella viste a sus niños.
  그녀는 자기 아이들의 옷을 입힌다.
- Juan compite con Luis en la carrera.
  환은 경주에서 루이스와 경쟁한다.

이 외에도 어간모음 'u → ue', 'i → ie'로 변하는 형태도 있다.

Jugar   (놀다)   adquirir   (얻다, 달성하다)

ej - A menudo juego al tenis con mis amigos en el campo de tenís.
  나는 친구들과 테니스 코트에서 테니스를 친다.

(4) 기타 중요한 불규칙동사의 활용과 용법

① -go형. 어간모음 'e → ie'로

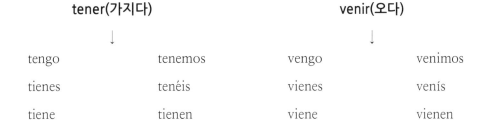

tener(가지다)		venir(오다)	
↓		↓	
tengo	tenemos	vengo	venimos
tienes	tenéis	vienes	venís
tiene	tienen	viene	vienen

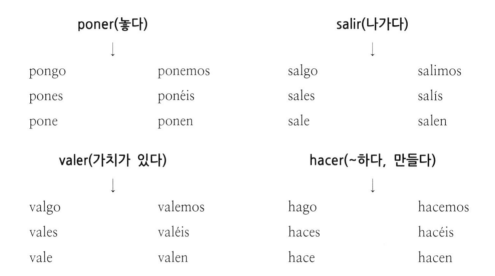

poner(놓다)		salir(나가다)	
↓		↓	
pongo	ponemos	salgo	salimos
pones	ponéis	sales	salís
pone	ponen	sale	salen

valer(가치가 있다)		hacer(~하다, 만들다)	
↓		↓	
valgo	valemos	hago	hacemos
vales	valéis	haces	hacéis
vale	valen	hace	hacen

위의 동사들은 보다시피 1인칭 단수만 '-go'로 끝나며 나머지 인칭은 규칙변화와 동일하게 변한다. 이런 형태와 같은 동사들은

traer(가져오다) → traigo

caer(떨어지다) → caigo

asir(쥐다)   → asgo   등이 있으며,

1인칭 '-go'형에 어간 모음 'e → i'로 변하는 decir(말하다)동사의 변화형을 보면 다음과 같다. 그리고 모음과 모음사이의 'i'가 'y'로 되는 oir동사를 보자.

decir(말하다)		oir(듣다)	
↓		↓	
digo	decimos	oiga	oimos
deces	decís	oyes	oís
dice	dicen	oye	oyen

■ tener(가지다) 동사의 용법

➲ 중요한 숙어

- tener que + 원형동사 : 원형동사 해야 한다
- tener ganas de + 원형동사 : 원형동사 하고 싶다
- tener gusto en + 원형동사 : 원형동사 하여 반갑다
- no tener + 목적어 + que 원형동사 : ~을 할 것이 없다

• Tengo que estudiar mucho.	나는 열심히 공부를 해야 한다.
• Tengo ganas de bailar contigo.	나는 너와 춤을 추고 싶다.
• Tengo mucho gusto en conocerle a Ud.	당신을 알게 돼서 반갑습니다.
• No tengo nada que preguntar.	나는 질문할 것이 아무것도 없다.

➲ 관용적인 용법

tener	+	calor	(더위)	→	덥다
		frío	(추위)	→	춥다
		sed	(갈증)	→	목마르다
		hambre	(공복)	→	배고프다
		sueño	(졸음)	→	졸리다
		razón	(이유)	→	옳다
		prisa	(서두름)	→	서두르다
		reponsabilidad	(책임)	→	책임이 있다
		miedo	(두려움)	→	두려워하다
		culpa	(실수)	→	잘못이 있다
		suerte	(운명)	→	운이 있다
		cuidado	(조심)	→	조심하다

- (Yo) Tengo mucho calor.   나는 무척 덥다.
- Yo tengo hambre y sed.   나는 배가 고프고 목마르다.
- Yo tengo sueño.   나는 졸리지 않는다.

- Tienes raźon.　　　　　　　　　　　　　　네 말이 옳다.
- Siempre tengo ciudado al cruzar la calle.　　나는 항상 길을 건널 때 조심한다.
- ¿No tiene Ud. prisa?　　　　　　　　　　　당신은 급하지 않으세요?
- No tengo responsabilidad.　　　　　　　　　나는 책임이 없다.
- Juan tiene miedo del perro.　　　　　　　　환은 개를 무서워한다.
- Mi secretaria tiene la culpa.　　　　　　　나의 비서의 잘못이다.

➲ 기타 표현

- Aquí tiene Ud. la vuelta.　　　　　　거스름돈이 여기 있습니다.
- ¿Cuántos años tiene Ud.?　　　　　　당신은 나이가 어떻게 되십니까?
　(=¿Qué edad tiene Ud.?)
- Yo tengo 30(treinta) años.　　　　　　나는 30살입니다.
- ¿Qué tiene Ud.?　　　　　　　　　무엇을 가지고 있습니까?(⇨어디가 아프십니까?)
- Tengo dolor de cabeza.　　　　　　머리가 아픕니다.

■ hacer 동사의 용법

➲ 무인동사로써 날씨를 표현한다. (3인칭 단수로만 활용한다.)
　<u>hace</u> + 날씨(명사) → 일반적인 날씨 상황
　　└ 날씨를 표현할 때 3인칭 단수

Hace		
	calor	(덥다)
	frío	(춥다)
	sol	(해가 뜨다)
	viento	(바람이 불다)
	fresco	(선선하다)
	lluvia	(비가 오다)
	nieve	(눈이 오다)
	buen tiempo	(날씨가 좋다)
	mal tiempo	(날씨가 나쁘다)

- 주관적인 개념에서 사람이 춥다 → tener
- 객관적인 개념에서 일반적인 날씨가 춥다, 덥다 → hacer

- ¿Qué tiempo hace hoy?　　　　　　　오늘 날씨가 어떻습니까?
- Hoy hace buen(mal) tiempo.　　　　오늘 날씨가 좋습니다. (나쁩니다)
- En el verano hace mucho calor.　　여름에는 날씨가 매우 덥다.
- Hace mucho calor pero tengo frío.　날씨가 매우 덥지만 나는 춥다.
- ¿Hace sol ahora?　　　　　　　　　지금 해가 납니까?
- Sí, pero hace mucho viento.　　　예, 그러나 바람이 많이 붑니다.

➲ 기타표현

- ¿Qué haces?　　　　　　　　　　　너 뭐하니?
- Estoy estudiando español.　　　　나는 스페인어를 공부하는 중이다.
- Mi mamá hace comida en la cocina.　나의 어머니는 부엌에서 음식을 만든다.
- Yo hago trabajar a mi hermano.　나는 나의 동생에게 일을 시킨다.

※ hace + 원형동사 → ~하게 하다
　즉, 목적어가 원형동사의 행위자가 된다.

¿Cuánto tiempo hace que ~?　　　que이하 한지가 얼마나 됩니까?
Hace 시간 que ~　　　　　　　que이하 한지가 ~시간 됩니다.

- ¿Cuánto tiempo hace que vienes en esta casa?
  이 집에 온지가 얼마나 됩니까?
- Hace tres meses que vivo en esta casa.
  이 집에 산지가 3개월 됩니다.

- **Hace** diez días **que** estoy resfriado.
  감기 걸린지 10일이 된다.

암기사항

hace 시간	→	~ 전에
desde hace	→	~ 전부터

- Vivo aquí desde hace 3 meses.　　　석 달 전부터 나는 여기서 산다.

■ venir

- ¿**❶De** dónde viene Ud.?　　　당신은 어디서 오는 길입니까?

- Vengo de Busan.　　　부산에서 오는 길입니다.

- ❷<u>Venimos a hacer</u> un curso de español.
  우리는 스페인어 과정을 이수하러 왔습니다.

■ salir

- ¿A qué hora sale el tren?
  기차는 몇 시에 떠납니까?

- El tren sale a las 3 de la tarde.
  기차는 오후 3시에 출발합니다.

- Los estudiantes salen de casa a las 8 de la mañana.
  학생들은 오전 8시에 집에서 나갑니다.

- ❸<u>Salgo a comer</u> a la 1 en punto con mis compañeros.
  나는 나의 동료들과 1시 정각에 식사하러 나갑니다.

- ❹<u>Salgo de compras</u> los domingos.
  나는 일요일마다 쇼핑하러 간다.

■ valer

- ¿Cuánto vale esta pluma?

  이 펜은 얼마입니까?

- Vale 200(doscientas) pesetas.

  200뻬세따입니다.

- No **⁵**vale le pena (de) ver la película.

  그 영화는 볼 가치가 없다.

■ poner

- ¿Qué pone Ud. sobre la mesa?

  당신은 탁자에 무엇을 놓습니까?

- Pongo un sombrero sobre la mesa.

  나는 탁자에 모자를 놓습니다.

- Mi mamá pone la comida en la mesa.

  나의 어머니는 식탁에 음식을 차리신다.

■ traer

- El cartero trae las cartas **⁷**por la tarde.

  집배원은 오후에 편지를 가져온다.

- Los estudiantes traen los libros en las manos.

  학생들은 손에 책을 가져온다.

참고

- ❶ 영어의 from에 해당
- ❷ venir a + inf : ~하러 오다
- ❸ salir a + inf : ~하러 나가다
- ❹ 쇼핑가다 (salir de vacaciones : 휴가가다)
- ❺ valer la pena (de) + inf : ~할 가치가 있다
- ❻ 막연히 오전에

■ caer

- Los hojas del árbol caen **❶**a principios del invierno.

  나뭇잎들은 초겨울에 떨어진다.

- María **❷**me cae bien.

  마리아는 내 맘에 든다. (나는 마리아를 좋아한다.)

■ decir

- Siempre digo la verdad.
  나는 항상 진실을 말한다.
- ¿Qué dice el periódico de hoy?
  오늘 신문에 뭐가 나왔습니까?
- Juan dice **❸**que María no viene hoy.
  마리아는 오늘 오지 않는다고 환은 말한다.
- Dicen que estoy ciego por tu amor.
  너의 사랑 때문에 내 눈이 멀었다고들 한다.

■ oir

- Susana y Feilpe oyen música moderna.
  수산나와 펠리페는 현대음악을 듣는다.
- **❹**Oiga cantar a ella.
  나는 그녀가 노래 부르는 것을 듣는다.

참고

❶ a principios de 초순에
  a medidos de   중순에
  a fines de   하순에
❷ me → 목적대명사
❸ 영어의 that에 해당
❹ oir + inf → ~하는 것을 듣다 (목적어가 원형동사의 행위자가 된다)

---

② 1인칭 단수가 '-zco'로 끝나는 형

conocer (알다)		conducir (운전하다)	
conozco	conocemos	conduzco	conducimos
conoces	conocéis	conduces	conducéis
conoce	conocen	conduce	conducen

위와 동일하게 변하는 동사

| ofrecer | (제공하다) | → | ofrezco |
| obedecer | (복종하다) | → | obedezco |

: 나머지 인칭은 규칙변화

agradecer	(감사하다)	→	agradezco
crecer	(성장하다)	→	crezco
establecer	(건립하다)	→	establezco
nacer	(태어나다)	→	nazco
favorecer	(호의를 베풀다)	→	favorezco
producir	(생산하다)	→	produzco
traducir	(번역하다)	→	traduzco
introducir	(안내, 도입하다)	→	introduzco
reducir	(줄이다)	→	reduzco

- Yo conozco a muchas personas en México.
  나는 멕시코의 많은 사람들을 압니다.
- Obedezco a mis padres.
  나는 부모님께 복종한다.
- Les agradezco a Uds. por la invitación.
  나를 초대해 주셔서 당신들께 감사드립니다.
- Establezco el credito.
  나는 신용장을 개설한다.
- (Yo) Traduzco del inglés al (en) coreano.
  우리는 영어를 한국어로 번역한다.
- Reduzco la velocidad de veinte metros por segundo.
  나는 매초 20m로 속도를 줄인다.

03. 기본 독해 연습

1.
Luisa : ¿Tienes el periódico de hoy?
Marta : Sí. Está sobre la mesa.

¿Para qué lo quieres?

Luisa : Para mirar la 《cartelera de espectáculos》.
Esta noche podemos ver una película.

Marta : Es una buena idea. Aquí está.

Luisa : Gracias. Pero éste no es el periódico de hoy. Es del día 22 de abril.
Y hoy estamos a 24.

Marta : Perdona. Soy muy despistada. Este es.

Luisa : A ver··· Ponen una película interesante en el cine Apolo.

Marta : ¿A qué hora empieza?

Marta : A las 11. Ahora son las 9:30.

Luisa : Tenemos mucho tiempo.
¿Cenamos antes?

Marta : Por supuesto. Tengo mucha hambre.

2.
－ ¿A qué hora vuelven tus padres?

－ Vuelven a las seis. Puedes ❶<u>tocar el piano</u>, si quieres.

－ Prefiero descansar un rato ❷<u>Estoy cansado del viaje.</u>
¿Siempre hace buen tiemo en España?

－ Aquí también nieva mucho. Algunas veces ❸<u>hace mucho frio.</u>
En verano ❸<u>hace mucho calor.</u> En Corea se juega mucho fútbol, ❹<u>¿no es
verdad?</u>

－ No tanto como aquí, pero es uno de ❺<u>los deportes más populares.</u>
❻<u>Somos muy aficionados a</u> toda clase de deportes.

－ ¿Cuál es el deporte de origen coreano?

－ Es el Taegweondo. Es un deporte fuerte.

－ ¿Puedo practicarlo contigo?

－ Cuando tú quieras.

❶ tocar + 악기 : (악기를) 연주하다

❷ estoy cansado de~ : ~로서 피곤하다

❸ 일반적인 날씨 상황

❹ 이중 부정은 더 강한 부정

❺ 우등 최상급

❻ esr aficionado a ~ : ~을 좋아(선호)하다

3.

Carlos	:	¡Por favor! ¿Tiene una mesa libre?
Camarero	:	Sí, la mesa del rincón está libre.
Carlos	:	Gracias. ¿Me ❶puede traer la carta?
Camarero	:	❷Aquí la tiene. ❸A la orden. ¿Qué desea comer?
Carlos	:	❹De primero, una ensalada mixta. De segundo, no sé qué tomar. Qué me aconseja Ud.?
Camarero	:	Le recomiendo una paella. Es especialidad de casa.
Carlos	:	¡Buena idea! Entonces, de segundo, una paella.
Camarero	:	Y ❺de postre, ¿qué quiere Ud.?
Carlos	:	Fruta del tiempo.
Camarero	:	Y de beber, ¿qué desea tomar?
Carlos	:	❻Tengo sed.

❶ poder + inf : ~할 수 있다

❷ 여기 있습니다.

❸ 주문하십시오.

❹ 첫 번째로

❺ 후식으로

❻ 목마르다 (관용적인 표현)

PARTE 10 분 사

분사에는 현재분사와 과거분사가 있다.

01. 현재분사

(1) 규칙형

- ar형   → ando : hablar   → hablando
- er형 ┐
-         → iendo : comer   → comiendo
- ir형 ┘   vivir   → viviendo

▣ 변형연습

preguntar	(질문하다)	aprender	(배우다)	abrir	(열다)
tocar	(만지다, 연주하다)	beber	(마시다)	recibir	(받다)
tomar	(잡다, 섭취하다)	vender	(팔다)	escribir	(쓰다)
trabajar	(일하다)	romper	(깨뜨리다)	sufrir	(고통을 겪다)
preparar	(준비하다)	comprender	(이해하다)	partir	(나누다, 출발하다)

(2) 불규칙형

venir	(오다)	→ viniendo	pedir	(요구하다)	→ pidiendo
decir	(말하다)	→ diciendo	seguir	(계속하다)	→ siguiendo
repetir	(반복하다)	→ repitiendo	sentir	(느끼다)	→ sintiendo
poder	(할 수 있다)	→ pudiendo	dormir	(잠자다)	→ durmiendo
morir	(죽다)	→ muriendo			

주의 모음 + er, ir인 경우 → '-yendo'로 된다.

leer	(읽다)	→ leyendo
oír	(듣다)	→ oyendo
construir	(건축하다)	→ construyendo
traer	(가져오다)	→ trayendo

그러나 ir   (가다)   → yendo로 된다.

(3) 현재분사의 용법

대체로 주어의 진행 및 동작을 나타내며 동사의 부사적 역할을 한다고 할 수 있다. (성·수 변함이 없다.)

① 주격보어

- Nostros cenamos mirando las revistas en el restaurante.
  우리는 식당에서 잡지를 보면서 저녁식사를 한다.
- Ellas vienen cantando.
  그녀들은 노래를 부르며 온다.
- Estudio escuchando la música.
  나는 음악을 들으면서 공부한다.

② 현재진행

estar + 현재분사 (영어의 be + ~ing)

그러나 '**seguir, continuar, ir, venir + 현재분사**'형태도 현재진행을 만든다.

- El profesor está explicando las lecciones.
  교수는 학과들을 설명하고 있는 중이다.
- Ellas están estudiando ahora en casa.
  그녀들은 지금 집에서 공부하고 있는 중이다.

- Estoy leyendo una novela.
  나는 지금 소설을 읽고 있는 중이다.
- Los muchachos siguen bailando.
  소년들은 계속 춤추고 있다.
- José continua trabajando con Ana.
  호세는 아나와 함께 계속 일하고 있다.

③ 감각, 지각동사 + 현재분사 → 목적어가 현재분사하는 것을 보다(듣다)

_ej_ • Veo a los niños jugando en la plaza.
  나는 아이들이 광장에서 노는 것을 본다.
- Oiga a María llamando a la criada.
  나는 마리아가 하녀를 부르는 소리를 듣는다.

▷ 목적어가 현재분사의 동작, 진행 상태를 나타낸다.

02. 과거분사

(1) 규칙형

- ar형   → ado   hablar → hablado

- er형 ┐
           ├ → ido   comer   → comido
- ir형   ┘
                              vivir   → vivido

■ 변형연습

preguntar (질문하다)	cantar (노래부르다)	tener (가지다)
tomar (쥐다, 섭취하다)	atender (주의하다)	estar (있다)
trabajar (일하다)	defender (방어하다)	cerrar (닫다)

(2) 불규칙형

escribir	(쓰다)	→	escrito	abrir	(열다)	→	abrieto
volver	(돌아오다)	→	vuelto	cubrir	(덮다)	→	cubierto
poner	(놓다)	→	puesto	hacer	(하다, 만들다)	→	hecho
decir	(말하다)	→	dicho	ver	(보다)	→	visto
romper	(깨다)	→	roto	resolver	(해결하다)	→	resuelto
satisfacer	(만족하다)	→	satisfecho				

주의 '모음 + er, ir'인 경우 -ído (강세표시 유의)로 된다.

leer (읽다) → leído   traer (가져오다) → traído

oír (듣다) → oído

(3) 과거분사의 용법

① 명사를 직접 수식하는 형용사적 용법 (명사의 성·수 일치)

- el reloj perdido   잃어버린 시계
- la casa vendida   팔린 집
- las mesas reservadas   예약된 테이블들
- la ventana abierta   열려진 창문

② 주격보어 역할 (주어의 성·수일치)

- Ellas vienen cansadas.   그녀들은 피곤한 채 돌아온다.
- El tren llega atrasado.   기차는 늦게 도착한다.
- Ellos cantan sentados.   그들은 앉은 채 노래 부른다.

③ 수동태 : ser(estar) + 과거분사 + 전치사 (por, de, en, entre)

↳ 주어의 성·수일치

ej
- La entrevista es prohibida por la ley.
  면담은 법에 의해 금지되었다.
- La puerta es abierta por el sr.Kim.
  그 문은 김군에 의해 열린다.
- Ella es amada de sus padres.
  그녀는 부모님들에게 사랑을 받는다.
- Esta casa es construida por los arquitectos.
  이 집은 건축가들에 의해서 지어졌다.
- El alcalde es respetado en todas partes.
  그 시장은 모든 곳에서 존경을 받는다.
- Ellos son queridos entre sus amigos.
  그들은 그들의 친구들 사이에서 사랑을 받는다.

참고

por → ~에 의해서   de   → ~에게서(로부터)
en → ~에서   entre → ~사이에

④ estar + 과거분사 ⇨ 행위완료를 의미 (~이 되어 있다)
     ↳ 주어의 성·수 일치

ej
- Ya la tienda está abierta.   이미 상점은 열려있다.
- Juan y María están ocupados.   환과 마리아는 바쁘다.
- La ventana está cerrada.   창문은 닫혀져 있다.
- La habitación está adornada con flores.   그 방은 꽃으로 장식되어 있다.
- Las luces están encendidas.   불이 켜져 있다.

⑤ tener + 과거분사 + 목적어 (~해 놓았다)
     ↳ 목적어의 성·수 일치

ej
- tengo abierta la ventana.   나는 문을 열어놓고 있다.
- Yo tengo escritas las cartas.   나는 편지들을 써놓았다.

03. 완료의 형태

(1) 현재완료

① 형태

haber동사의 직설법 현재 + 과거분사 (영어의 have + 과거분사)

$$\begin{bmatrix} \text{he} & \text{hemos} \\ \text{has} & \text{habéis} \\ \text{has} & \text{han} \end{bmatrix} + \text{과거분사 (성 · 수 변화 없음)}$$

② 용법

완료

- ¿Has comprado el periódico de hoy?　　너는 오늘 신문을 샀니?
  - ⇨ No todavía no lo he comprado.　　아니, 아직 나는 신문을 사지 않았어.
- ¿Has preparado la lección de mañana?　　내일 수업을 준비했니?
  - ⇨ Sí, la he preparado.　　예, 나는 내일 수업을 준비했습니다.
- ¿Has comido el desayuno?　　너는 아침을 먹었니?
  - ⇨ No, no lo he comido.　　아니, 아직 먹지 않았다.

경험

- ¿Has visto mis cuadros que está al lado de la ventana?
  창문 옆에 있는 그림들을 너는 봤니?
- Nunca he estado en españa.
  나는 결코 스페인에 있은 적이 없다.

결과

- Ya el tren ha salido.　　이미 기차는 떠나버렸다.
- Este verano ha llovido mucho.　　이번 여름은 비가 많이 내렸다.

(2) 과거완료

① 형태

haber동사의 불완료 과거 + 과거분사 (영어의 had + 과거분사)

$$
\left[
\begin{array}{ll}
\text{había} & \text{habíamos} \\
\text{habías} & \text{habíais} \\
\text{había} & \text{habían}
\end{array}
\right] + \text{과거분사}
$$

② 용법

과거완료는 두 개 과거시제의 전·후관계를 나타내며, 먼저 일어난 사건은 과거완료를 쓰며, 과거의 어떤 때를 기준으로 해서 그 당시에 있었던 경험, 완료, 계속되었던 동작들을 표현하는 데 사용된다.

ej • Cuando llegué a la estación, el tren ya había salido.
　　내가 역에 도착했을 때 기차는 이미 떠나버렸다.

　　• El mi dijo que había terminado la tarea.
　　그는 숙제를 끝마쳤다고 내게 말했다.

04. 기본 독해 연습

1.
Jaime　：¿No has visto a Marta?

Isabel　：❶Esta tarde no ha venido. Me telefonó a mediodía y dijo que no ❷ se encontrado bien.

Jaime　：¿Qué lástima! Le he traído la novela que me ❸había pedido. ¿Sabes qué le pasa?

Isabel　：Dijo que había ido a la playa el sábado y que ❸había tomado demasiado el sol.

❶ 오늘 오후

❷ encontrarse (=estar)

❸ 과거완료 (과거시점 기준으로 그 이전 완료의 행위)

2.

Felipe	:	Hala, Rafael, ¿qué **❶**<u>estás haciendo</u>?
Rafael	:	Estoy **❷**<u>llamando por teléfono</u> a mis primos. pero está comunicando.
Felipe	:	¿Qué hacen ahora sus primos?
Rafael	:	Pepe está estudiando este año quinto de Geografía e Historia en la Universidad de Madrid, y Luis está trabajando ya **❸**<u>como ingeniero</u> en una empresa multinacional. **❹**<u>¿Te acuerdas de ellos?</u>
Felipe	:	Sí, claro, aunque ya **❺**<u>hace mucho tiempo que no los veo.</u>

❶ estar + 현재부사 → 현재 진행

❷ llamar por teléfono 전화를 걸다

❸ 접속사, 기술자로서

❹ acordarse de~ : ~을 생각해 내다, 상기하다

❺ Hace시간 que~ : que이하 한지 ~ 시간이 되다

3.

Pintor	:	**❶**<u>¿Has visto</u> mis cuadros?
Amigo	:	Vi **❷**<u>los</u> que pintaste el invierno pasado. ¿Has pintado más?
Pintor	:	Sí. Ahora tengo muchos más. **❸**<u>Pasa</u> al estuio y los **❹**<u>verás</u>.
Amigo	:	Has trabajado mucho.
Pintor	:	Sí. Cada día me gusta más la pintura.
Amigo	:	¿Has hecho alguna exposición?

Pintor : Expuse el año pasado en Madrid y, hace unas semanas, en Barcelona.

Pintor : He ❺decidido regalarte uno. ¿Cuál eliges?

Amigo : El que está ❻al lado de la ventana.

Pintor : El el último que he pintado. Lo acabé esta mañana. Es tuyo.

Amigo : Muchas gracias. Es un regalo magnífico.
Seguro que ❼dentro de unos años valdrá millones.

❶ 현재완료(ver의 과거분사 visto)

❷ 그림들

❸ pasar 2인칭 단수 명령형(=직설법 3인칭 단수)

❹ 직설법 미래로 가벼운 명령을 나타낸다.

❺ decidir + inf : ~하기로 결정하다

❻ ~의 옆에

❼ ~의 안에

Ese documento está dentro de mi cajón. 그 서류는 내 서랍 안에 있다.

(시간적으로) ~지나면, ~지나서

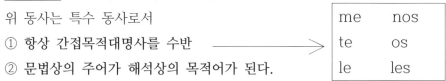

PARTE 11   특수동사, 비교급 및 재귀동사(대명사)

01. gustar동사

'~을 좋아하다'라는 규칙으로 변화하는 동사로서'나는 사과를 좋아한다'를 <u>Yo gusto la manzana.</u> 와 같이 표현하면 안된다.

위 동사는 특수 동사로서

① 항상 간접목적대명사를 수반

② 문법상의 주어가 해석상의 목적어가 된다.

me	nos
te	os
le	les

예를 들면 ㉠ me(te, le, nos, os, les) gusta la manzana. 와 같이 변하는 특수한 형태를 취한다.

(도치)

A mis padres (les) gusta viajar a mis padres.

(중복형)

나의 부모님들은 여행을 좋아하신다.

> ※ ㉡ gusta + 단수, inf
>   gustan + 복수

위와 같은 3인칭, le, les는 **분명히 누구인지를 명시**하여 중복형을 취하며, 문장 앞으로 도치되는 것이 일반적이다.

예1 **Me gusta la musica.**

이 문장에서 문법적 주어가 3인칭 단수이므로 동사는 'gusta'로 활용한다. 그대로 해석하면 '음악은 나를 좋아한다'가 되지만, 우리 한국어 표현으로는 어색하므로 '나는 음악을 좋아한다'로 해석한다.

예2 **Le gustan los libros (a él).**

이 문장에서는 문법적 주어가 3인칭 복수이므로 동사는 'gustan'으로 활용하며 우리말 해석은 '그는 책을 좋아한다'가 된다.

※ 예2 에서 (간접목적대명사가 3인칭 le 나 les)인 경우 중복형을 써서 목적어를 확실하게 해준다. (위 도치 문장 참고)

(1) gustar동사와 용법이 같은 동사

➲ dar (주다)

Me dan miedo los perros.   나는 개들을 무서워한다.

Me da vergüenza pedírtelo.   너에게 그것을 요구하는 것이 부끄럽다.

➲ interesar (흥미를 가지다)

Al público le interesa mucho ese cantante.   군중은 그 가수를 좋아한다.

Me interesa ese asunto.   나는 그 일에 흥미를 가졌다.

➲ doler (고통을 느끼다)

A ella le duele el estómago.   그녀는 배가 아프다.

A mí me duele mucho la cabeza.   나는 머리가 많이 아프다.

➲ quedar (남는다)

Sólo me quedan cien pesos.   나는 백 페소 밖에 안 남았다.

Todavía me faltan las palabras.   아직 단어들이 부족합니다.

➲ parecer (~같이 보이다)

Me parece que va a nevar.   나는 눈이 올 것 같은 생각이 든다.

¿Qué le parece esto?   당신은 그것을 어떻게 생각하십니까?

➲ faltar (모자라다)

Nos falta(Nos hace falta) tiempo para terminarlo.

(우리는) 그것을 끝내기에는 시간이 모자란다. (필요하다)

Me falta(hace falta) mucho dinero.

나는 돈이 많이 모자란다. (필요하다)

➲ convenir (합당하다)

No me conviene viajar tan lejos.

그토록 멀리 여행하는 것은 나에게는 합당하지 않다.

No nos conviene pagar tanto dinero.

그렇게 많은 돈을 지불하는 것은 우리에게 합당치 않다.

➲ molestar (귀찮다)

Me molesta cualquier ruido.   나는 어떠한 잡음(소음)도 괴롭다.

Me molesta mucho la mosca.   나는 파리가 정말 싫어.

➲ encantar (매우 좋아하다)

Nos encanta jugar al béisbol.   우리는 야구하는 것을 (매우) 좋아한다.

Me encanta la música moderna.   나는 현대 음악을 좋아한다.

(2) saber와 conocer 동사

saber와 conocer동사는 우리말로 하면 둘다 '~알다'라는 뜻이다. 내용에 있어서 많은 차이가 있다. 즉, conocer는 주로 사람이나 동물을 아는 경우에 쓰며, saber는 사물이나 사실을 아는 경우에 쓴다. saber는 자동사로서 전치사 'a'와 함께 '~맛이 난다.'는 뜻도 있다.

① saber동사

a) 지식이나 학문 등을 알다

- ¿Sabes (tú) que María y Juan son hermanos?
  마리아와 환이 오누이 사이란 것을 아니?
- Juan sabe muy bien la historia española.
  환은 스페인 역사를 잘 안다.

b) ~을 할 줄 안다 (saber + 원형동사)

- ¿Sabes tú nadar?

  너 수영할 줄 아니?

- Sabemos jugar al tenís.

  우리는 테니스 칠 줄 안다.

c) ~관해 알다 (saber de)

- Yo sé muy bien de las costumbres españolas.

  나는 스페인 풍습들에 관해 잘 알고 있다.

d) ~맛이 나다 (saber a)

- Este refresco sabe a limón.

  이 음료수는 레몬맛이 난다.

② conocer동사

a) 사람을 알다

- ¿Conoces (tú) a María?

  너는 마리아를 아니?

b) 어떤 장소를 알다

- Yo conozco muy bien la ciudad de México.

  나는 멕시코시티를 잘 안다.

c) 사귀다, 알고 지내다

- Nos conocimos hace 5 años.

  우리는 5년 전에 서로 알았습니다.

d) 알아채다, 깨닫다 (=darse cuenta de que~)

- Conocí que ella no quiso salir de casa.

  그녀가 외출하고 싶어하지 않다는 것을 나는 깨달았다.

(3) haber동사

haber동사는 과거분사와 어울려 완료형을 만들 뿐, 별 능력은 없다. 주의할 것은 haber 동사의 3인칭 단수 변화인데 'hay'와 'ha'두 개가 있다.
'hay'는 '~있다'를 뜻하고 'ha'는 haber의 3인칭 단수 변화에 해당한다.

① hay
   무인칭 표현에 쓰인다. '~있다'라는 뜻으로(영어의 there is, there are에 해당) 단·복 수형이 없고, 'hay'뿐이다.

   • ¿ Qué hay en la mesa?   탁자위에 무엇이 있나?
   • Hay lápices.   연필들이 있다.

   ※ hay 다음에 오는 명사 앞에는 정관사를 쓰지 않는다.

② hay que + 원형동사
   무인칭 표현에 쓰며 '~해야만 한다'란 뜻이다.

   • Hay que estudiar mucho.   공부를 열심히 해야 한다.

   그러나 특정인이 '~해야 한다'고 하면 'tener que'원형동사를 써야한다.

   • Tengo que estudair mucho.   나는 공부를 열심히 해야 한다.

③ haber de + 원형동사
   ~할 것이다, ~해야만 한다

   • Ha de ser así.   이렇게 되어야만 한다.

02. 비교급 및 최상급

어떤 사물의 양이나 질 혹은 정도를 나타내는 경우에 형용사, 부사앞에 'más나 menos + que + 비교의 대상'형태로 나타낸다.

(1) 형용사의 비교법

> ① 우등비교
> 'más + 형용사 + que + 비교의 대상'의 형태를 취하며, 형용사는 주어의 성·수에 일치한다.

ej
- España es más grande que Corea del sur.
  스페인은 남한보다 더 크다.
- Es más fácil ver que imaginar.
  상상하는 것보다 보는 것이 더 낫다.
- Más vale dar que recibir.
  받는 것보다 주는 것이 더 가치 있다.
- España es un país más agrícola que industrial.
  스페인은 공업국이라기보다는 농업국이다.

> ② 열등비교
> 'menos + 형용사 + que + 비교의 대상'의 형태를 취한다.

ej
- Manila es menos grande que Moscú.
  마닐라는 모스크바 보다 작다.
- Anita es menos rica que Eva.
  아니타는 에바보다 덜 부자이다.
- Calros es menos diligente que Ud. cree.
  까를로스는 당신이 생각 하는 것 보다 덜 부지런합니다.

③ 동등비교
- 'tan + 형용사(부사) + como + 비교의 대상'
- '동사 + tanto + como + 비교의 대상'의 형태를 취한다.
- 'tanto (-a,-os,-as) + 명사 + como + 비교의 대상'

- El Amazones es tan grande como el mar.
  아마존강은 바다만큼 크다.
- El vive tan lejos de aquí como yo.
  그는 나만큼 여기서 멀리 살고 있다.
- Los estudiantes estudian tanto como Ud.
  학생들은 당신만큼 공부한다.
- Ella tiene tantos vetidos como Ud.
  그녀는 마리아만큼 옷을 가지고 있다.

(2) 형용사의 최상급

① 우등최상급
  [**정관사** + **más** + 형용사 + 전치사 (de, en, entre)]

- María es la más alta de(entre) sus amigas.
  마리아는 자기 친구들 중에서 가장 크다.
- Juan es el más perezoso de su familia.
  환은 자기 가족 중에서 가장 게으르다.
- Esta flor es la más hermosa de(en) este jardín.
  이 꽃은 이 정원에서 가장 아름답다.
- Aquellas muchachas son las más inteligentes entre sus amigas.
  저 소녀들은 자기 친구들 중에서 가장 지적이다.

② 열등최상급
[정관사 + **menos** + 형용사 + 전치사 (de, en, entre)]

e;
- Esta es la flor menos bonita del jardín.
  이 꽃은 정원에서 가장 아름답지 않은 꽃이다.
- Este alumno es el menos alto en la clase.
  이 학생은 교실에서 가장 키가 작다.
- María es la menos bonita en esa escuela.
  마리아는 그 학교에서 가장 못생겼다.

③ 절대최상급 (muy + 형용사)

자음으로 끝나는 형용사는 그냥 '-ísimo'를 붙이고 모음으로 끝나는 형용사는 그냥
그 모음을 탈락시키고 '-ísimo'를 붙여 만든다.

절대최상급도 하나의 형용사이므로 성·수변화를 한다.
- Ella es hermosísima. (=Ella es muy hermosa.)
- Ellos son altisímos. (=Ellos son muy altos.)
- Muchísimas gracias.

참고

- '-ísimo'자체가 절대적인 강조이므로 그 앞에는 'muy'가 올 수 없다.
- 유일하게 원래의 액센트 위치가 경시되고 '-ísimo'에만 강세표시를 쓰는 것에 유의
  e; facil - facilísimo
- '-co'로 끝난 형용사의 절대최상급 : -quísimo
  '-go'절대최상급 : -guísimo
  '-z'절대최상급 : -císimo

(3) 불규칙 비교급

① 형태

más나 menos를 쓰지 않더라도 비교급이 되는 형용사나 부사가 있다. (불규칙)

원 급		비 교 급	최 상 급
bueno	(좋은)	mejor que	(el, la) mejor 전치사
bien	(잘)-부사		(los, las) mejores 전치사
malo	(나쁜)	peor que	정관사 + peor + 전치사
mal	(나쁘게)-부사		
grande	(나이가 많은)	mayor que	정관사 mayor 전치사
pequeño	(나이가 적은)	menor que (연령이나 수치)	정관사 menor 전치사
grande	(크기가 큰)	más grande que más pequeño que (사물의 크기나 장소)	규칙에 준함
pequeño	(크기가 작은)		

- Esta pluma es mejor que ésa.
  이 펜은 그것보다 좋다.

- Ella baila mejor que nadie.
  그녀는 어느 누구보다도 더 잘 춤춘다.

- Antonio es mayor que Calros.
  안또니오는 까를로스보다 나이가 더 많다.

- El es menor que yo.
  그는 나보다 연하이다.

- El es más grande que su hermano mayor.
  그는 형보다도 몸이 더 크다.

- Es su hija menor.
  그녀는 그녀의 막내딸이다.

- Ella baila peor que María.
  그녀는 마리아보다 춤을 더 못춘다.
- Este abrigo es mejor que aquél.
  이 외투는 저것보다 더 좋다.

② 기타

a) 'lo + mas + 형용사(부사) + posible'의 형태는 '가능하면 ~하게'의 뜻을 나타낸
   다. ('lo'는 중성정관사)

ej
- Ven por aquí lo más pronto posible.
  가능하면 빨리 여기로 오너라.
- Lea Ud. lo más despacio posible.
  가능하면 천천히 읽으십시오.

b) • más de : ~이상
   • menos de : ~이하
   • no ~ más que : 오직 ~밖에 없다 (solamente, sólo)

ej
- Tengo más de quinientos libros.
  500권이상의 책을 가지고 있다.
- No necesito más que una casa.
  나는 집이 오직 한 채만 필요하다.
- No tengo más que tres amigos.
  친구가 3명밖에 없다.

c) No poder menos de inf : ~할 수 밖에 없다

ej
- No puedo menos de llorar al recibir la carta.
  그 편지를 받고서 나는 울지 않을 수가 없습니다.

d) Cuanto más ~ (tanto)más : ~하면 할수록 더욱 더 ~하다

ej ・ Cuanto más gasta tanto menos ahorra.
쓰면 쓸수록 저축은 적게 한다.

・ Cuanto más, (tanto) mejor.
많으면 많을수록 더 좋다.

e) menos mal : 불행 중 다행

ej ・ Menos mal que has llegado a tiempo.
불행 중 다행히 너는 제때에 도착했다.

03. 재귀 동사(대명사)

(1) 재귀대명사

재귀동사는 행위의 결과가 자신에게 귀착되는 동사로서 주로 타동사에 재귀대명사 se를 붙임으로서 이루어진다. 예를 들어, 타동사 levantar (~을 일으키다)에 재귀대명사 se (자신을, 자신에게)가 붙음으로서 자신을 일으키다. 즉, 일어나다 라는 자동사가 되는 것이다. (타동사 + se = 자동사)
또, 기본형은 se이며 그 활용은 다음과 같다.

인칭 수	단 수	복 수
1인칭	me	nos
2인칭	te	os
3인칭	se	se

(2) 재귀동사

주어의 동작이 주어 자신에게 돌아올 때, 그 동사를 재귀 동사라 하며, 이 때 재귀대명사와 재귀동사는 주어의 인칭과 수에 일치한다.

① 재귀동사(재귀대명사)의 직설법 현재 활용 ㉘ levantar(se)

인칭 　 수	단　수		복　수	
1인칭	(me)	levanto	(nos)	levantamos
2인칭	(te)	levantas	(os)	levantáis
3인칭	(se)	levanta	(se)	levantan

② 재귀대명사의 위치

재귀대명사도 목적대명사와 마찬가지로 동사활용인 경우에는 동사 앞에 놓이다. 그러나 조동사가 있는 문장에는 조동사 앞에 놓이거나 본동사와 붙여 쓴다. 그리고 동사원형, 현재분사, 긍정 명령형인 경우에도 어미에 붙여 쓴다.

③ 재귀동사의 용법

a) 재귀동사는 타동사 혹은 자동사에 재귀 대명사를 붙여 만들며, 타동사에 재귀대명사가 오면 자동사가 된다.

• 타동사 levantar (~을 일으키다)

Yo le levanto a mi hermano. 　　　　나는 내동생을 일으킨다.

Ellos nos levantan. 　　　　그들이 우리를 일으킨다.

- 재귀동사 levantarse (자기 자신이 일어나다)

Yo me levanto a las seis. 나는 6시에 일어납니다.

Ellas se levantan más temptano que yo. 그 여자들은 나보다 일찍 일어납니다.

alegrar(se)	(기뻐하다)	casar(se)	(결혼하다)
sentar(se)	(앉다)	encontrar(se)	(~와 만나다, 있다)
despertar(se)	(잠이 깨다)	acostar(se)	(잠을 자다)
acercar(se)	(접근하다)	dirigir(se)	(향하다)
acomodar(se)	(정착하다)	enamorar(se)	(사랑하다)
detener(se)	(멈추다)	extender(se)	(퍼지다)
divertir(se)	(즐기다)	retirar(se)	(은퇴하다)
reunir(se)	(모이다)	tender(se)	(펼쳐지다) － 등 －

ej
- Las noticias me alegran mucho.
  그 소식은 나를 무척 기쁘게 해준다.

- Me alegro mucho de verle a Ud.
  당신을 만나서 무척 기쁩니다.

- José la casó el año pasado.
  호세는 지난해 그녀를 결혼시켰다.

- El mes próximo él se casa con María.
  그는 다음 달에 마리아와 결혼한다.

- Me sienta él en la silla.
  그는 나를 의자에 앉힙니다.

- Nos sentamos a ls mesa.
  우리는 탁자에 앉는다.

- Calros se encontró con Ana en la playa.
  까를로스가 해변에서 아나를 만났다.

- ¿A qué hora se despiertan Uds.?
  당신들은 몇 시에 잠을 깹니까?

- Nos acostamos muy tarde.
  우리들은 아주 늦게 잠을 잡니다.

- ¿Con quién queres casarte?
  너는 누구와 결혼하기를 원하니?

- Quiero casarme con mi novia.
  나는 나의 애인과 결혼하고 싶다.

- Mi padre quiere casar a mi hermano mayor con María.
  나의 아버지께서는 나의 형이 마리아와 결혼하기를 원하신다.

b) 뒤에 신체의 부분이나 부착물이 직접목적어가 되는 경우

lavar(se)	(씻다)	afeitar(se)	(면도하다)
poner(se) + 부착물	(입다, 쓰다, 신다)	limpiar(se)	(스스로 닦다)
quitar(se) + 부착물	(벗다)	bañar(se)	(목욕하다)
vestir(se)	(옷을 입다)	duchar(se)	(샤워하다)
peinar(se)	(머리 빗다)		

- El se lava las manos.
  그는 손을 씻고 있다.

- ¿Cuándo os laváis la cara?
  너희들 언제 세수하니?

- Si hace mucho frío mañana, me pondré los guantes.
  내일 날씨가 매우 추우면, 장갑을 끼겠습니다.

- En México la gente se pone el sombrero.
  멕시코에서는 사람들이 sombrero를 씁니다.

- Quiero quitarme el abrigo.
  외투를 벗고 싶습니다.

- ¿Por qué no se quitan los zapatos?
  왜 구두를 벗지 않습니까?

- Siempre me visto después de peinarme.
  항상 나는 머리빗은 후에 옷을 입는다.

- Mi mamá se ducha muy rápidamente.
  나의 어머니는 아주 빨리 샤워를 하신다.

※ 이때 신체부위나 부착물에 소유형용사를 쓰지 않고 정관사를 쓴다.

※ ponerse + 형용사 : ~해진다

　　hacerse + 명사(형용사) : ~이 되다 로도 표현함.

c) 상호동사

　　주어가 항상 복수이며 동작이 주어 모두에게 미친다.

　　이때는 '서로 ~하다'로 해석된다.

amar(se)	(서로 사랑하다)	mirar(se)	(서로 바라보다)
ayudar(se)	(서로 돕다)	abrazar(se)	(껴안다)
respetar(se)	(서로 존경하다)	escribir(se)	(서로 ~를 쓰다)
saludar(se)	(서로 인사하다)	– 등 –	

ej
- Ana y Pepe se aman(uno a otro).　　아나와 뻬뻬는 (서로) 사랑한다.
- Elena y yo nos miramos.　　엘레나와 나는 서로 바라보고 있다.
- Ellos se respetan.　　그들은 서로 존경한다.
- Todos se saludan unos a otros.　　모두 서로 인사한다.

d) 수동태를 만드는 'se'

　　주어가 3인칭인 경우 동사 앞에 재귀 대명사 'se'가 붙어 수동의 의미가 된다.

- En España se habla español.   에스파냐에서는 에스파냐어가 쓰인다.
- Se venden volando los libros.   책이 날개 돋친 듯이 팔린다.
- Se abre la tienda a las nueve.   가게는 9시에 열린다.
- A lo lejos se ven las montañas.   멀리서 산이 보인다.
- Se dice que la tierra es redonda.   지구는 둥글다고 합니다.

e) 항상 재귀대명사 se를 붙이는 동사 (**암기사항**)

acordar(se) de~   (~을 기억하다)

atrever(se) a~   (감히 ~을 하다)

alegrar(se) de~   (~을 기뻐하다)

arrepentir(se) de~   (후회하다)

cansar(se) de~   (~에 지치다)

dar(se) cuenta de~   (~을 깨닫다)

parar(se) de~   (멈추다)

olvidar(se) de~   (~을 잊다)

echar(se) a~   (갑자기 ~하기 시작하다)

esforzar(se) por~   (~을 위해 노력하다)

burlar(se) de~   (~을 비웃다)

등은 항상 재귀대명사와 함께 쓰인다.

f) 기타

- 이름을 나타낼 때의 llamarse

¿Cómo se llama Ud.?   당신의 이름은 무엇입니까?

Me llamo Juan Carlos.   나는 환 까를로스입니다.

¿Cómo se llaman ellos?   그들의 이름은 무엇입니까?

Se llaman Romero y García.   로메로와 가르시아입니다.

Esta flor se llama rosa.   이 꽃은 장미라고 부릅니다.

- 자동사에 재귀대명사가 붙어 뜻을 강조하기도 한다.

Me quedo en casa esta tarde.　　　　　오늘 오후에 나는 집에 머무릅니다.

Nos vamos con Rodrígues.　　　　　　　우리는 로드리게스와 가겠다.

04. 기본 독해 연습

1.

Tomás	:	Qué abrigo te gusta más?
Carmen	:	Éste me gusta mucho. Pero, no sé… ❶<u>Es difícil elegir.</u>
Tomás	:	Oiga, ❷<u>¿ cuánto cuesta este abrigo?</u>
Dependiente	:	1,000 euros. ❸<u>Es de piel de visón.</u>
Tomás	:	¡ Oh! Es muy caro.
Carmen	:	Sí. Pero es precioso.
Dependiente	:	Éste es más barato, pero no es tan bueno. Es de piel de zorro.
Carmen	:	No está mal. Pero prefiero ése. Es más suave y mucho más bonito.
Tomás	:	Me parece una tontería gastar tanto dinero en un abrigo.
Carmen	:	Y tú, ¿ por qué ❹<u>quieres</u> comprar un coche nuevo?
Tomás	:	Es diferente. Lo necesito porque ❺<u>el otro</u> está viejo.
Carmen	:	Y mis abrigos también están viejos. Además también necesito un abrigo de pieles.
Tomás	:	¿ Por qué no compramos uno más barato?
Carmen	:	❻<u>No seas</u> tacaño. ¿ Quieres comprarme ❼<u>el peor abrigo</u> de la tienda?
Tomás	:	No siempre el más caro es el mejor.
Carmen	:	Dices eso porque no es para tí
Tomás	:	Está bien. Estoy cansado de discutir. ❽<u>Oiga</u>, Pónganos ése.

❶ es difícil (fácil) + inf : ~하기가 어렵다(쉽다)

❷ 얼마입니까? (=cuánto es, cuánto vale)

❸ ser de 명사. 재료, 제품을 나타내는 ser de의 용법

❹ querer + inf : ~하기를 원한다

❺ 다른 것, 영어의 'the other'

❻ ser의 2인칭 부정명령 (직설법 현재 3인칭 단수 → 접속법) (p.240)

❼ 가장 나쁜 외투, 가장 비싼 것, 가장 좋은 것 (최상급 형태)

❽ oir, poner의 3인칭 명령 (= 직설법 현재 3인칭 단수) (명령법 참고)

2.

- Sr. Martínez, ❶¿le gusta a usted la música?

- Sí me gusta mucho.

- ¿Qué le gusta más, la música clásica o la moderna?

- ❷Me da lo mismo. No tengo preferencias.

- Me gusta más la clásica. ❸Prefiero la música clásica a la moderna.
  ❹Trato de entenderla, y voy al cincierto, cuando tenga tiempo libre.
  ❺Me llena de emoción inefable oír la quinta sinfonía de Beethoven.

- ❻¿Sabe usted tocar algún instrumento?

- Sí, yo toco el piano.

- A mí me gusta la música moderna. ❼Me encanta la Música
  latinoamericana.

❶ a usted은 중복형. gustar은 항상 간접 목적 대명사를 수반한다.

❷ '둘다 같다'는 뜻으로 gustar의 용법과 같은 형태로 쓰였다.

❸ preferir Ⓐ a Ⓑ : Ⓑ보다 Ⓐ를 더 좋아하다

❹ 나는 그것(고전음악)을 이해하려고 노력한다.

　　trato de inf : ~하려고 노력하다

❺ ~de emoción 감동하다

　　llena de 가득 채우다

❻ saber + inf : ~할 줄 안다

❼ 나는 라틴음악을 좋아한다.

gustar용법과 같은 것으로 원래의 뜻은 「라틴음악은 나를 유혹한다.」이다.

1. "hacer"동사의 의미가 다른 문장들과 다른 뜻으로 쓰인 것은?

    ① Vivo aquí desde hace diez años.

    ② Mi mamá está haciendo la comida en la cocina.

    ③ Hago la tarea en mi cuarto.

    ④ Hazlo, vale la pena.

2. 다음 (   ) 안에 가장 알맞은 것을 고르시오.

    A mi padre le gusta el té verde, pero yo prefiero el café (   ) él.

    ① más   ② que   ③ a   ④ de

3. 밑줄 친 부분에 들어갈 말로 알맞은 것은?

    A: Carmen es guapa e inteligente, ¿verdad?

    B: Sí, _____ es.

    ① la   ② lo   ③ las   ④ los

4. 강조된 표현과 바꾸어 쓸 수 있는 말을 고르시오.

    A: ¿Has hecho ya los ejercicios de matemáticas?

    B: Todavía no, pero los hago **en un abrir y cerrar de ojos**.

    ① atentamente   ② rápidamente

    ③ sin mirar   ④ sinceramente

5. 빈 칸에 들어갈 말로 알맞은 것을 고르시오.

    A: ¿Me has hecho el favor que te pedí?

    B: Lo siento, _____ lo liado que estoy se me ha olvidado.

    ① a   ② en   ③ desde   ④ con

6. 아래 문장에서 자연스러운 대화를 이룰 수 있는 가장 적절한 답을 고르시오.

A: ¿Cómo le mando el paquete?

B: _____

① Puedes venir en tren.

② Aquí tiene usted.

③ Por avión, por favor.

④ Su licencia, por favor.

7. 밑줄 친 부분에 공통적으로 들어갈 낱말은?

Mamá _____ la mesa en el comedor.

La gallina _____ huevos todos los días.

Ella siempre se _____ el sombrero.

① toma   ② pone   ③ hace   ④ lleva

8. 대화의 내용과 관계있는 표현은?

A: Estoy muy triste.

B: ¿Tienes algún problema?

A: Todo me va mal estos días. No me sale nada bien.

B: No te preocupes. Las cosas difíciles pasan.
    No debes perder la sonrisa.

① Las paredes oyen.

② Tanto tienes, tanto vales.

③ A mal tiempo, buena cara.

④ A buena hambre no hay pan duro.

9. 밑줄 친 부분의 쓰임이 옳지 <u>않은</u> 것은?

① La sopa sabe <u>a</u> pollo.

② Visito a veces <u>a</u> la ciudad.

③ La ventana da <u>a</u> las montañas.

④ La iglesia está <u>a</u> diez minutos de aquí.

10. 다음 밑줄 친 곳에 들어갈 알맞은 답을 고르시오.

Todavía no he decidido si los azules o los verdes.
Esta persona _____

① está en la frutería.

② habla de sus colores favoritos.

③ desea votar a un partido ecológico.

④ duda qué pantalones comprarse.

11. 다음 글을 읽고 아래 빈 칸에 적절한 것을 고르시오.

> ## ¡ ATENCIÓN!
>
> La sesión programada para hoy, 20 de agosto, ha sido
> aplazada para mañana a la misma hora por enfermedad del artista principal.
> Reclamaciones o devolución de entradas en taquilla.
>
> DISCULPEN LAS MOLESTIAS

La información de este aviso es sobre _____

① un cine.

② una conferencia de medicina.

③ una obra de teatro.

④ un partido de fútbol.

12. 강조된 표현과 바꾸어 쓸 수 있는 말을 고르시오.

- ¿Qué le pasó a Alfredo ayer?

- Pues, que se **puso bravo** cuando escuchó la noticia.

① enojó   ② entiristeció   ③ alegró mucho   ④ felicitó

13. 다음 대화를 읽고 아래 질문에 적절한 답을 고르시오.

> H: ¿Qué le gustaría tomar?
>
> M: Tráigame una cerveza, por favor.
>
> H: ¿Qué le traigo de comer?
>
> M: Para empezar, una sopa de pollo y una salsa "ranchera".
>   Después quiero un bistec de lomo.
>
> H: ¿Y de postre?
>
> M: Pastel de manzana con helado de vainilla.

¿Qué va a tomar la mujer como entrada?

① Cerveza.   ② Sopa de pollo.

③ Bistec do Lomo.   ④ Pastel de manzana.

14. 아래 문장에서 자연스러운 대화를 이룰 수 있는 가장 적절한 답을 고르시오.

A: ¿Cómo puedes vivir en esta provincia donde nieva tanto?

B: _____

① No lo sé porque soy de aquí.

② Es mejor que este modelo.

③ Me encanta este plato.

④ Uno se acostumbra a todo.

15. 다음 (   )안에 공통적으로 들어갈 낱말은?

¿Qué (   ) decir esta palabra?

Maria (   ) mucho a pedro, pero éste no la (   ).

① gusta   ② desea   ③ quiere   ④ piensa

16. 다음 문장을 스페인어로 가장 적절하게 옮긴 것을 고르시오.

이 식당의 음식은 맛이 좋다.

① Se come bien en este restaurante.

② Este restaurante tiene buen servicio.

③ Hay varios menúes en este restaurante.

④ Este restaurante nos ofrece los platos a buen precio.

17. "*tapas*"에 대한 설명이다. 글의 내용으로 알 수 <u>없는</u> 것은?

> Las *tapas* son pequeños platos españoles para quitar el hambre. Las comen con vino o cerveza y a veces antes de la comida. La palabra *tapa* viene de la costumbre antigua de tapar los vasos de vino.

① 포도주 잔을 따르던 풍습에서 이름이 유래됐다.

② 포도주나 맥주에 곁들여 먹는다.

③ 요리가 나오기 전에 먹기도 한다.

④ 배고픔을 없애기 위해 먹는 소량의 음식이다.

18. 다음 밑줄 친 곳에 들어갈 알맞은 답을 고르시오.

Gilberto, ¿te importa si abro la ventanilla? Es que estoy un poco mareado.
Usted _____

① está abriendo la ventanilla.

② le pregunta a Gilberto por su estado de salud.

③ pide permiso para realizar una acción.

④ se ofrece para algo importante.

19. 다음 글을 읽고 아래 물음에 적절한 것을 고르시오.

GIMNASIOS EN FORMA

Distinguido cliente:

Nos complace invitarle a la inauguración de nuestro nuevo gimnasio situado en la C/Ancha, 3. Le esperamos el sábado 30 de septiembre a las 14.00 h. para mostrarle nuestras nuevas instalaciones y compartir con usted un aperitivo.

Atentamente,

Fernando Ruiz.

Director comercial.

* Rogamos confirmen asistencia.

Si usted desea asistir a esta inauguración debe _____.

① compartir con Ud. aperitivo.

② acudir a las cuatro.

③ llevar su propia comida.

④ comunicar previamente que va a ir.

20. 강조된 표현과 바꾸어 쓸 수 있는 말을 고르시오.

　　－ ¿Qué te parece el nuevo secretario?

　　－ La verdad es que **no lo aguanto**.

① me cae muy mal

② no me sienta mal

③ no lo conozco

④ me parece simpático

21. 강조된 표현과 바꾸어 쓸 수 있는 말을 고르시오.

　　－ ¿Te has enterado de lo que ha pasado hoy en el Ayuntamiento?

　　－ No, pero cuéntame, que **soy todo oídos**.

① debo oir todo

② estoy impaciente

③ tengo ganas de hablar

④ te escucho atentamente

22. 빈 칸에 들어갈 말로 알맞은 것을 고르시오.

    – ¿Cómo has llegado acá, en barco o en avión?

    – He venido en barco, no porque me _____ miedo el avión, sino porque me gusta más.

    ① habrá dado   ② ha dado   ③ da   ④ dé

23. 빈 칸에 들어갈 말로 알맞은 것을 고르시오.

    – ¿Por qué llegas tan tarde?

    – Perdona, es que _____ me ha estropeado el coche.

    ① le   ② lo   ③ se   ④ la

24. 다음 대화를 읽고 아래 질문에 적절한 답을 고르시오.

> M: ¿Qué vas a pedir como segundo plato?
> H: Creo que un filete de ternera.
> M: En este restaurante hacen muy bien los mariscos.
> H: Entonces pediré unos camarones fritos.

¿Por qué cambió de opinión el hombre?

① Porque no le gusta el filete de tenera.

② Porque prefiere los mariscos a la carne.

③ Porque el restaurante se especializa en mariscos.

④ Porque teme que el filete no salga bueno.

25. 밑줄 친 부분의 표현이 바르지 않은 것은?

A: ¿Qué revista les (1)gusta a tus padres?

B: Les (2)gustan todas las revistas de cine.

A: ¿A ti también te (3)gusta leer esas revistas?

B: Sí, me encanta.

A: Pues, ¿qué te (4)pareces si vamos a la librería esta tarde?

B: Bien.

    ① (1)   ② (2)   ③ (3)   ④ (4)

26. 다음 문장을 우리말로 가장 적절하게 옮긴 것을 고르시오.

Ella cayó dormida con la luz encendida, deslizándose las gafas de lectura por la nariz.

① 그녀는 등불을 켜들고 졸다가 넘어져 독서용 안경이 코에서 흘러내렸다.

② 그녀는 불을 켜둔 채 졸다가 코 위에 걸어두었던 독서용 안경이 떨어졌다.

③ 그녀는 등불을 들고 가다 조는 바람에 넘어졌고 코 위에 걸어두었던 독서용 안경이 떨어졌다.

④ 그녀는 불을 켜둔 채 잠들어 버렸고 독서용 안경이 코로 흘러내렸다.

27. 다음 (   )안에 공통적으로 들어갈 낱말은?

¿ Cuánto (   ) esto?

Más (   ) tarde que nunca.

(   ) la pena de hacerlo.

① cuesta   ② es   ③ vale   ④ pone

28. 다음 (   ) 에 들어갈 가장 알맞은 것을 고르시오.

En la noche, mi hermana y yo nos acostamos a las 9 para (   ) temprano.

① levantarse   ② nos levantamos

③ levantarnos   ④ levantar

29. 다음 괄호 안의 동사를 활용시킨 것 중 옳은 것은?

María le pide a Juan que (conducir) bien el coche.

① conduce   ② conduzca   ③ condujo   ④ conducía

30. 밑줄 친 곳에 가장 알맞은 말을 고르시오.

Al salir de la oficina, mi director _____ ha dicho.

① lo me   ② la me   ③ me tí   ④ me lo

31. 밑줄 친 부분에 들어갈 수 있는 말을 고르시오.

   - ¿Vas a ir al congreso de Montevideo?

   - Sí quería, pero _____ me coincida con el de París.

   ① probablemente   ② a lo mejor

   ③ igual   ④ lo mismo

32. 대화를 읽고 아래 질문에 적절한 답을 고르시오.

   > M: No sé qué hacer. Tengo poco tiempo y tantas cosas pendientes.
   >
   > H: ¿Por qué no te relajas? Toma un tiempo par ti.
   >
   > M: Así podré avanzar en mis trabajos.
   >
   > H: Si descansas un poco, después podrás organizar mejor tus ideas.

   ¿En qué estado está la mujer?

   ① Está embarazada.

   ② Está de vacaciones.

   ③ Está enferma.

   ④ Está preocupada.

33. 아래 문장에서 자연스러운 대화를 이룰 수 있는 가장 적절한 답을 고르시오.

   A: ¿Qué le pongo, señora López?

   B: _____

   ① Me he puesto un abrigo gris.

   ② Pongo el paquete encima de la mesa.

   ③ Lo mismo de siempre.

   ④ Estoy satisfecha de tu ponencia.

34. 밑줄 친 부분에 들어갈 알맞은 것을 고르시오.

   ¿_____ parece bien que quedemos el domingo que viene en casa?

   ① lo   ② le   ③ se   ④ la

35. 빈 칸에 들어갈 말로 알맞은 것은?

A: Con permiso, ¿son ellas alumnas de esta universidad?

B: Sí, _____ son.

① la   ② lo   ③ las   ④ les

36. 다음 밑줄 친 곳에 들어갈 알맞은 답을 고르시오.

¡Cuánto lo echo de menos!

Usted está _____ a alguien:

① buscando   ② recordando   ③ despidiendo   ④ acordando

37. 강조된 표현과 바꾸어 쓸 수 있는 말을 고르시오.

  – ¡Qué anillo tan bonito llevas!

  – ¿Te gusta? Ayer entré en una joyería y, como era una **ganga**, me lo compré.

① barato   ② precioso   ③ exclusivo   ④ bonito

38. 다음 대화를 읽고 아래 질문에 적절한 답을 고르시오.

H: Me gustaría reservar una habitación doble con vista al mar.

M: Como guste, pero tienen un pequeño recargo.

H: No importa. Es mi aniversario de bodas y quiero que pasemos un fin de semana inlovidable mi esposa y yo.

M: Entonces podemos ponerle una botella de champán y flores, si lo desa.

¿Por que irá de vacaciones el hombre?

① Porque festeja su casamiento.

② Porque hay promoción en el hotel.

③ Porque le ofrecen un servicio especial.

④ Porque se va a casar.

39. 밑줄 친 부분에 들어갈 말로 알맞은 것은?

A: ¿Qué tal el gato?
B: _____ se muere, pero lo llevé a tiempo al veterinario. Ahora está bien.

① Por poco   ② Por lo tanto
③ Por si acaso   ④ Por lo menos

40. 밑줄 친 부분에 들어갈 말로 알맞은 것은?

A: ¿Está incluida la cena en el precio del viaje?
B: _____
A: Muy bien.

① Buen viaje
② Sí, está exculuida
③ Sí. No hace falta pagar aparte
④ No tenemos tiempo para desayunar

41. 다음 문장을 목적대명사를 이용하여 바르게 표현한 것은?

Sus padres le dan el mensaje a Manolo : Sus padres _____.

① le lo dan   ② les lo dan   ③ se lo dan   ④ se la dan

42. 문법적으로 바르게 표현된 것은?

① Tengo escrita la carta.
② Ella es amado por el sr. Kim.
③ Tú no tienes algo que comer.
④ Juan y yo estamos empleado.

43. "나는 어제 밤부터 머리가 아프다."을 스페인어로 바르게 표현한 것은?

① Estoy enfermo mi cabeza desde anoche

② Me duelo la cabeza desde anoche.

③ Me duele la cabeza desde anoche.

④ Mi cabeza es enferma desde anoche

44. 다음 빈 칸에 가장 알맞은 말을 고르시오.

Piensa _____ lo que te he dicho.

① en   ② por   ③ de   ④ con

45. 다음 밑줄 친 곳에 알맞은 말을 고르시오.

- ¿Por qué no invitaste a tu hermana mayor a la boda de tu hijo?
- Sí ____ invité, pero no pudo venir.

① la   ② le   ③ lo   ④ se

46. 밑줄 친 곳에 가장 알맞은 말을 고르시오.

- ¿Le has devuelto el dinero a Armando?
- Sí ____ devolví ayer.

① se le   ② se   ③ se lo   ④ le

47. 강조된 표현과 바꾸어 쓸 수 있는 말을 고르시오.

- Oye, ¿qué te ocurre? Te noto un poco preocupado.
- Nada, que en mi casa, cuando hay que tomar una decisión, nadie me **hace caso**.

① nacesita   ② da la razón

③ presta atención   ④ entiende

48. 다음 대화를 읽고 아래 질문에 적절한 답을 고르시오.

> H: Bien, ¿qué quieres ver primero?
>
> M: Me gustaría ver los patos primero.
>
> H: Pero aquí no hay aves.
>
> M: Entonces, vamos a ver los tigres.

¿Dónde tiene lugar este diálogo?

① En un retaurante.　　② En un mercado.

③ En un circo.　　④ En un zoo.

49. 다음의 문장을 수동태로 바르게 표현한 것은?

El dueño cuida a los caballos.

① Los caballos son cuidados para el dueño.

② Los caballos están cuidado por el dueño.

③ Los caballos son cuidadas por el dueño.

④ Los caballos son cuidados por el dueño.

50. 빈 칸에 들어갈 말로 알맞은 것은?

A: ¿Qué está haciendo Juan?

B: Está leyendo una revista en su cuarto.

A: ¿_____?

B: Él está leyendo la revista Hola.

① Crees qué revista está leyendo Juan

② Crees qué revista Juan está leyendo

③ Qué revista cree Juan que estás leyendo

④ Qué revista crees que Juan está leyendo

51. 다음 밑줄 친 곳에 들어갈 알맞은 답을 고르시오.

¡No te muevas! Así. ¡Muy bien! Te saco otra.
Usted quiere _____

① comparar una cámara.　　　② comprar una falda.

③ leer una revista　　　④ tomar una fotografía.

52. "Se precisa especialista para restaurar la pintura de Goya"의 Se precisa 와 가장 유사한 의미를 지닌 것은?

① Se parece a　　　② Es lamentable

③ Se necesita　　　④ Se olvida de

53. 강조된 표현과 바꾸어 쓸 수 있는 말을 고르시오.

- Ayer estuve hablando con Luis y sorprendí a Marta escuchándonos.
- Sí, es que Marta es muy **chismosa**.

① sincera　　　② sensible　　　③ discreta　　　④ curiosa

54. 빈 칸에 늘어갈 말로 알맞은 것을 고르시오.

- ¿Quieres que te lleve a clase en coche?
- No gracias, prefiero ir ＿＿＿ pie.

① de　　　② a　　　③ en　　　④ por

55. 빈 칸에 들어갈 말로 알맞은 것을 고르시오.

- ¿Sabe María Cristina que hemos quedado esta tarde?
- Pues yo no la he avisado así que no creo que lo ＿＿＿＿＿＿.

① sepa　　　② sabe　　　③ sabrá　　　④ habrá sabido

56. 다음 문장을 스페인어로 가장 적절하게 옮긴 것을 고르시오.

그 여자들은 자신들을 위하여 돈을 저축한다.

① Ellas se ahorran del dinero.

② Ellas ahorran dinero para sí.

③ Ellas ahorran dinero para se.

④ Ellas se ahorran para el dinero.

57. 다음 (   )에 들어갈 가장 알맞은 것을 고르시오.

Quiero vender (   ) libros que tengo.

① cuanto   ② cuantos   ③ cuantas   ④ cuántos

58. 다음 (   )에 가장 알맞은 것을 고르시오.

Carlos (   ) presta a su sobrina una novela y ella (   ) lee.

① se – la   ② le – la   ③ la – lo   ④ le – lo

59. 다음 (   )안에 가장 알맞은 것을 고르시오.

Yo (   ) a Maria Elena quien es muy simpática y hermosa.

① sé   ② conozco   ③ hago   ④ tengo

60. 다음 밑줄 친 곳에 들어갈 알맞은 답을 고르시오.

¿A ti qué te parece si reservamos este hotel?
Usted _____

① decidió reservar el hotel.

② da una orden a una persona.

③ le pide permiso a alguien.

④ le pregunta a alguien su opinión.

61. 다음 글을 읽고 문장을 완성하시오.

> Te dejo la comida en el microondas, sólo tienes que calentarla, comértela y
> fregar el plato.
>
> ¡ Buen provecho! ¡ Hasta luego!

La persona que ha escrito esta nota ha dejado la comida:

① preparada.   ② en la nevera

③ en el fregadero.   ④ caliente.

62. 빈 칸에 들어갈 말로 알맞은 것을 고르시오.

- ¿Has llamado a Lucía para despedirte?
- Sí, me despedí _____ ella la semana pasada.

① a   ② de   ③ por   ④ con

63. 다음 대화를 읽고 아래 질문에 적절한 답을 고르시오.

> M: Tengo que llevar estos libros a la oficina.
> H: ¿Está lejos de aquí tu oficina?
> M: No, está en la próxima esquina a la derecha.
> H: Entonces, te los llevo si me los das ahora.
> M: Muchas gracias.

¿Cómo se comporta el hombre?

① Inteligente.   ② Desinteresado.   ③ Maleducado.   ④ Amable.

64. 아래 문장에서 자연스러운 대화를 이룰 수 있는 가장 적절한 답을 고르시오.

> A: ¿No va a ir a la fiesta?
> B: ¿Yo? No. No conozco a nadie.
> A: Por lo menos nos conoce a nosotros.
> B: _____

① Pero puedo molestarles a ustedes.

② A mí no me importa nada.

③ En realidad, me dedico al arte.

④ ¡No me digas! No puedo faltar.

65. 다음 스페인어 문장을 우리말로 가장 적절하게 옮긴 것을 고르시오.

Nunca dejes de sonreir, ni siquiera cuando estés triste.

① 슬플 때는 미소를 짓지 마라.

② 슬플 때조차도 미소를 잃지 마라.

③ 슬프지 않을 때는 미소를 짓지 마라.

④ 슬프지 않을 때는 늘 미소를 지어라.

66. 다음 문장 중 그 뜻이 다른 하나는?

① ¿Qué fecha es hoy?

② ¿Cuál es la fecha de hoy?

③ ¿Qué día es hoy?

④ ¿A cuántos estamos hoy?

67. 다음 대화 중 밑줄 친 부분에 들어갈 알맞은 표현을 고르시오.

A: ¿Ya ha comido Hectar?

B: Sí, pero ahora _____.

① está dormiendo   ② están dormiendo

③ es durmiendo   ④ está durmiendo

68. 다음 중 빈 칸에 들어가야 할 목적 대명사들이 알맞게 짝지어진 것은?

A: ¿A quién busca Ud.?

B: Busco a María pero no (   ) veo.

Quiero (   ) este dinero porque ella quiere comprar unos libros muy interesantes.

① la - darla   ② le - darle   ③ le - darla   ④ la - darle

69. 다음 (   )안에 가장 알맞은 것을 고르시오.

Todas las flores del jardín (   ) muy bien.

① olen   ② uelen   ③ huelen   ④ holen

70. 밑줄 친 곳에 가장 알맞은 말을 고르시오.

A: ¿Hace buen tiempo hoy?

B: Sí, el día está _____.

A: Tengo ganas de pasear.

B: Yo también. Vamos al zoo.

① malo   ② magnífico   ③ triste   ④ aburrido

71. 강조된 표현과 바꾸어 쓸 수 있는 말을 고르시오.

  - ¿Quieres que vayamos al campo este fin de semana?
  - Pues la verdad es que no **tengo ganas**.

  ① me parece   ② me importa

  ③ me gusta   ④ me apetece

72. 빈 칸에 들어갈 말로 알맞은 것을 고르시오.

  - No sé qué regalarle a Patricia ____ su cumpleaños.
  - Cómprale unas gafas de sol, que las necesita.

  ① de   ② en   ③ a   ④ sobre

73. 밑줄 친 부분을 대신할 수 있는 말로 가장 적절한 것은?

  A: ¿Diga?
  B: ¿Puedo hablar con Pilar?
  A: <u>¿Quién habla?</u>
  B: Su amigo, Pablo.

  ① Qué pasa   ② Quién invita

  ③ Cuánto cuesta   ④ De parte de quién

74. 밑줄 친 부분과 같은 의미로 바꾸어 쓸 수 있는 것은?

  A: ¿Cuántos días de vacaciones tienes este año?
  B: No muchos. <u>A lo más</u> una semana.
  A: ¿Tan pocos? ¡Qué mal!
  B: Es verdad, pero son suficientes para viajar.

  ① Por poco   ② Como mucho   ③ Más o menos   ④ Por lo menos

75. 글의 내용과 일치하지 <u>않는</u> 것은?

> Querida Elena:
>
> Me voy hoy, gracias por ayudarme con las cosas de mi casa. Tienes que darle de comer a mi perro y recibir las cartas. Puedes usar todo: el teléfono, la lavadora, el ordenador… Pero la impresora no funciona bien. Vuelvo a casa el 6 de octubre porque dos días después llega mi madre.
>
> Tu amiga, Yuna

① 유나는 개를 기른다.

② 프린터가 잘 작동하지 않는다.

③ 엘레나가 유나의 집을 관리할 것이다.

④ 10월 6일에 유나의 어머니가 올 것이다.

76. 다음 밑줄 친 곳에 들어갈 알맞은 답을 고르시오.

Lo siento, pero no le puedo informar porque no soy de aquí.

Usted le ha preguntado a alguien _____

① cómo llegar a un lugar.

② una información sobre los cursos de español.

③ la hora.

④ si le puede dar un consejo.

77. 다음 대화를 읽고 아래 질문에 적절한 답을 고르시오.

> H: ¿En qué puedo servirle?
> M: Mire, tengo un problema. No puedo entrar en la Red.
> H: ¿Cuál es el error que recibe?
> M: Aparece un mensaje que dice:'USERNAME NOT FOUND'
> H: Bien, ¿Cuál es su'username'?

¿Quiénes son el hombre y la mujer?

① Técnico y usuario.　　　　② Profesor y alumno.

③ Padre e hijo.　　　　　　④ Médico y paciente.

78. 아래 문장에서 자연스러운 대화를 이룰 수 있는 가장 적절한 답을 고르시오.

A: ¡Dios mío! ¿Quién es usted?

B: No se alarme, señor. No le haré ningún daño.

A: ¿Qué quiere usted de mí?

B: _____

① No quiero acompañarle a ningún sitio.

② Por favor, hable siquiera una palabra.

③ Sólo le pido un poco de misericordia.

④ Estoy muy agradecida por su invitación.

79. 밑줄 친 부분을 우리말로 바르게 옮긴 것은?

A: Me levanto todos los días a las cinco para ir a la oficina.

B: ¿De verdad? ¿No te cuesta?

A: No, no tanto.

① 마음에 들지 않아?　　② 비싸지 않아?

③ 힘들지 않아?　　　　④ 일이 많지 않아?

80. 밑줄 친 부분을 바르게 해석한 것은?

A: Hola, ¿qué piensas hacer este fin semana?

B: Pues no sé. No tengo ningún plan. ¿Por qué me lo preguntas?

A: Es que acaban de poner a la venta las entradas para la ópera Fedora, en el teatro Real.

B: ¿De verdad? ¡No me lo digas!

① 곧 매진된다.

② 곧 판매시간이 끝난다.

③ 방금 판매가 중지되었다.

④ 방금 판매가 시작되었다.

81. 대화의 내용으로 알 수 있는 것은?

A: Buenos días, ¿Adónde vas?

B: Al aeropuerto. Mi padre llega en avión.

A: ¿Dónde vive él?

B: Vive en San Francisco.

A: ¿Cuánto tiempo va a estar aquí en Bosung?

B: Se va a quedar un mes.

① A는 스튜어디스이다.

② B는 공항에 근무한다.

③ A는 보성에 한 달간 머물 것이다.

④ B의 아버지는 샌프란시스코에 살고 있다.

82. 밑줄 친 곳에 가장 알맞은 말을 고르시오.

A: ¿A qué restaurante vamos?

B: Vamos a 'El dorado'

A: No, mi amor. Ese restaurante es malo.

B: Entonces, vamos al restaurante 'El Buen Sabor'

A: No, cariño. 'El Buen Sabor' la comida es tan _____ como en 'El Dorado'

B: Entonces, ¿a dónde vamos.

① deliciosa　　② mala　　③ sabrosa　　④ apetitosa

83. 강조된 표현과 바꾸어 쓸 수 있는 말을 고르시오.

- ¡Qué buenas notas has sacado!

- Es que estudiar no **me cuesta nada**.

① me resulta difícil

② me necesita

③ me importa

④ me atrae mucho

84. 밑줄 친 부분에 들어갈 말로 알맞은 것은?

A no ser que _____ enfermo, él siempre viene a clase.

① esté   ② está   ③ estaría   ④ estuviera

85. 다음 두 문장의 뜻이 같아지도록 빈 칸에 알맞은 말을 고르시오.

Ibamos a decírtelo cuando lo has prguntado.

= _____ decírtelo cuando lo has preguntado.

① Queríamos   ② Deseabamos

③ Estábamos a punto de   ④ Decidimos a

86. 대화의 내용과 일치하는 것은?

María: Te gustan los deportes, ¿verdad?

Luis: Sí, me gusta esquiar y jugar al fútbol.

María: A mí no.

Luis: Bueno, también me gustan otras cosas, como leer y cantar.

María: No me gusta nada de eso. Sólo me encanta bailar.

① Luis y María tienen diferentes gustos.

② A María le gusta esquiar.

③ A los dos les encanta cantar.

④ A Luis no le gusta jugar al fútbol.

87. 다음 밑줄 친 곳에 들어갈 알맞은 답을 고르시오.

ALTEA, MODA JOVEN

Cerrado por reforma del 1 al 30 de septiembre. Abrimos en octubre con una nueva colección y con ideas renovadas.

Te esperamos.

Según este cartel, en octubre esta tienda _____

① igual que antes   ② permanecerá cerrada.

③ ya no venderá ropa.   ④ será diferente.

88. 밑줄 친 부분에 들어갈 말로 가장 적절한 것을 고르시오.

A: Juan no fue a la fiesta.

B: ¡ _____ ! Estoy seguro de que se habría divertido mucho y, además, habría conocido a mis amigos.

① Qué suerte　　　　　　② Qué lástima

③ Qué milagro　　　　　　④ Qué bonito

89. ㉠~㉤에 들어갈 동사의 변화형을 순서대로 가장 적절하게 배열한 것은?

Pablo Picasso (㉠) en 1881, en Málaga, Su padre (㉡) profesor de dibujo. Desde el comienzo de su vida (㉢) destinado a sorprender en la historia del arte. Picasso (㉣) en Francia muchos años pero siempre (㉤) en contacto con España.

	㉠	㉡	㉢	㉣	㉤
①	nacía	era	estuvo	vivía	se mantenía
②	nació	era	estaba	vivió	se mantuvo
③	nacía	fue	estuvo	vivió	se mantenía
④	nació	era	estaba	vivió	se mantenía

90. 다음 대화를 읽고 아래 질문에 적절한 답을 고르시오.

> H: La tasa de natalidad de nuestro país es una de las más bajas del mundo. La culpa tienen las mujeres que no quieren tener hijos.
>
> M: Te equivocas, la culpa es del gobierno y la sociedad, que no ayudan a que las mujeres puedan trabajar y criar hijos al mismo tiempo.

¿Qué se debe hacer para disminuir la tasa de natalidad?

① Las mujeres deben preferir el trabajo a la familia.

② La *fertilidad de la mujer debe ser mayor.

③ Hay que echar la culpa al gobierno y a la sociedad.

④ Se necesitan medidas para ofrecer trabajos a los niños.

* fertilidad 풍부한, 푸짐한, 임신 능력이 있는

91. 주어진 문장의 밑줄 친 부분에 들어갈 알맞은 것을 고르시오.

Ayer, Cuando _____ a verte María, tú aún no _____.

① vino/ habías vuelto   ② vino/ has vuelto

③ venía / has vuelto   ④ ha venido / volviste

92. 빈 칸에 들어갈 말로 알맞은 것만을 〈보기〉에서 있는대로 고른것은?

A: ¿Diga?
B: Buenos días. ¿Puedo hablar con Pedro?
A: _____

〈보기〉

a. No, no está.   b. Ahora se pone.
c. ¿Quién le llama?   d. ¿De parte de quién?

① a, b   ② b, c   ③ b, c, d   ④ a, b, c, d

93. 주어진 문장과 뜻이 같은 것을 고르시오.

Aun sintiéndose enfermo, va al trabajo.

① Todavía se siente enfermo, va al trabajo.

② Por poco enfermo que se siente, va al trabajo.

③ No se siente enfermo, por eso va al trabajo.

④ A pesar de sentirse enfermo, va al trabajo.

94. 빈 칸에 들어갈 말로 알맞은 것을 고르시오.

Seguramente vamos el miércoles de excursión.
Tú estás expresando _____

① posibilidad.   ② certeza.   ③ disgusto.   ④ gusto.

95. 빈 칸에 들어갈 말로 알맞은 것을 고르시오.

   – ¿Y qué le contestaste?

   – Que _____ que volver mañana antes de las 10:00.

   ① había tenido   ② tenía   ③ tuvo   ④ ha tenido

96. 빈 칸에 들어갈 말로 알맞은 것을 고르시오.

   – Me gusta mucho esta película.

   – Yo, _____ la veo, me acuerdo de mi infancia.

   ① antes de que   ② cada vez que

   ③ tanto que   ④ como si

97. 다음 문장을 스페인어로 바르게 옮긴 것을 고르시오.

   우리는 2년 전부터 스페인어를 배우고 있다.

   ① Hacían dos años que aprendemos español.

   ② Hace dos años que aprendemos español.

   ③ Hacía dos años que aprendemos español.

   ④ Hacen dos años que aprendemos español.

98. 아래 문장에서 자연스러운 대화를 이룰 수 있는 가장 적절한 답을 고르시오.

   ┌───┐
   │ A: ¿Podría hablar con el doctor Muñoz?   │
   │ B: ¿Sabe el número de la habitación?   │
   │ A: Disculpe, no lo sé.   │
   │ B: _____   │
   └───┘

   ① Espere un momento, voy a mirar en el registro.

   ② Espere un momento, le traigo la cuenta.

   ③ Espere un momento, es un caso peligroso.

   ④ Espere un momento, es una persona simpática.

99. 빈 칸에 들어갈 말을 순서대로 바르게 짝지은 것은?

> A : ¿ Me (   ) tu periódico?
>   Voy a ver qué programa (   ) en la televisión esta noche.
> B : Sí, está en la sala.

① dejas － ponen   ② dejas － pones

③ pones － dejan   ④ pongo － dejan

100. 다음 문장을 스페인어로 바르게 옮긴 것을 고르시오.

그는 편지 한 장을 스페인어로 썼다고 나에게 말했다.

① Le dijo que escribe una carta española.

② Me dijo que había escrito una carta español.

③ Me dijo que la carta escribe en español.

④ Le dijo que el español había escrito la carta.

01. 전치격 인칭대명사

전치사 다음에 사용되는 인칭대명사로서 주격대명사와 같은 형태이며 yo → mí, tu → ti로 고치는 것만이 다르다. 소유형용사 전치형의 mi와 구별하기 위해 액센트 부호를 찍는다. 그러나 발음상의 차이는 없다.

주 격	전 치 격	주 격	전 치 격
yo	mí	nosotros	nosotros
tú	ti	vosotros	vosotros
él	él	ellos	ellos
ella	ella	ellas	ellas
Ud.	Ud.	Uds.	Uds.

ej

- ¿Para quién es esa carta?   이 편지는 누구를 위한 거죠?
- Es para ti.   나를 위한 거야.
- ¿Para quién trabajas tanto?   넌 누구를 위해서 그렇게 일하니?
- Trabajo para mí.   나 자신을 위해서.
- ¿De quién es aquella maleta?   저 여행용 가방은 누구의 것인가요?
- Es de Ud.   당신의 것입니다.
- Siempre pienso en ti.   나는 항상 너를 생각해.
- Quiero discutir con Uds.   나는 당신들과 토론하고 싶어요.
- A mí me gusta la música ciásica.   나는 고전음악을 좋아합니다.
- Delante de mí hay una botella de vino.   내 앞에는 하나의 맥주병이 있다.
- El caballo es cuidado por él.   그 말은 그에 의해서 돌보아 진다.
- Ellos sufren por ellas.   그들은 그녀들 때문에 고통을 받는다.

■ 3인칭이 주어일 때, 전치사와 함께 사용하여 주어 자신을 표현할 때는 sí를 사용한다.

- El habla siempre de sí.   그는 항상 자기 자신에게 관해 말한다.
- Ellos ahorran dinero para sí.   그들은 자신들의 위해 저축한다.
- Ella lo hace para sí.   그녀는 자신을 위해 그것을 한다.
- Ella piensa en sí.   그녀는 자신을 생각한다.
- Anita pone la caja delante de sí.   아니타는 자신 앞에 상자를 놓는다.

■ 전치격 mí, ti, sí가 전치사 con과 함께 쓰일 때는 각각 conmigo, contigo, consigo가 된다.

- Ella quiere andar conmigo en la piscina.
  그녀는 수영장에서 나와 함께 수영하기를 원한다.

- Quiero hablar contigo.
  나는 너와 이야기하고 싶다.

- Juan lleva todo su equipaje consigo.
  환은 손수 자기의 모든 짐을 운반한다.

- María lleva sus baúles consigo.
  마리아는 손수 자기 트렁크들을 운반한다.

02. 전치사

(1) a

① 목적어가 사람, 동물일 때 목적격 전치사로 쓰인다.

- El padre quiere **a** sus hijos.
  아버지는 그의 자녀들을 사랑한다.

- La abuela da una manzana **a** su nieto.
  할머니는 손자에게 사과 한 개를 준다.

- Buscas **a** tu perro.
  너는 너의 개를 찾고 있다.
▶ 직접목적어와 간접목적어가 둘 다 사람일 때 직접목적어의 a를 생략한다.

- El manda su hijo **al** profesor.
  그는 그의 아들을 선생님께 보낸다.

② 방향

- Ella viene **a** mi casa.
  그녀는 나의 집에 온다.
- Los estudiantes van **a** la escuela.
  학생들은 학교에 간다.
- El profesor llega **a** la biblioteca.
  교수님께서는 도서관에 도착하신다.
- Mi hermana vuelve **a** la tienda muy tarde.
  나의 언니는 매우 늦게 가게에 돌아온다.

③ 시간 (~시에)

- Me levanto **a** las siete de la mañana.
  나는 오전 7시에 일어난다.
- Vamos a comer **a** las ocho.
  8시에 식사합시다.
- La clase empieza **a** las nueve y media.
  수업이 9시 30분에 시작한다.

④ ~당 (~마다)

- Nosotros leemos una novela **a** la semana.
  우리들은 일주일마다 소설 한 권을 읽는다.

- Escribes una carta **al** mes.

  너는 한 달에 편지 한 통을 쓴다.

- El viene dos veces **al** año.

  그는 한 해에 두 번 온다.

⑤ 거리 및 지점

e; · La escuela está **al** norte de Seúl.

  학교는 서울의 북쪽에 있다.

- Mi amiga vive **a** 2 kilómetros de distancia de mi casa.

  내 친구는 나의 집에서 2km 거리에 살고 있다.

⑥ 시간 또는 공간의 거리표현 : (de ~ a … = desde ~ hasta …) ~부터…까지

e; · Caminamos **de** la iglesia **a** la escuela.

  우리들은 교회부터 학교까지 걷는다.

- Trabajas **de** las 9 **a** las 12.

  너는 9시부터 12시까지 일한다.

⑦ 수단

e; · María escribe **a** mano la carta.

  마리아는 편지를 손으로 쓴다.

- Los jóvenes quieren andar **a** pie.

  젊은이들은 걷고 싶어 한다.

- Yo monto **a** caballo con mi amiga.

  나는 나의 친구와 함께 말을 탄다.

⑧ al + 동사원형 (~할 때, 하자마자)

e; · Al oír esa noticia, me alegré mucho.

  그 소식을 들었을 때 나는 무척 기뻤다.

⑨ ~식(스타일)으로

e;
- **a** la española   스페인식으로
- **a** la francesa   프랑스식으로

⑩ 기타 (암기사항)

e;
- ser aficionado a~   ~을 애호하다
- tener afición a~   ~을 애호하다
- estar dispuesto a~   ~할 준비가 되어 있다
- estar resuelto a~   ~하는 것을 결심하다
- corresponder a~   ~에 해당하다
- dedicarse a~   ~에 전념하다
- referirse a~   ~에 대해 말하다, 언급하다

(2) con

① 수반 (~와 함께)

e;
- Comes **con** tu amigo.   너는 네 친구와 함께 식사한다.
- Paco canta **conmigo.**   빠꼬는 나와함께 노래한다.
- La alumna viene **con** su profesor.   그 학생은 그녀의 선생님과 함께 온다.

② 수단 (~을 가지고)

e;
- Escribo **con** lápiz.   나는 연필로 쓴다.
- Comemos **con** cuchara y palitos.   우리는 숟가락과 젓가락으로 식사합니다.

③ 부속

e;
- café **con** leche   밀크커피
- pan **con** mantequilla   버터 바른 빵
- reloj **con** cadena   줄이 달린 시계

④ con + 추상명사 = 부사

ej
- con cuidado = cuidadosamente 조심스럽게, 주의해서
- con cariño = cariñosamente 다정하게
- con frecuencia = frecuentemente 자주, 빈번히
  (a menudo, mucha veces)
- con mucha atención = muy atentamente 아주 주의 깊게
- con mucha claridad = muy claramente 아주 명확하게
- con celo = celosamente 열심히

⑤ 기타

ej
- ser amable con ~에게 친절하다
- estar enfadado con ~에게 화를 내다
- estar contento con ~에 만족하다
- soñar con ~을 꿈꾸다

(3) de

① 소유

ej
- el vestido de Elena 엘레나의 옷
- el coche del plofesor 선생님의 차
- Ese diccionario es de mi padre. 그 사전은 나의 아버지의 것이다.

② 형용사구를 이끈다.
재료, 부분 등을 나타내며, de이하 명사의 관사는 생략한다.

ej
- el anillo de oro 금반지
- el libro de geografía 지리책
- la blusa de seda 실크 블라우스

- la clase **de** español   에스파냐어 시간(수업)
- algunos **de** vosotros   너희들 중의 몇 명
- una taza **de** agua   물 한 컵
- una taza **de** café   커피 한잔

③ 출신 및 장소 (~로 부터)

ej
- Soy **de** corea.   나는 한국 출신이다.
- Vienes **de** la escuela.   너는 학교에서 온다.
- Salimos **de** la oficina.   우리들은 사무실에서 나온다.

④ ~에 대하여 (sobre, acerca de, en cuanto a)

ej
- Hablamos **de** la literatura española.   우리들은 에스파냐 문학에 대해서 말한다.
- Ella no sabe **del** asunto.   그녀는 그 사건에 대해 모른다.

⑤ 시간

ej
- **de** día   낮에
- **de** noche   밤에
- **de** mañana   아침에
- la hora **de** comer   밥 먹을 시간
- la ocasión **de** hablar   말 할 기회
- **de** la mañana   오전의
- **de** la tarde   오후의
- **de** la noche   저녁(밤)의

⑥ ir de + 명사 (~하러가다)

- **Voy de** excursión. 나는 소풍간다.
- ¿ Cuándo vas a **ir de** compras? 언제 쇼핑 갈거니?

⑦ estar de + 명사 (~하는 중이다)

- Mis padres **están de** viaje. 나의 부모님은 여행 중이시다.
- (Yo) **estoy de** vacaciones. 나는 휴가 중이다.
- María **está de** pie. 마리아는 서 있다.

⑧ 기타 (암기사항)

- ser de ~으로 되어있다
- estar cansado de ~에 지쳤다
- estar harto de ~에 싫증나다
- estar orgulloso de ~을 자랑으로 여기다
- cambiar de ~을 바꾸다
- burlarse de ~을 우롱하다, 놀리다
- reírse de ~에 대해 웃다, 비웃다
- despedirse de ~와 작별, 이별하다
- encargarse de ~을 책임지다
- acordarse de ~을 기억하다
- olvidarse de ~을 잊다
- estar de acuerdo 동의하다, 찬성하다
- llenar de ~으로 가득 차다
- tratar de ~에 대해 다루다, ~하려고 하다
- enamorarse de ~에게 반하다

(4) en

① 장소 (~에, ~에서)

ej)
- Cenaré **en** casa.   나는 집에서 저녁을 먹을 것이다.
- Eva vive **en** Buenos Aires.   에바는 부에노스 아이레스에 산다.
- El libro está **en** la mesa.   책은 책상에 있다.
- Hay mucha gente **en** la playa.   많은 사람들이 광장에 있다.

② 시간

ej)
- **en** 1988.
- **En** (el) verano hace mucho calor.
  1988년에 여름에는 무척 덥다.
- **En** este momento Pedro interviene en el diálogo.
  이때 뻬드로가 대화에 끼어들었다.

③ 방법 (~로)

ej)
- Hablamos **en** español.   우리들은 에스파냐어로 말한다.
- Quiero viajar **en** barco.   배로 여행하고 싶다.

④ en + 형용사 → 부사구

ej)
- **en** serio = seriamente : 진지하게
- **en** general = generalmente : 일반적으로
- **en** especial = especialmente : 특히
- **en** particular = particularmente : 특별히
- **en** absoluto = absolutamente : 절대적으로

⑤ 사고의 뜻을 가진 동사가 전치사 en을 취하는 경우가 있다.

> **e;** · Pienso **en** él.   나는 그를 생각한다.
> · Crees **en** mí.   너는 나를 믿는다.

⑥ en + 현재분사 : ~한 후, 곧

> **e;** · **En** <u>acabando</u> de comer, saldré contigo.
>   식사를 한 후, 곧 너와 같이 나가겠다.
> · **En** <u>llegando</u> allá, empezamos a jugar al fútbol.
>   그 곳에 도착한 후 곧 우리는 축구를 시작할 것이다.

(5) para

① 목적 (~을 위하여)

> **e;** · Lo digo **para** ti.   너를 위해 말한다.
> · Estudia **para** profesor.   그는 교수가 되려고 공부한다.
> · Ella trabaja **para** sí.   그녀는 그녀자신을 위해서 일한다.

② 방향 (~을 향하여)

> **e;** · Salieron **para** Caracas.   그들은 카라카스를 향해 떠났다.
> · Vamos **para** Busan.   우리는 부산에 갑니다.

(6) ante

① ~앞에 (en presencia de = delante de)

> **e;** · **Ante** mí pasó él.   그는 내 앞을 지나갔다.

② 합성어

ej • anteayer · · · · · · · · · · · · · · · · 그저께
     • anteanteayer · · · · · · · · · · · · · 그끄저께

(7) bajo

① ~밑에 (=debajo de)

ej • Yo duermo **bajo** el árbol. · · · · · 나는 나무 아래서 잤다.

(8) desde

① 시간 및 공간적인 기점(출발점)

ej • **desde** ahora · · · · · · · · · · · · · · 지금으로부터
     • **desde** luego · · · · · · · · · · · · · · 곧, 물론

(9) hacia

① 방향 (~향해서)

ej • Voy **hacia** mi tierra. · · · · · · · · · 고향으로 간다.

② ~경에

ej • **hacia** mediados de agosto · · · · 8월 중순 경에

(10) hasta

① 시간, 공간의 한계 (~까지)

ej • **Hasta** mañana. · · · · · · · · · · · · · 내일 만납시다. 내일 봐요.
     • desde aquí **hasta** allí · · · · · · · · 여기서부터 저기까지

188

(11) por

① 이유, 동기, 표현
- **e;** • No voy al cine **por** ti.　　　너 때문에 난 극장에 안간다.

② 가격, 수량, 가치
- **e;** • **por** docena　　　한 다스에, 한 다스씩

③ ~처럼 (como)
- **e;** • Ella pasa **por** rica.　　　그녀는 부자로 통하고 있다.

④ 수동태 (~에 의해)
- **e;** • Oí esa noticia **por** radio.　　　나는 그 뉴스를 라디오로 들었다.

(12) sin

① ~없이
- **e;** • Estoy **sin** empleo.　　　나는 직업이 없다. (실업중이다)

② 합성어
- **e;** • sinsabor　　　~무미, 불쾌

(13) sobre

① ~위에 (=encima de)
- **e;** • El libro está **sobre** la mesa.　　　책은 책상위에 있다.

② ~관해서

- Hablamos sobre el tema.   주제에 대해 이야기합시다.

③ 관용구

- sobre seguro   확실히
- sobre todo   특히

03. 숙어 정리

(1) 동사 뒤에 원형동사가 올 수 있는 동사들

desear	querer	esperar	rogar	pensar	saber	decidir
preferir	necesitar	poder	oir	ver	decir	
hacer	mandar	ordenar	impedir	permitir	prometer	
recordar	olvidar	es fácil	es difícil	es posible	es necesario etc.	

- Debemos obedecer a nuestros padres.
  우리들은 우리들의 부모님에게 복종하지 않으면 안된다.

- Debemos estudiar mucho el español.
  우리들은 서반아어를 열심히 공부해야한다.

- Quiero salir ahora.
  나는 지금 나가고 싶다.

- Quiero estar aquí.
  나는 여기 머무르고 싶다.

- El desea saber sobre este asunto.
  그는 이 일에 관해 알기를 원한다.

- Deseo ser profesor.
  나는 교수가 되기를 원한다.

- Juan no puede venir hasta mañana.

  환은 내일까지 올 수 없다.

- ¿ Sabe Ud. patinar?

  당신은 스케이트를 할 줄 아십니까?

- Ellos saben tocar la guitarra.

  그들은 기타를 칠 줄 안다.

- Pienso salir mañana.

  나는 내일 떠날 생각이다.

- Deseo ser médico como mi padre.

  나는 아버지처럼 의사가 되기를 원한다.

- Queremos jugar fúbol en el campo.

  우리는 운동장에서 축구하기를 원한나.

- Pienso esperarla una hora más.

  나는 그녀를 한 시간 더 기다릴 생각이다.

- Necesito estudiar más.

  나는 더 공부할 필요가 있다.

- Yo oigo cantar a ella.

  나는 그녀가 노래하는 것을 듣는다.

- El profesor me hace leer una novela.

  교수는 내게 소설 한 권을 읽으라고 한다.

- Yo mando hacer la ropa hasta el fin de junio.

  나는 6월 말까지 옷을 만들라고 시킨다.

- Los padres no permiten fumar a sus hijos.

  부모님들은 그들의 자식이 담배피우는 것을 허락하지 않는다.

- Ya he prometido visitarla mañana.

  나는 내일 그녀를 방문하기로 이미 약속했다.

- Olvidé comprar una cosa.

  나는 한 가지 살 것을 잊었다.

- Es difícil aprender le lengna extranjera.

  외국어를 배우기란 어렵다.

- Es necesario dar un paser tadas las mañanas.

  매일 아침 산보할 필요가 있다.

(2) 동사 다음에 전치사를 필요로 하는 동사들

① 동사 + a + inf (암기사항)

a) ir a inf : ~하려고 하다, ~하러가다

- María va a dacansar un rato. 마리아는 잠시 휴식하려고 한다.
- Yo voy a la biblioteca a estudiar. 나는 공부하러 도서관에 간다.

b) venir a inf : ~하러 오다

- Los hijos vienen a ver a sus padres. 자식들은 부모님을 뵈러 온다.

c) volver a inf : 다시 ~ 하다

- Vuelve a leer ese libro. 나는 이 책을 다시 읽는다.

d) empezar a inf, comenzar a inf, echarse a inf : ~하기 시작하다

- La Sra. de Park empezó a trabajar ayer. 박씨 부인은 어제 일하기 시작했다.
- Me eché a reir. 나는 웃기 시작했다.

e) ayudar a inf : ~하는 것을 돕다

- ¿Quiere ayudarme a comprar bebidas?
  내가 마실 것 사는 것을 좀 도와주시겠습니까?

f) invitar a inf : ~하자고 초청하다

- Chelo invita a Ana a almorzar.　　　　챌로는 아나를 점심식사에 초대한다.

g) aprender a inf : ~하는 것을 배우다

- Aprendo a pronunciar el español.
  나는 스페인어 발음하는 것을 배운다.

h) enseñar a inf : ~하기를 가르치다

i) continuar a inf : ~하기를 계속하다, ~하기를 견디다

j) atreverse a inf : 감히 ~하다

- Ella se atreve a aconsejar al profesor.
  그녀는 감히 교수에게 충고한다.

k) referise a inf : ~을 언급하다

- Me refiero a viajar.　　　　나는 여행하는 것을 언급한다.

l) negarse a inf : ~하는 것을 부인하다

- Juan se niega a trabajar.　　　　환은 일하는 것을 부인한다.

② 전치사 de를 필요로 하는 동사 (de + 동사) (암기사항)

a) acabar de inf : 막 ~하다

   ^{ej} • El tren acaba de llegar.   기차가 막 도착했다.

b) tratar de inf : ~하려고 노력하다

   ^{ej} • Yo trato de entender esta frase.   나는 이 문장을 이해하려고 노력한다.

c) dejar de inf, cesar de inf, privarse de inf : ~하는 것을 중지하다

   ^{ej} • Mi hijo dejó de llorar.   나의 아들은 우는 것을 중지했다.
         • El se priva de fumar.   그는 담배 피우는 것을 중지한다.

d) terminar de inf : ~하기를 끝내다

   ^{ej} • Terminamos de jugar al fútbol.   우리는 축구 게임하기를 끝냈다.

e) haber de inf : ~하기로 되어있다, ~해야만 한다

   ^{ej} • He de estar enfrente de este edificio a la una.
         나는 1시에 이 건물 앞에 있기로 되어있다.

f) alegrarse de inf : ~하여 기쁘다

   ^{ej} • Me alegro de verte.   나는 너를 보아 기쁘다.

g) acordarse de inf : ~하는 것을 회상하다

   ^{ej} • No quiero acordarme de su nombre.   나는 그의 이름을 회상하기 싫다.

③ 전치사 en을 필요로 하는 동사 (en + inf)

a) tardar en inf : ~하는 데 시간이 걸리다

ej • Tardé cinco horas en llegar a Busan en coche.
나는 차로 부산에 도착하는데 5시간 걸렸다.

b) insistir en inf : ~하기를 고집하다

ej • El insiste en salir.　　　　　　　　　　그는 나가기를 고집한다.

④ para + inf : 지금 ~하려 하고 있다

ej • Están para salir.　　　　　　　　　　　그들은 출발하려 하고 있다.

(3) 숙어의 정리 (암기사항)

① 동사/전치사 + 명사

• referirse a~	~을 언급하다
• ser aficionado a~	~을 애호하다
• tener afición a~	~을 애호하다
• preferir A a B	B보다 A를 더 좋아하다
• anteponer A a B	B보다 A를 더 앞에 놓다
• corresponder a~	~에 해당하다
• pertenecer a~	~에 속하다
• tratar de~	~에 대해 취급하다
• saber de~	~을 알다
• hablar de~	~에 대해 말하다
• cambiar de~	~을 바꾸다
• llenar de~	~으로 가득 채우다

- admirar de~   ~에 대해 경탄하다
- despedirse de~   ~와 헤어지다
- acompañarse de~   ~와 동반하다
- acordarse de~   ~을 회상하다
- encargarse de~   ~을 책임지다
- enamorarse de~   ~에게 반하다
- estar compuesto de~   ~으로 구성되다
- estar orgulloso de~   ~을 자랑하다
- soñar con~   ~을 꿈꾸다
- casarse con~   ~와 결혼하다
- estar contento con~   ~에 만족하다
- estar enfandado con~   ~에 화내가
- ser amable con~   ~에게 친절하다
- encontarse con~   ~와 만나다
- tener cita con~   ~와 데이트 하다
- tener correspondencia con~   ~와 교신하다
- pensar en(de)~   ~을 생각하다
- entrar en~   ~로 들어가다
- tomar parte en~   ~에 참석하다
- envidiar por~   ~을 부러워하다
- esforzar por~ (=hacer un esfuerzo por)   ~을 하도록 노력하다
- luchar por~   ~을 위해 싸우다
- morir por~   ~을 위해 죽다
- perdonar por~   ~을 용서하다
- dar gracias por~   ~을 감사하다

② 전치사구 (암기사항)

- más de + 숫자   ~이상
- menos de + 숫자   ~이하
- no ~ más que (=solamente)   오직 ~밖에
- a veces = algunas veces = de vez en cuando   가끔
- a menudo = muchas veces = con frecuencia   자주
- a la vez = al mismo tiempo   동시에
- en vez de~ = en lugar de~   ~대신에
- otra vez = de nuevo   다시
- a tiempo   제시간에

③ 시간을 나타내는 전치사구 (암기사항)

- antes de~   ~앞에
- después de~   ~후에
- a eso de~   ~경에
- alrededor de~   ~경에
- a principios de~   ~초에
- a fines de~   ~하순에
- a mediodos de~   ~중순에
- dentro de~   ~이내에

④ 장소를 나타내는 전치사구 (암기사항)

- delante de~   ~앞에
- detrás de~   ~뒤에
- enfrente de~   ~정면에
- al frente de~   ~선두에

- debajo de~   ~밑에
- encima de (=sobre)~   ~위에
- junto a~   ~옆에
- al lado de~   ~쪽에
- al otro lado de~   ~맞은편에
- cerca de~   ~가까이에
- lejos de~   ~멀리에
- alrededor de~   ~주위에

⑤ 기타 (암기사항)

- acerca de (=sobre)~   ~에 관하여
- en cuanto a~   ~에 관하여
- en favor de   ~을 위하여, ~편에서
- en busca de   ~을 찾아서
- debido a~   ~때문에
- gracias a~   ~덕택에
- a pesar de~   ~임에도 불구하고
- pese a~   ~임에도 불구하고
- con motivo de~   ~을 계기로
- en seguida   즉시
- de pronto   갑자기
- sin duda   물론
- sin enbargo (=no obstante)   그럼에도 불구하고
- poco a poco (=paso a paso)   점차로, 차츰차츰

04. 기본 독해 연습

1.

Fernando y Antonio son turistas españoles que ❶acaban de llegar a Seúl. ❷Aquél ya conoce Seúl, porque visitó ya Corea en 1985. Pero ❸éste visita ❹por primera vez en su vida. Por eso, Antonio no ❺deja de preguntar a su amigo sobre Seúl y otros lugares de interés.

Antonio   :   Fernando, ¿A dónde vamos mañana?

Fernando :   Primero, vamos a visitar todas partes de la capital: los palacios reales, el Museo Nacional, el Parque Olímpico de Seúl, etc. ❻Por la noche vamos a ver algunas actuaciones de baile tradicional en la Casa de Corea.

Antonio   :   ¿Por qúe no vamos a viajar por el interior del país?

Fernando :   Sí, cómo no. Pasado mañana vamos a ir a Kyongju, antigua capital del Reino Sinla (57a.c. - 935d.c.).

Antonio   :   ¿Cómo es esa ciudad?

Fernando :   Puedo decirte que Kyŏngju es un museo sin paredes, pues está llena de reliquias de la Corea antigua. Entre todos, el Templo Pulguk y la Gruta de Piedra, Sokulam son los más destacados.

Antonio   :   ¿Y qué más lugares ❼tenemos que visitar?

Fernando :   ❽Vale la pena visitar algunas ciudades industriales situadas ❾cerca de Kyongju, porque la industria correana está muy desarrollada. También ❿hay que visitar ⓫sin falta la Isla de Cheju. Se tarda sólo una hora en avión desde Seúl hasta la Isla.

Antonio   :   Quiero viajar pronto a todos estos lugares. Me gusta mucho Corea.

❶ acabar de~ inf : 방금 ~하다

❷ 전자(Fernando)

❸ 후자(Antonio)

❹ 첫 번째로

❺ dejar de inf : ~하는 것을 그만두다(포기하다)

❻ 밤에(정확한 시간을 명시하지 않는 경우 por 사용, 정확한 시간을 명시하는 경우 de 를 사용)

❼ tener que inf : ~해야만 한다 (=deber inf)

❽ valer la pena de inf : ~할 가치가 있다

❾ ~의 근처에   ⑪ lejos de~

❿ 주어가 확실하지 않을 때 (~해야만 한다)

⓫ 틀림없이, 반드시

PARTE 13 관계사 및 접속사

01. 관계대명사

관계대명사는 선행사를 한정하는 한정관계절(제한적 용법)과 선행사를 설명하는 설명관계절(계속적 용법)로 나누어진다. 한정관계절은 뒤에서부터 해석하고 설명관계절은 앞에서부터 해석한다.

구 분	선 행 사	형 태
quien	사람	quien, quienes
que	사람 · 사물	que
정관사 + que	사람 · 사물	el que, la que los que, las que lo que
정관사 + cual	사람 · 사물	el cual, la cual los cuales, las cuales lo cual

(1) quien

선행사가 사람인 경우만 사용하며 전치사(a, de, en, con)등과 함께 올 수 있는데, 이때 전치사는 종속절과 주절의 연결 관계로 파악한다.

┌ Mi hermano está ahora aquí.
└ Mi hermano vive en España.

⇨ Mi hermano quien(que) vive en España, está ahora aquí.
　스페인에 살고 있는 내 동생이 지금은 여기에 있다.

El hombre está allá.

El hombre es mi hermano mayor.

⇨ El hombre quien está allá es mi hermano mayor.
　저기 있는 남자는 나의 형이다.

Los estudiantes son extranjeros.

Hablo con los estudiantes.

⇨ Los estudiantes con quienes hablo son extranjeros.
　내가 함께 이야기하고 있는 학생들은 외국인입니다.

El no tiene más que una hija.

El ama mucho a ella.

⇨ El no tiene más que una hija, a quien ama mucho.
　그는 외동딸이 있는데, 그녀를 무척 사랑한다.

Ellos son los Sres,Kim.

Hablé de ellos anoche.

⇨ Ellos son los Sres,Kim de quienes hablé anoche.
　그들이 내가 어제 밤 얘기하던 김씨 부부입니다.

María es una amiga.

Siempre creo en alla.

⇨ María es una amiga en quien siempre creo.
　마리아는 내가 항상 믿고 있는 여자친구입니다.

Quien sabe mucho, habla poco. (선행사를 자체 내에 포함)
⇨ 많이 아는 사람은 말을 적게 한다.

(2) que

선행사가 사람, 사물에 사용되며 선행사가 사물인 경우는 전치사가 올 수 있으나, 사람
인 경우 전치사가 올 수 없다.

es

┌── Yo leo la novela.
└── Tú me has enviado la novela.

　⇨ Leo la novela que me has enviado.
　　나는 네가 보낸 소설을 읽고 있다.

┌── El profesor es español.
└── El profesor te visita una vez al mes.

　⇨ El profesor que(=quien) te visita una vez al mes es español.
　　매월 한 번씩 너를 방문하는 그 선생님은 스페인사람이다.

┌── La mesa es de madera.
└── Compré ayer la mesa.

　⇨ La mesa que compré ayer es de madera.
　　내가 어제 산 책상은 나무로 되어 있다.

┌── Estos son los señores.
└── Los señores estudiaban conmigo en Mexico.

　⇨ Estos son los señores que estudiaban conmigo en Mexico.
　　이분들은 Mexico에서 나와 함께 공부하던 사람들입니다.

┌── La casa es muy grande.
└── Ellas viven en la casa.

　⇨ La casa en que viven ellos es muy grande.
　　그 여자들이 살고 있는 집은 매우 큽니다.

┌── Este es mi tío.
└── Vas a visitar a él.

　⇨ Este es mi tío que vas a visitar.
　　이 분이 네가 방문하려는 우리 삼촌이시다.

　⇨ Este es el libro de que nos habló él ayer.
　　이 책이 어제 그가 우리에게 말하던 그 책이다.

(3) el que, la que, los que, las que, lo que

앞 문장이 명사가 두 개 이상이어서 선행사에 혼동이 있을 경우, 선행사를 확실히 지칭할 필요가 있을 때 사용한다.

- La prima de mi amigo, la que llegó ayer, es muy bonita.
  ⇨ 어제 도착한 내 친구의 사촌은 매우 예쁘다.
- Ellas no veían los hoteles, en los que podían descansar.
  ⇨ 그 여자들은 쉴 수 있는 여관을 발견하지 못하였다.

lo que와 lo cual은 앞 문장 전체를 선행사로 받는다.

- Salí de casa sin paraguas, lo que(=lo cual) era imprudente.
  ⇨ 나는 우산 없이 집을 나섰는데, 그것은 경솔한 짓이었다.
- Ud. no me dijo nada, lo que(=lo cual) no me gustó.
  ⇨ 당신은 제게 아무것도 말하지 않았는데 저는 그것이 싫었습니다.

02. 관계형용사

(1) 용법

① cuyo는 소유를 나타내는 관계형용사이다. <u>피소유물 명사의 성·수에 일치 한다.</u>

- Aquí está el alumno.
  Su casa es grande.
  ⇨ Aquí está el alumno, cuya casa es grande.
    여기 학생이 있는데, 그의 집은 크다.
  ⇨ Este es el libro de cuyo autor habló ayer el profesor.
    이것이 어제 선생님께서 저자에 대해 말씀해주신 그 책입니다.

⇨ Ana invita a su amiga, cuyo padre partió para Japón.
아나는 그의 여자친구를 초대한다, 그녀의 아버지는 일본으로 떠났다.

② 'cuanto'는 사람과 사물에 사용되고 성수변화를 하며, 선행사 todo가 명시되어 있는 경우와 포함되어 있는 경우가 있다.

e; • José me dio cuantos libros que tenía.
José는 가지고 있던 모든 책을 내게 주었습니다.

• José me dio los libros.

• José los tenía.
(=José me dio todos los libros que tenía.)

• El muchacho me trajo cuantas plumas que pedí.
(El muchacho me trajo todas las plumas que pedí.)
그 소년은 내가 요구한 모든 펜을 내게 가져 왔습니다.

03. 관계부사

(1) 장소의 관계부사 donde

e; • Esta es la casa (en) donde murió Cervantes.
이곳은 세르반떼스가 사망한 집이다.

• Estaba donde yo te había dicho.
나는 너에게 말했던 곳에 있었다.

• Aquél es el edificio adonde vamos.
저곳이 우리들이 갈 건물이다.

• La casa de donde vengo es grande.
내가 나온 집은 크다.

(2) 시간의 관계부사 cuando

- Un dia, cuando hacia frio, fui al monte.
  어느 날 날씨가 추웠으나 산에 갔다.

- Entonces fue cuando llegó el tranvía.
  전차가 도착한 것은 그때였다.

(3) 양의 관계부사 cuanto

- Trabajo cuanto puedo.
  나는 되도록(많이) 일한다.

04. 접속사

접속사는 단어와 단어 문장과 문장을 연결시켜주고 이들 문장사이 독립 또는 종속관계를 갖도록 연결시켜주는 역할을 한다.

(1) 대등접속사

① 연결 : y (i나 hi로 시작되는 단어 앞에서는 e로 된다.) 영어의 and

- El me dio tres libros y dos lápices.
  그는 내게 3권의 책과 2자루의 연필을 주었다.
- La rosa no es <u>ni</u> blanca <u>ni</u> roja.　　* ni는 영어의 and no, ~도 아니다
  그 장미는 하얗지도 빨갛지도 않다.
- El español es una lengua hermosa e importante.
  스페인어는 아름답고 중요한 언어이다.

※ nieva y hielo(눈과 얼음)
　이중모음 ie는 [i]발음이 아니므로 y가 그대로 쓰인다.

② 차별 : o (o나 ho로 시작하는 단어 앞에서는 u로 된다.) 영어의 or

ej   • ¿ Qué te gusta más el café o el té?
   너는 커피나 차 중 어느 것을 더 좋아하니?

   • Hay siete u ocho libros en la mesa.
   책상에 책이 일곱 권 내지 여덟 권 있다.

③ 반대 또는 제한

no A sino B	영어의 not A but B	A가 아니고 B이다
pero		그러나
a pesar de~, no obstante, sin embargo		~임에도 불구하고
excepto, salvo		~는 제외하고

ej   • Quiero nadar no en la piscina sino en la playa.
   나는 수영장에서가 아니라 해변에서 수영하고 싶다.

   • Su coche es nuevo pero el mío es viejo.
   당신의 승용차는 새 것입니다. 그러나 제 것은 낡은 것입니다.

   • El encontró dificultades, no obstante, su constancia las venció.
   그는 어려움에 부딪혔음에도 불구하고, 그의 굳은 의지가 그것을 극복하였다.

   • A pesar de ser aún muy niño, él toca bien el piano.
   그는 아직 아주 어린데도 불구하고 피아노를 잘 친다.

④ 원인 또는 이유 : pues, como, porque

ej   • No pude ir a la escuela porque estaba enfermo.
   나는 아팠기 때문에 학교에 갈 수가 없었다.

   • Como llueve ahora, llevo el paragauas.
   지금 비가 오기 때문에 우산을 가지고 간다.

⑤ 결과 : luego

ej · piensa, luego existo
나는 생각한다, 그러므로 존재한다.

⑥ 조건 : si, 영어의 if

ej · Si hace buen tiempo mañana, voy a jugar al tenís.
내일 날씨가 좋으면, 테니스를 치겠다.

· Si yo fuera hombre, viviría solo.
내가 만약 남자라면 혼자 살텐데.

(2) 종속접속사, 비록 ~ 지만

① 양보 : aunque

ej · Aunque llueve ahora, partiré.
비록 지금 비가 오지만, 출발하겠다.

· Aunque llueva, tengo que partir.
비록 비가 오더라도, 나는 출발해야 한다.

② 목적 : para que + 접속법동사

ej · El estudia en Francia para ser buen diplomático.
그는 훌륭한 외교관이 되기 위해서 프랑스에서 공부하고 있다.

· Vamos pronto para que no nos vean ellos
그들이 우리를 보지 못하도록 빨리 갑시다.

③ 시간 : cuando, mientras (~하는 동안)

antes de que~ (~하기 전에)

después de que~ (~한 후에)

- Eran las diez de la tarde cuando llegamos a casa.
  우리가 집에 도착했을 때는 오후 10시였다.
- Antes de que vaya a México, avísenos.
  멕시코에 가기 전에 우리에게 알려주십시오.

05. 기본 독해 연습

1.

Esta es la casa, **❶**<u>delante</u> de la cual ocurrió el accidente.

- ¿Cómo pasó?

- Pues, el chofer del coche iba manejando despacio su coche por la calle, cuando un hombre que **❷**<u>estaba de pie</u> **❸**<u>de repente</u> **❹**<u>decidió cruzar</u> la calle. el chofer **❺** <u>trató de parar</u> el coche, pero **❻**<u>no pudo menos de herirle</u> al hombre. Pero **❼**<u>gracias a</u> Dios no le hizo mucho daño, lo cual le sorpendió al chofer. El hombre **❽**<u>se dió cuenta</u> de que tenía culpa. Y quiso seguir su camino. Aunque el hombre **❾**<u>insistía en</u> seguir su camino, el chofer **❿**<u>no lo dejó sino lo llevó a un médico.</u>

❶ ~앞에 (~detrás de)

❷ estar de pie 서있다

❸ 갑자기 (=de pronto)

❹ decidir inf : ~하려고 결정하다

❺ tratar de inf : ~하려고 노력하다

❻ no poder monos de inf : ~하지 않을 수 없다

❼ ~덕분에

❽ ~을 알아차리다

❾ ~하기를 고집하다

❿ no Ⓐ sino Ⓑ : Ⓐ를 아니하고 Ⓑ하다

2.

Aquel muchacho con quien hablaba yo ❶hace una media hora es mi amigo muy íntimo. Su padre, quien es un médico muy famoso en esta ciudad, ❷acaba de comprarle un coche nuevo. Me va a gustar también recibir tal regalo. Muy pocos jóvenes tienen su propio coche.

❶ hace + 시간 : ~전에

❷ acaba de inf : 방금 ~을 하다

3.

Matasiete, ❶cuyo nombre verdadero era Juan Bolondrón, vivía en una pequeña casa ❷cerca de ❸la cual ❹se encontraba el palacio del rey. Este, que había oído hablar de Matasiete, le envió a matar un tigre que hacía daño a los habitantes.

Cuando Matasiete llegó al bosque, el tigre salió corriendo tras él, y Matasiete ❺echó a correr en la dirección del palacio y se escondió ❻detrás de la puerta. En el patio del palacio los soldados ❼dieron muerte al tigre, y Matasiete salió gritando :

– ¿Dónde está el tigre? ¿Por qué han matado al tigre que yo he traído vivo?

La hija del rey, la cual era muy bonita, dijo

– ¡Qué valiente eres, Juan! Has ganado mi mano.

❶ 관계형용사

❷ ~가까이에　　　　　　　⑪ lejos de

❸ 관계대명사 앞의 전치사가 2음절 이상이거나 전치사구가 오는 경우 el que, la que대신에 사용

❹ encontrarse (=estar)

❺ echar a inf : ~하기 시작하다

❻ ~뒤에　　　　　　　⑪ delante de

❼ dar muerte a : ~을 죽이다

PARTE 14 미 래

01. 직설법 미래(Futuro de indicativo)

(1) 규칙 변화

모든 동사(1, 2, 3변화동사)의 원형에다 '-é/-ás/-á/-emos/-éis/-án'을 붙여서 직설법 미래형을 만든다.

hablar		comer		vivir	
hablaré	hablaremos	comeré	comeremos	viviré	viviremos
hablarás	hablaréis	comerás	comeréis	vivirás	viviréis
hablará	hablarán	comerá	comerán	vivirá	vivirán

(2) 불규칙 변화

불규칙 변화를 하는 미래형은 다음과 같은 3가지 형태의 11개 뿐이다.

➲ 불규칙 변화1

⟨venir⟩	⟨tener⟩	⟨poner⟩	⟨salir⟩	⟨valer⟩
vendré	tendré	pondré	saldré	valdré
vendrás	tendrás	pondrás	saldrás	valdrás
vendrá	tendrá	pondrá	saldrá	valdrá
vendremos	tendremos	pondremos	saldremos	valdremos
vendréis	tendréis	pondréis	saldréis	valdréis
vendrán	tendrán	pondrán	saldrán	valdrán

➲ 불규칙 변화2

<decir>		<hacer>	
diré	diremos	haré	haremos
dirás	diréis	harás	haréis
dirá	dirán	hará	harán

➲ 불규칙 변화3

<poder>	<querer>	<saber>	<haber>
podré	querré	sabré	habré
podrás	querrás	sabrás	habrás
podrá	querrá	sabrá	habrá
podremos	querremos	sabremos	habremos
podréis	querréis	sabréis	habréis
podrán	querrán	sabrán	habrán

(3) 용법

① 일반적 개념에서의 미래의 행위, 상태를 표현한다.

- Vendrán pronto.　　　　　　　　　　　그들은 즉시 올 것이다.
- Le mandaré la guía el mes próximo.　다음 달 당신에게 안내서를 보내겠습니다.

② 현재의 추측이나 상상을 표현한다.

ej

- La salida será a las dos. 출발은 두 시 일겁니다.
- ¿Quién será? 누구일까?

③ 가벼운 명령을 표현한다.

ej

- Saldrás a la calle y le dirás que le espero.
  거리로 나가서 내가 그를 기다리고 있다고 말하거라.
- No mentirás. 거짓말 하지 말지어다.
- Uds. se quedarán aquí. 당신들은 여기 남으세요.

④ 놀라움(의문문, 감탄문) 들을 표현할 때

ej

- ¿Será posible lo que me cuentas? 네가 말하는 것이 있을 수 있는 거야?
- ¡Qué desvergonzado será ese sujeto! 그 녀석은 얼마나 뻔뻔스러운지!

02. 직설법 미래완료(Futuro perfecto de indicativo)

(1) 형태(haber의 미래 + 과거분사)

habré	habremos		hablado
habrás	habréis	+	comido
habrá	habrán		vivido

(2) 용법

① 미래의 어느 시점을 기점으로 하여 그때까지 동작이나 상태가 완료될 것이라는 표현한다.

ej • Cuando lleguéis, habremos cenado.
너희들이 도착했을 때는 우리들은 저녁식사를 마쳤을 것이다.

② 완료를 추정한다. (현재완료의 내용을 상상한다고 생각하면 된다.)

ej • Usted habrá oído decir que el español es muy acogedor.
당신은 스페인 사람이 매우 우호적이다는 말을 들은 적이 있을 것입니다.

주의 내용이 미래뿐이라고 생각하기 쉽지만 과거도 현재도 다 있다.

• Mi padre habrá llegado ayer (hoy) a Madrid.
나의 아버지는 어제(오늘) 마드리드에 도착했을 것이다.
(= supongo que mi padre ha llegado……)

• No sé si Udes. habrán conocido a don alfredo.
당신들이 돈 알프레도씨를 아시는 지는 모르겠습니다.

03. 가능법(조건법) 미래(Condicional de indicativo)

(1) 규칙동사

모든 동사(1, 2, 3변화 동사)의 원형에다 '-ía/-ías/-ía/-íamos/-íais/-ían'을 붙여서 만든다.

hablar	comer	vivir
hablaría	comería	viviría
hablarías	comerías	vivirías
hablaría	comería	viviría
hablaríamos	comeríamos	viviríamos
hablaríais	comeríais	viviríais
hablarían	comerían	vivirían

(2) 불규칙 동사

직실법 미래에서 불규칙 변화 형태와 녹같은 형태이며 역시 12개 뿐이다.

동사원형	어근	활용어미
salir	saldr	
valer	valdr	
tener	tendr	
poner	pondr	ía
venir	vendr	ías
hacer	har	ía
decir	dir	íamos
poder	podr	íais
saber	sabr	ían
caber	cabr	
haber	habr	
querer	querr	

(3) 용법

① 과거에서 본 미래의 일을 표현한다.

ej
- Ella me dijo que vendría el año que viene.
  그녀는 내년에 올 거라고 나에게 말했다.
- Juan me llamó por teléfono que llegaría después de la clase.
  환은 방과 후에 도착하겠다고 내게 전화했다.

② 과거의 일을 추측할 때

ej
- Serían las tres de la tarde cuando llegué al aeropuerto.
  내가 공항에 도착했을 때 오후 3시쯤 됐을 것이다.
- Ella tendría entonces unos 30 años.
  그 당시 그녀는 약 30세가량 되었을 것이다.

③ 가능성이나 정중한 표현을 할 때

ej
- Me gustaría verle otra vez.   그를 다시 만났으면.
- ¿ Podría ayudarme a llevarlo?   그것을 운반하는데 도와주실 수 있겠습니까?

04. 가능법(조건법) 완료(Condiconal perfecto de indicativo)

(1) 형태(haber의 가능법 + 과거분사)

habría	habríamos	
habrías	habríais	+ (hablado, comido, vivido)
habría	habrían	

(2) 용법

① 과거에서 본 미래완료의 상상이라고 생각하면 된다.

- **e;** ・ Creí que habría sido por siempre tacañería.
  그것은 단순한 인색함 때문이었을 거라 나는 믿었다.

② 과거의 어느 행위가 완료되었으리라는 가능성이나 추측을 나타낼 때

- **e;** ・ Ya habría muerto hace unos 10 años.
  이미 10년 전에 죽었을 것이다.

05. 기본 독해 연습

1.

Propietario : ❶<u>¿ Vienen Uds. a ver</u> el piso?

Alberto y : Sí. Hemos telefoneado antes.
Carlos

Propietario : Pasen. Aquí está la cocina. No es muy grande, pero tiene todo lo necesario. ¿ Vivirán aquí los tres?

Luis : Sí, ésa es nuestra intención. ¿ No hay nevera?

Propietario : Sí. He comprado una. La traerán mañana. Vamos ❷<u>al cuarto</u> de estar. También es comedor. Hay un sofá, dos sillones, una estantería, una mesa y seis sillas. ❸<u>La semana que viene</u> pintarán las paredes e instalarán un televisor.

Éste es uno de los dormitorios. Hay un armario, un sillón y una mesa de estudio. La cama es muy cómoda. Aquel balcón ❹<u>da a</u> la calle. Las alfombras están en la tintorería. Las traerán pasado mañana.

Alberto   : ¿ Hay mucho ruido?

Propietario   : No. Esta calle es muy tranquila.

Carlos   : ¿ Podemos ver el cuarto de baño?

Propietario   : Sí, Está ❺al final del pasillo. Hay agua caliente y fría, una bañera grande y ducha. El espejo ❻está roto, pero compraré otro nuevo.

❶ venir a inf : ~하러오다

❷ 거실

❸ 다음주 : (= La semana próxima)

❹ ~로 통하다

❺ ~의 끝에

❻ estar + 과거분사 → 완료를 의미

2.

Teresa   : ¿ ❶Podría recibirnos el dentista?

Enfermera   : ¿ Tienen cita para hoy?

Teresa   : No. Pero, podría recibirnos igual?

Enfermera   : ❷Vamos a ver... Creo que esta mañana está muy ocupado. Quién es el enfermo?

Teresa   : Es él. Pero tiene ❸tanto miedo que ❹no se atreve a hablar.

Enfermera   : Tranquilícese, hombre. ¿Les importaría esperar un momento?

Juan   : Creo que hoy no conseguiremos nada.

Teresa   : Eso es lo que te gustaría. ¿no?

Juan   : ¡ Ojalá! He venido una vez. Pero prometí que no ❺volvería. Me hizo mucho daño.

Enfermera   : Tienen ustedes suerte. Una de nuestras clientes ha aplazado su visita para mañana. ¿Querrían pasar a la sala de espera?

Juan	:	Muchas gracias.
		Hemos tenido suerte, ¿ verdad?
Teresa	:	Sí. Pero deberías haber telfoneado antes para concertar una entrevista. Tú siempre lo dejas todo **❻**<u>para el último momento.</u> Estás tan asustado que ya **❼**<u>te estás poniendo pálido.</u>
Enfermera	:	Ya pueden pasar.
Teresa	:	¿ Te acompaño dentro?
Juan	:	No, porque me pondría más nervioso. Prefiero entrar solo.

❶ Poder + inf : ~할 수 있다

podría 가능법 불완료형, 과거, 현재, 미래, 어느 때든지 사실의 가능성을 표현

❷ ir a inf (여기서는 가벼운 명령으로 표현)

❸ tanto~ que~ : 너무 ~하여 ~하다

❹ atraverse a inf : 감히 inf 하다

❺ 가능법 불완료형으로 과거에서 본 미래

❻ 최후의 순간까지

❼ ponerse + 형용사 → (형)해진다

스페인어에서 직설법 과거는 과거의 어느 한 시점을 기준으로(~을 했다, ~가 일어났다)는 부정과거와 과거의 지속적, 반복적, 습관적 행위나 상황(~하곤 했었다, ~하고 했었다)는 불완료 과거로 분류된다.

01. 직설법 부정과거(Pretérito indefinido de indicativo)

(1) 규칙변화

hablar		comer		vivir	
hablé	hablamos	comí	comimos	viví	vivimos
hablaste	hablasteis	comiste	comisteis	vivistes	vivisteis
habló	hablaron	comió	comieron	vivió	vivieron

(2) 불규칙 변화

① 1인칭, 3인칭 단수어미에 강세 표시가 없다.

• tener:	tuve	tuviste	tuvo	tuvimos	tuvisteis	tuvieron
• estar:	estuve	estuviste	estuvo	estuvimos	estuvistis	estuvieron
• andar:	anduve	anduviste	anduvo	anduvimos	anduvisteis	anduvieron
• poner:	puse	pusiste	puso	pusimos	pusisteis	pusieron
• poder:	pude	pudiste	pudo	pudimos	pudisteis	pudieron
• saber:	supe	supiste	supo	supimos	supisteis	supieron
• querer:	quise	quisiste	quiso	quisimos	quisisteis	quisieron
• venir:	vine	viniste	vino	vinimos	vinisteis	vinieron
• decir:	dije	dijiste	dijo	dijimos	dijisteis	dijeron
• hacer:	hice	hiciste	hizo	hiciomos	hicisteis	hicieron
• traer:	traje	trajiste	trajo	trajimos	trjisteis	trajeron

• dar:	di	diste	dio	dimos	disteis	dieron
• conducir:	conduje	condujiste	condujo	condujimos	condujisteis	condujeron
• haber:	hube	hubiste	hubo	hubimos	hubisteis	hubieron

② -car, -gar, -zar로 끝나는 동사는 부정과거 1인칭 단수에서만 원래의 발음을 유지하기 위해 철자가 변한다.

llegar - lle<u>gué</u>   buscar - bus<u>qué</u>   empezar - empe<u>cé</u>

jugar - ju<u>gué</u>   tocar - to<u>qué</u>   rechazar - recha<u>cé</u>

같은 방식으로 sacar, acecar, comenzar, alcanzar, etc.

③ 모음 + er, ir로 끝나는 동사는 3인칭 단, 복형에서 어미가 -y, -yeron이 된다.

ej leer   leí   leímos

           leíste   leísteis

           le<u>y</u>ó   leyeron   액센트 주의

같은 방식으로 oir, caer, constituir, creer

④ -ir (3변화동사)로 끝나는 동사 중 현재에서 어간 모음을 하는 동사
   3인칭 단, 복수에서만 e → i, o → u로 변한다.

ej sentir   sentí   sentimos   dormir   dormí   dormimos

           sentiste   sentisteis   dormiste   dormisteis

           sintió   sintieron   durmió   durmieron

같은 방식으로 pedir, reír, servir, seguir, vestir, referir, impedir, etc.

⑤ <u>ser와 ir의</u> 부정과거는 같다.

fui   fuimos

fuiste   fuisteis

fue   fueron

(3) 용법

스페인어에서 직설법 부정과거는 과거의 한정된 기간(시간, 횟수 등 약간의 제한이 있음)내에 수행된 행위의 시작, 완결된 행위 또는 과거의 행위와 완성된 상태 등 또는 <u>과거의 시간이 명시될 때</u> 한마디로 과거의 행위가 끝났다는 개념이다. (~했다, ~가 일어났다)

• Cené temprano anoche.	나는 어젯밤 일찍 저녁식사를 했다.
• Charlaron un rato.	그들은 잠깐 대화를 했다.
• ¿Qué pasó ayer?	어제 무슨 일 있었니?
• No vivieron aquí más que dos años.	그들은 2년 이상 여기 살지 않았다.
• Estuve una semana en Madrid.	나는 마드리드에 일주일 있었다.
• Me levanté muy tarde ayer.	나는 어제 매우 늦게 일어났다.
• Hizo un viaje por España.	스페인을 여행했다.
• Aquí hubo un accidente de tráfico.	여기에서 교통사고가 있었다.

> **참고**
>
> 부정과거를 나타내는 부사
>
> ayer, anteayer, anoche, la semana pasada, por mucho tiempo 등

02. 직설법 불완료 과거(pretérito imperfecto de indicativo)

(1) 규칙변화

hablar		comer		vivir	
hablaba	hablábamos	comía	comíamos	vivía	vivíamos
hablabas	hablabais	comías	comíais	vivías	vivíais
hablaba	hablaban	comía	comían	vivía	vivían

(2) 불규칙동사

불규칙 변화는 다음 3가지 뿐이다.

ser		ir		ver	
era	éramos	iba	íbamos	veía	veíamos
eras	erais	ibas	ibais	veías	veíais
era	eran	iba	iban	veía	veían

> **참고**
> 1. 1인칭 단수와 3인칭 단수는 동형이므로 문맥을 통해서 판단해야 하며 '-ar'동사의 규칙변화에서 1인칭 복수의 액센트 부호에 유의해야 한다.
> 2. 제2, 3변화동사의 어미변화는 동일하다.
> 3. 불규칙 동사는 ser, ir, ver동사뿐이며 이외의 모든 동사들은 위의 동사들과 같은 규칙변화를 한다.

(3) 용법

불완료 과거는 과거의 어느 한 시점에서 끝나지 않고 과거의 지속적, 반복적, 습관적인 행위나 상태를 나타내며 과거의 상황이나 배경 등을 나타낸다.
(~하곤 했었다, ~하고 있었다)

- Cuando vivía en Cuba, iba a la playa.
  쿠바에 살고 있었을 때는 해변으로 가곤 했지.
- Todas las mañanas venían a la clase con olor de alcohol.
  매일 아침같이 그는 술 냄새를 풍기며 수업에 들어오곤 했다.
- Era una noche de diciembre, las calles estaban oscuras.
  12월 어느 밤이었다. 거리들은 어두웠다.
- Ahora vivo en el pueblo pero antes vivía en la ciudad.
  나는 전에는 도시에 살았는데, 지금은 시골에 산다.

- Ahora veo la televisión por la tarde pero antes la veía por la noche.
  나는 전에는 밤에 TV를 시청했는데 지금은 오후에 TV를 본다.
- Cuando yo era niño, no había cine ni televisión.
  내가 어렸을 때는 TV도 영화관도 없었다.

참고

불완료과거와 함께 사용되는 부사

siempre, antes, de vez en cuando, habitulmente, ordinariamente, cada mañana(tarde), todos los años, todos los domigos, siempre que~ etc.

03. 부정과거와 불완료과거의 비교

과거	
부정과거	불완료과거
~했다	~하고 있었다
• Mi madre preparé el desayuno. 나의 어머니는 아침밥을 준비했다.	• Mi madre preparaba el desayuno. 나의 어머니는 아침을 준비하고 있었다.
• Ayer conocí a su hermano. 어제 나는 당신의 형을 처음 만났다.	• Le hablé porque le concía. 나는 그를 알고 있었기 때문에 그에게 말했다.
• Anoche comí mucha carne. 어젯밤 나는 고기를 많이 먹었다.	• Cuando era joven, comía mucha carne. 나는 젊을 때, 고기를 많이 먹었다.
• Esperé a María quinse minutos. 나는 마리아를 15분간 기다렸다.	• Cuando llegué a casa, María me erparaba. 내가 집에 도착했을 때, 마리아는 나를 기다리고 있었다.

	~을 항상 했다, ~하곤 했다
• Esta noche cenamos a las nueve. 오늘밤 우리는 9시에 저녁을 먹었다. • Hasta estonces le escribí todos los días. 그때까지 나는 매일 그에게 편지했다.	• Siempre cenábamos a las ocho. 우리들은 항상 8시에 저녁을 먹었다. • Le escribía todos los días. 나는 매일 그에게 편지를 쓰곤 했다.

04. 기본 독해 연습

1.

Paco : ❶Para el coche! Ya ❷hemos llegado.

Fidel : Es éste tu pueblo?

Paco : Sí. Aquí ❸vivía yo cuando era pequeño.
Mira, Aquélla era nuestra casa.

Fidel : Es Muy tranquilo.

Paco : Sí. Pero ❹está muy cambiado. ésta es la plaza del pueblo.
Aquí jugaba yo con mis amigos.

Fidel : No ❸ibas a la escuela?

Paco : Sí, La escuela ❸estaba en aquella esquina. Ahora en su lugar hay un supermercado. ❸Teníamos un maestro muy simpático.

Fidel : Y qué ❸hacías los domingos.

Paco : Me ❸divertía mucho. Entonces ❺no había cine ni televisión. Bajaba al río con mis amigos. Alli ❸pescábamos la tarde. Nadábamos, pescábamos y luego ❸merendábamos todos juntos.

Fidel : Lo pasabas muy bien aquí, verdad?

Paco : Sí Por eso ❻vengo a visitarlo todos los años.

❶ parar의 2인칭 명령법 '멈춰라'

❷ haber + 과·분 → 현재완료(완료를 의미한다.)

❸ 불완전완료(과거의 지속적, 습관적, 반복적 행위나 과거의 상황을 표현)

❹ estar + 과·분 → 완료를 의미한다.

❺ no A ni B : A도 B도 아니다

❻ venir a inf : ~하러 오다

2.

Tomás : ¿Qué tal ❶el fin de semana?

Pedro : Muy bien, aunque un poco cansado.

Tomás : ¿Qué hiciste? ¿Saliste fuera?

Pedro : No, me quedé en Madrid. No me gusta salir los fines de semana. Había mucho tráfico. Además, no ❷tuve ganas de salir.

Tomás : ¿Y qué hiciste?

Pedro : Puedes imaginarte con los niños. El sábado por la trade mi familia y yo fuimos a ❸dar un paseo por ❹el Retiro y luego dimos un paseo en barca en el lago. Luego nos sentamos en una cafetería ❺al aire libre y nos tomamos unos helados.

Tomás : ¿Y qué hiciste?

Pedro : Fuimos a cenar con unos amigos. Cenamos muy bien. Y nos acostamos a la una de la mañana.

Tomás : ¿Qué hiciste el domingo?

Pedro : El domingo por la mañana estuvimos en el zoo y luego dimos un paseo por ❻la Casa de Campo. Buscamos un sitio agradable y comimos ❼bocadillos que preparó mi mujer.

Tomás : Y luego una siesta en el campo. ¡Qué rica!

Pedro : Bueno, no pude dormir, pero descansé bajo un árbol, Y finalmente, fuimos al ❽Parque de Atracciones.

Tomás : ¿ Has **❾**<u>subido a la montaña rusa</u>?

Pedro : Sí, ¡ qué terrible!

finalmente, llegué a casa muy cansado.

❿<u>Menos mal que</u> el lunes es fiesta.

❶ el fin de semana 주말

❷ tener ganas de ~할 의욕이 있다

❸ dar un paseo por ~로 산보하다

❹ el Retiro 마드리드 중심지에 있는 공원

❺ al aire libre 야외에서

❻ la Casa de Campo 마드리드 외각에 있는 대공원

❼ bocadillo 샌드위치류의 간단한 음식

❽ el Parque de Atracciones 놀이 기구가 있는 공원

❾ subir a la montaña rusa 공중열차를 타다

❿ menos mal que ~해서 다행이다

3.

Cuando yo era pequeño, vivía en un pueblo del norte. Era un pueblo muy bonito, rodeado de montañas, cerca pasaba un río. Era una vida muy tranquila.

En invierno iba **❶**<u>todos los días</u> a la escuela. **❷**<u>Los domingos</u> quedaba con unos amigos para ir a dar un paseo. En verano, nos bañábamos y pescábamos en el río. Por la trade había baile en la plaza del pueblo.

Ahora queda poca gente, los jóvenes **❸**<u>se marcharon a</u> la ciudad a trabajar.

En verano, algunos vuelven para disfrutar de la vida tranquila del campo y del paisaje.

Un domingo yo decidí ir a pescar. Preparé todas las cosas necesarias y **❺**<u>fui al río que había cerca del pueblo</u>. Pero yo tenía **❻**<u>tan mala suerte que</u> en toda la mañana no pesqué ni un solo pez, así pasé todo el día hasta las cinco de la tarde. De repente, un campesino vino y me dijo:

"Oiga, ¿no sabe que estación de pesca terminó ayer y que está prohibido pescar?"

"No lo sabía," contesté enfadado "ahora entiendo por qué los peces no han salido en todo el día."

❶ todos los días 매일

❷ los domingos 일요일마다

❸ marcharse a ~로 떠나다

❹ disfrutar de ~을 즐기다

❺ Fui al río que había cerca del pueblo. 나는 마을 근처에 있던 강으로 갔다.

❻ tan ~ que ~ 매우 ~하여 ~하다 (결과절)

PARTE 16 접속법 및 명령법

01. 접속법 현재(presente de subjuntivo)

스페인어에 있어서 접속법은 영어의 가정법과 유사하다. 주절의 동사가(주로 p.232 참조) (원망, 감정, 허용, 충고, 사역, 금지, 회의, 공포, 불확실성) 등의 뜻을 가지고 있을 때 종속절의 동사는 접속법 동사 변형을 취해야 한다. 이때 주절과 종속절의 주어가 서로 다른 사람 주어이어야 하고, 종속절 주어의 행위가 실현 및 완료가능성은 있으나 그것에 대한 확실성이 희박해야 한다. 또한 종속절 주어의 행위가 순전히 자기의사가 아니고 주동사 주어의 의지에 이끌려야만 한다. (p.231 도표 참고)

그러면 접속법 현재에 대하여 여러 가지를 살펴보기로 하자.
직설법은 실제적이고 객관적인 형태라면, 접속법은 긍정도 부정도 아닌 불확실성의 세계. 즉, 객관적 사실의 서술과는 거리가 먼 비현실적 혹은 상상을 표현하는 불확실의 세계라 할 수 있다.

(1) 규칙 변화

hablar		comer		vivir	
hable	hablemos	coma	comamos	viva	vivamos
hables	habléis	comas	comáis	vivas	viváis
hable	hablen	coma	coman	viva	vivan

참고
직설법 현재와 접속법 현재는 서로 반대로 변함을 알 수 있다.

(2) 불규칙 변화

① 직설법 현재 1인칭 단수가 -go로 끝나는 동사가 -ga로 변하는 경우

tener	tenga	tengas	tenga	tengamos	tengáis	tengan
poner	ponga	pongas	ponga	pongamos	pongáis	pongan
venir	venga	vengas	venga	vengamos	vengáis	vengan
salir	salga	salgas	salga	salgamos	salgáis	salgan
decir	diga	digas	diga	digamos	digáis	digan
hacer	haga	hagas	haga	hagamos	hagáis	hagan
traer	traiga	traigas	traiga	traigamos	traigáis	traigan
valer	valga	valgas	valga	valgamos	valgáis	valgan
oír	oiga	oigas	oiga	oigamos	oigáis	oigan
caer	caiga	caigas	caiga	caigamos	caigáis	caigan

② 어간 모음 변화 동사도 직설법 현재형과 마찬가지로 접속법 현재형에서도 어간모음이 변한다.

e; pensar
- piense   pensemos
- pienses   penséis
- piense   piensen

와 같은 형태로 sentar, entender, contar, volver, poder, adquirir가 있으며 pedir, sentir, morir 등도 어간이 변하나 1·2인칭 복수에서도 변한다.

③ 직설법 현재 1인칭 단수형을 기초로 하지 않는 완전불규칙동사 (6개)

estar	esté	estés	esté	estemos	estéis	estén
dar	dé	des	dé	démos	deis	dén
ir	vaya	vayas	vaya	vayamos	vayáis	vayan
ser	sea	seas	sea	seamos	seáis	sean
haber	haya	hayas	haya	hayamos	hayáis	hayan
saber	sepa	sepas	sepa	sepamos	sepáis	sepan

(3) 용법

① 명사절에서 접속법

주절의 동사가 희망, 감정, 허용, 충고, 의심, 부정에서 오는 비현실감 등을 표현하는 동사 등이고 주절의 주어와 종속절의 주어가 서로 다르고 종속절의 행위가 실현 및 완료 가능성은 있으나 그것에 대한 확실성이 희박해야 한다. 또한 종속절 주어의 행위가 자기 의사가 아니고 주동사 주어의 의지에 이끌려야 한다.

도표로 살펴보면

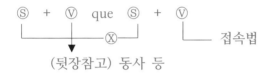

ej
- Espero que vaya Ud. a la escuela.
  나는 당신이 학교에 가기를 원한다.
- Te digo que tengas cuidado.
  나는 네가 조심하도록 말한다.
- El médico no me permite que coma huevos.
  의사는 내가 계란을 먹는 것을 허락하지 않는다.
- Mis pdres dudan que yo estudie bastante.
  부모님들은 내가 충분히 공부하는지 의심한다.
- Tememos que esos niños rompan algo.
  그 아이들이 뭔가 깨지 않을까 걱정입니다.
- No creo que digan la verdad.
  나는 그들이 사실을 말한다고 생각하지 않는다.
- Quiero comprar unos pendientes que no cuesten mucho.
  비싸지 않은 귀걸이(가 있으면)를 사고 싶다.
- ¿Cree usted que yo esté equivocado?
  내가 잘못되어 있다고 생각하십니까?

참고

종속절에서 접속법 동사를 유도하는 주절의 동사들

desear (원하다)	querer (원하다)	esperar (기대하다)
pedir (요구하다)	exigir (촉구하다)	aconsejar (충고하다)
mandar (시키다)	hacer (시키다)	prohibar (금지하다)
sentir (유감이다)	rogar (간청하다)	ordenar (명령하다)
permitir (허락하다)	precuparse (걱정하다)	dudar (의심하다)
extrañar (이상해하다)	alegrarse de (기쁘다)	tener miedo de (두렵다)
no creer (믿지 않다)	no estar seguro de (확신하지 않다)	
estoy a favor de que, implicar, intentar (etc.)		

② 무인칭 주절 + 접속법 (Es + 형용사 + que접속법)

Es + { posible / imposible / probable / necesarìo / difícil / bueno / mejor } + que 접속법

ej
- Es posible (imposible) que yo le acompañe.
  동반할 수 있을(없을)지도 모릅니다.

- Es probable que llegue mañana.
  아마 내일 도착 하겠지요. (개연성)

- Es posible que ella vuelva a corea.
  그녀가 한국으로 돌아올 가능성이 있다.

- Es probable que se vayan.
  그들이 가버릴 듯하다.

- Es necesario que aprendamos español.
  우리가 스페인어를 배우는 것은 필요하다

- Es difícil(fácil) que venga esta noche.
  그는 오늘 저녁에 올 것 같지도 않다. (올 것 같다)

- Es bueno que sea acostumbre desde pequeño.
  어릴 때부터 익숙해 두는 것은 좋다.

- Es mejor que lo digas.
  네가 그것을 말해 주는 게 낫다.

- Es necesario que me escuches.
  내 말을 들을 필요가 있다.

③ 시간·조건·목적·양보의 부사절 (주동사 + 접속사 + 종속동사)

시 간	cuando, depués de que, antesde que, hasta que, tan pronto como, en cuanto, siempre que, etc.
조 건	con tal que, en caso de que, a menos que, a no ser que, con sólo que, etc.
목 적	para que, a fin de que, de modo que, a que, de manera que, etc.
양 보	aunque, a pesar de que, ojalá, quizá, (por muy/más 형용사·부사 que), por mucho 명사 que, etc.

- Saldré de casa antes de que entre mi papá.
  나는 아버지가 들어오시기 전에 집에서 나가겠다.

- Voy a salir de compras depués de que mis hijos vayan al colegio.
  나는 나의 아이들이 학교에 간 후에 쇼핑 나가겠다.

- Cuando tenga dinero, pintaré la casa.
  돈이 있을 때 집을 칠하겠다.

- antes de que~ : (~하기 전에)

  Antes de que me olvide escribiré a mì padre.

  잊기 전에 아버지에게 편지를 하겠다.

- con tal que~ : (~하는 것 이라면)

  Te lo dejaré con tal que me lo devuelvas pronto.

  즉시 돌려주는 것이라면 빌려 주겠다.

- en caso de que~ : (~하는 경우에는)

  En caso de que puedas venir, llama por teléfono.

  네가 올 수 없는 경우에는 전화를 해다오.

- con sólo que~ : (단지 ~만 하면)

  Con sólo que estudies un par de horas cada día puedes prepararte

  bien para examen.

  너는 매일 두 시간 정도만 공부하면 시험 준비를 잘할 수 있다.

- a menos que~ : (~이 아니라면)

  No vengas, a menos que vengas a ayudar.

  도와주려고 오는 것이 아니라면 오지 마라.

- para que~ : (~하도록)

  Abra la ventana para que entre el aire fresco.

  신선한 공기가 들어오도록 창문을 여십시오.

- a fin de que~ : (~하도록)

  A fin de que pudiera volver le mandé dinero.

  그가 돌아올 수 있도록 나는 돈을 보내줬다.

- de modo que~ : (~하도록)

  Han hecho paredes de ladrillo de modo que duren mucho tiempo.

  오랫동안 견디도록 벽돌로 벽을 지었다.

- aunque~ : (~일지라도)

  Aunque no me ames, no te olvidaré.

  비록 네가 나를 사랑하지 않을지라도, 너를 잊지 않을 거야.

- a pesar de que~ : (~임에도 불구하고)

  A pesar de que llueva, seguiré el viaje.

  비가 옴에도 불구하고, 나는 여행을 계속 하겠다.

02. 접속법 불완료 과거(Pretérito imperfecto de subjuntivo)

접속법 불완료 과거에는 -ra형과, -se형이 있는데 지역에 따라 약간의 차이가 있지만 일반적으로 -ra형이 많이 쓰인다. 접속법 불완료 과거 또한 그 이치를 터득한다면 쉽게 기억할 수 있다.

직설법 부정과거 복수 3인칭 <u>-aron, -ieron</u>에서 ron을 빼고 각각 접속법 불완료 과거 <u>어미변화</u>. 즉

$$
\left[
\begin{array}{ll}
\underline{-ra}(-se) & -ramos(-semos) \\
\underline{-ras}(-ses) & -rais(-seis) \\
\underline{-ra}(-se) & -ran(-sen)
\end{array}
\right]
$$ 을 붙이기만 하면 된다.

규칙동사나 불규칙 동사나 이 법칙에 예외가 없다.

(1) 형태

hablar		comer		vivir	
hablara	hablaramos	comiera	comieramos	viviera	vivieramos
hablaras	hablarais	comieras	comierais	vivieras	vivierais
hablara	hablaran	comiera	comieran	viviera	vivieran

- salrir → salieron → sali
$$
\left[
\begin{array}{ll}
era & eramos \\
eras & erais \\
era & eran
\end{array}
\right]
$$

- dar → dieron → die
$$
\left[
\begin{array}{ll}
ra & ramos \\
ras & rais \\
ra & ran
\end{array}
\right]
$$

위와 같은 형태로

tener	→	tuvieron	→	tuviera…
poder	→	pudieron	→	pudiera…
saber	→	supieron	→	supiera…
hacer	→	hicieron	→	hiciera…
poner	→	pusieron	→	pusiera…
decir	→	dijeron	→	dijera…
querer	→	quisieron	→	qusiera…
se(ir)	→	fueron	→	fuera…
reír	→	rieron	→	riera…
dormir	→	durmieron	→	durmiera… etc.

(2) 용법

① 접속법 현재의 용법과 같으며 주문의 동사가 <u>과거(부정과거나 불완료과거)</u>이거나 <u>가능법(직설법 조건)</u> 미래이면 종속문의 동사는 <u>접속법 불완료과거</u>를 취한다.

ej
- Le dije que estudiara mucho
  나는 그에게 열심히 공부하라고 말했다.
- Era imposible que llegara aquí pronto.
  그가 여기 일찍 도착하는 것은 불가능했었다.
- Los aconsejé que trabajaran mucho.
  나는 그들에게 열심히 일하라고 충고했다.

② 미래나 현재에 있어서 실현 불가능한 것을 <u>간절히 소망할 때</u> 접속법 불완료 과거를 사용한다.

ej
- Yo quisiera ganar la beca.
  장학금을 타고 싶구나.

③ 현재 사실에 반대되는 가정문에서 사용된다.

ej Si + 접속법 불완료과거, 가능법 불완료형

- Si yo tuviera mucho dinero, yo te compraría un abrigo.
  만약에 내가 돈을 많이 가지고 있다면, 이 외투를 너에게 사줄 텐데.
- Si tuviera tiempo ahora, iría a tu casa.
  지금 시간이 있다면, 너의 집에 갈 텐데.

④ como si (마치 ~인 것처럼)

ej - Bésame mucho como si fuera esta noche la última vez.
  마치 오늘 밤이 마지막인 것처럼 나에게 진하게 키스를 해주세요.
- El compra muchas cosas como si fuera millonario.
  그는 마치 백만장자인 것처럼 많은 것을 산다.

03. 접속법 현재완료(Pretérito perfecto de subjuntivo)

(1) 형태

haber의 접속법 현재 + 과거분사

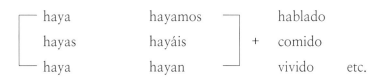

haya	hayamos		hablado	
hayas	hayáis	+	comido	
haya	hayan		vivido	etc.

(2) 용법

① 접속법 현재완료는 직설법 현재완료에 해당하는 것으로 종속문 주어의 행위가 과거에 이루어졌다는 것을 현재시점에서 부정, 회의, 불확실, 유감 등을 표현할 때 쓰인다.

ej · María niega que lo hayan terminado.
마리아는 그들이 그것을 끝냈다는 것을 믿을 수 없다.

② 종속문의 행위가 실제로 완료된 행위이더라도 주동사의 감정이나 반응을 나타낼 때 종속절은 접속법을 사용한다.

ej · Me alegro mucho de que tu hayas vuelto a tiempo.
네가 제시간에 돌아와서 나는 무척 기쁘다.
· Es una lástima que él no haya estudiado mucho.
그가 열심히 공부하지 않는 것은 유감이다.

04. 접속법 과거완료(Pretérito pluscuamperfecto de subjuntivo)

(1) 형태

haber의 접속법 불완료 과거 + 과거분사

hubiera	huberamos		hablado
hubieras	hubierais	+	comido
hubiera	hubieran		vivido

(2) 용법

① 직설법 과거완료에 해당하는 것으로 주문 주어의 행위보다 종속문 주어의 행위가 먼저 완료됐다는 것을 표현할 때 쓰인다.

ej ・ No creí que él hubiera ganado mucho dinero.

나는 그가 많은 돈을 벌었다는 것을 믿지 않았다.

② 과거 사실에 반대되는 가정문에 쓰이며,

조건 접속사 Si와 함께 Si + 접속법 과거완료, 가능법 완료

                             조건문   귀결문

ej ・ Si yo hubiera tenido mucho dinero ayer, se lo habría prestado a mi amiga.

만약 내가 어제 돈을 많이 갖고 있었더라면, 나의 여자 친구에게 빌려주었을 텐데.

05. 명령법

(1) 긍정 명령

1인칭 단수는 명령이 없으며 2인칭 단수명령은 직설법 3인칭 단수를 쓴다.
2인칭 복수명령은 동사의 원형의 어미 'r'을 'd'로 바꾸어 쓰며 불규칙이 없다.
1인칭 복수와 3인칭 단·복수는 접속법 동사를 쓴다.

■ 활용의 예

수 인칭	hablar(말하다)	
	단수	복수
1인칭	×	hablemos(접속법 1인칭 복수)
2인칭	habla(현재 3인칭 단수)	hablad -d
3인칭	hable(접속법 3인칭 단수)	hablen(접속법 3인칭 복수)

comer(먹다)		
수 인칭	단수	복수
1인칭	×	comamos(접속법 1인칭 복수)
2인칭	come(현재 3인칭 단수)	comed -d
3인칭	coma(접속법 3인칭 단수)	coman(접속법 3인칭 복수)

abrir(열다)		
수 인칭	단수	복수
1인칭	×	abramos(접속법 1인칭 복수)
2인칭	abre(현재 3인칭 단수)	abrid -d
3인칭	abra(접속법 3인칭 단수)	abran(접속법 3인칭 복수)

ej • Lee (tú) cn voz alta. 큰 소리로 읽어라.

• Hable (Ud.) en español. 스페인어로 말하십시오.

• Tomemos café. 커피를 마십시다.

• Abrid (vosotros) temprano. 문을 일찍 열어라.

• Coman (Uds.) despacio. 천천히 드십시오.

(2) 부정명령

부정명령이 되면 모든 동사가 접속법 현재로 바뀌며, 그 앞에 부정부사 no를 둔다.

• Abre tú ahora la tienda. 가게를 지금 열어라.

⇨ No abras ahora la tienda. 가게를 지금 열지 마라.

• Lea Ud. el periódico de hoy. 오늘 신문을 읽으십시오.

⇨ No lea el periódico de hoy. 오늘 신문을 읽지 마십시오.

• Vivamos en Seúl. 서울에서 삽시다.

⇨ No vivamos en Seúl. 서울에서 살지 맙시다.

- Hablad en japonés.　　　　　　　　　일본어를 말하시오.
  ⇨ No habléis en japonés　　　　　일본어로 말하지 마시오.
- Escriban Uds. las cartas.　　　　　편지를 쓰십시오.
  ⇨ No escriban Uds. las cartas.　　편지를 쓰지 마십시오.

(3) 불규칙 명령

① 어간 모음이 변하는 (e-ie, o-ue, e-i)동사는 직설법 현재 활용에 준한다.

	단수 1인칭	2인칭	3인칭	복수 1인칭	2인칭	3인칭
pensar	×	piensa	piense	pensemos	pensad	piensen
volver	×	vueve	vuelva	volvamos	volved	vuelvan
pedir	×	pide	pida	pidamos	pedid	pidan

- Pensemos en el futuro.　　　　　미래를 생각합시다.
- No cerréis la ventana.　　　　　창문을 닫지 마시오.
- Toque el piano.　　　　　　　　피아노를 연주하십시오.
- Vuelvan Uds. hasta mañana.　　내일까지 돌아오십시오.

② 2인칭 단수 명령만이 불규칙인 동사

tener	‑	ten	salr ‑ sal
decir	‑	di	venir ‑ ven
poner	‑	pon	hacer ‑ haz
ser	‑	sé	ir ‑ ve

※ ir동사의 1인칭 복수명령은 vayamos를 쓰지 않고, vamos나 vámonos를 쓴다.

- Ten cuidado.　　　　　조심하거라.
- No tenga miedo.　　　겁먹지 마라.
- Sal de aquí.　　　　　여기서 나가라.
- No salgas de casa.　　집에서 나가지 마라.

- Di la verdad.

  진실을 말해 봐라.

- No digas la mentira.

  거짓말 하지마라.

- No seas malo.

  나쁜짓 하지마라.

- Tenga la bondad de vistarme.

  저를 방문해 주십시오.

- Hágame el favor de enseñar el español.

  에스파냐어를 제게 가르쳐 주십시오.

③ 긍정명령형에 목적대명사가 오면 한 단어처럼 붙여 쓴다.

그러나, 부정명령형에서는 목적대명사가 동사 앞에 놓인다.

ej · Dímelo tú.

　내게 그것을 말해다오.

　⇨ No me lo digas.

　내게 그것을 말하지 마라.

· Dámela vosotros.

　그것을 내게 주시오.

　⇨ No me la des.

　내게 그것을 주지 마시오.

· Traíganmelos Uds.

　그것들은 저에게 가져오십시오.

　⇨ No me los trigan.

　그것들은 저에게 가져오지 마십시오.

· Cómprasela a él.

　그것을 그에게 사주어라.

　⇨ No se la compres.

　그것을 그에게 사주지 마라.

이 때, 본래의 강세 위치에 강세 표시(´)를 하여 강세 위치가 변하지 않도록 해야 한다.

④ 재귀동사의 명령

재귀대명사의 위치는 긍정명령일 경우는 동사 뒤에 한 단어처럼 붙고, 부정명령이면 동사 앞에 온다. 또, 1인칭 복수에서는 동사의 어미 's'를, 2인칭 복수에서는 어미'd'를 탈락시키고, 재귀대명사를 붙인다.

긍정명령형에서는 본래의 위치에 강세부호를(´)를 붙인다.

ej No te preocupes.

　걱정하지 마라.

No se preocupen.

　걱정하지 마십시오.

Vámonos ahora mismo.

　지금 곧 갑시다.

No nos vayamos ahora.   지금 가지 맙시다.
 • Levántate temprano.   일찍 일어나거라.
   ⇨ No te levantes tarde.   늦게 일어나지 마라.
 • Poneos los guantes.   장갑을 끼시오.
   ⇨ No os pongáis los guantes.   장갑을 끼지 마시오.
 • Siéntense aquí Uds.   여기 앉으십시오.
   ⇨ No se sinten aquí.   여기 앉지 마십시오.

06. 기본 독해 연습

1.

Miguel   : ¡Hoal! ¿Ya estáis aquí? No os esperaba tan pronto En vuestra carta decíais que ❶llegaríais ❷a finales de mes.

Antonio : Sí. Pero hemos adelantado el viaje. ❸Así que aquí nos tienes.

José   : Veo que te has instalado muy bien.
           ¿Cómo ❹te encuentras por estas tierras?

Miguel   : Me ha adaptado facilmente. ❺Ojalá pueda quedarme aquí mucho tiempo!

Antonio : Tienes una casa muy bonita ¿Es tuya?

Miguel   : No. La he alquilado. Podéis quedaros aquí todo el tiempo que queráis.
           Esa habitación es doble ❻Acomodaos en ella ❼Espero que os encontréis a gusto. Podéis usar la cocina, la nevera, el tocadiscos, mis libros··· Todo está a vuestra disposición

José   : Muchas gracias. Eres un gran amigo.

Miguel   : A propósito, ¿comó están nuesros amigos de Madrid?

Antonio : A todos les va muy bien. Te envían muchos recuerdos.

José   : Te hemos traído algunos regalos para que ❽no te olvides de la capital.
           Esperamos que te gusten.

Antonio　：　Y tu amiga Luisa te envía un bolígrafo ❾para que le escribas.
　　　　　　　Todos esperan noticias tuyas.

Miguel　：　Me gustaría escribirles a todos, pero soy muy perezoso.
　　　　　　　Cualquier día iré a verlos.

Miguel　：　¿Cuánto tiempo os quedaréis?

José　：　No lo sabemos. ❿Quizás nos quedemos un par de semanas o más.
　　　　　　　No tenemos prisa. ⓫Depende de cómo nos encontremos.

❶ 가능법 미래 (과거에서 본 미래의 표현)

❷ 하순에

❸ 이런식으로 네가 우리를 여기서 맞이하는구나.

❹ encontrarse (=estar)

❺ 대부분 접속법 동사와 함께 '제발~하도록'강한 소망

❻ 재귀동사 명령 → 2인칭 복수에서는 어미 'd'를 탈락시키고 재귀대명사를 붙인다.

❼ 접속법 문장

❽ 부정명령

❾ para que + 접속법

❿ 아마도 (Quizás +접속법)

⓫ ~에 달려있다, 좌우되다

2.

Antonio　：　Hay un tal Alberto a la puerta. Pregunta por ti.

Miguel　：　Es mi amigo. ❶Dile que pase.

Alberto　：　¡Hola! ❷Hace días que no te veo. No sabía que tenías visita.

Miguel　：　Son unos amigos que han venido a pasar aquí las vacaciones.

Antonio y　：　Bueno, nosotros os dejamos. Vamos a nadar un rato. Hasta luego.
josé

Alberto　：　Tu apartamento está muy cambiado. Antes siempre lo tenías
　　　　　　　ordenado.

Miguel : Desde que han llegado ellos, todo es diferente. Les dije que se quedaran para siempre. Me vuelven loco. Me Molestan continuamente. Si yo leo, ellos ponen el tocadiscos. Si yo escucho Música, ellos ❸se ponen a leer o se acuestan y no quieren ruido. Son muy desordenados. Dejan los vasos sucios, tiran todo por el suelo. Me gustaría que se fueran hoy mismo.

Alberto : ¿Por qué no les dices que se vayan?

Miguel : Éramas muy buenos amigos y yo mismo los invité. Si ahora les ❹ pidiera que se fueran, es enfadarían. Pensarían que soy un hipó crita. No puedo echarlos.

Alberto : Creo que están abusando de tu hospitalidad. ❺Si Yo estuviera en tu lugar, les diría que se fueran a un hotel.

Miguel : ❻Quisiera echarlos, Pero no puedo. Conocen a todos mis amigos. ¿Te imaginas lo que les dirían?

❶ 명령형(2인칭 단수)

❷ Hace 시간 que~ : ~한지가 얼마가 되다

❸ ponerse a ing : ~하기 시작하다

❹ 실현 불가능한 것을 간절히 소망할 때 (접속법 불완료 과거)

❺ Si + 접속법 불완료 과거, 가능법 불완료형 → 현재 사실 반대되는 가정문

❻ 간절한 소망

1. 다음 중 빈 칸에 들어가야 할 목적 대명사들이 알맞게 짝지어진 것은?

   A: ¿A quién busca Ud.?

   B: Busco a María pero no (   ) veo.

   Quiero (   ) este dinero porque ella quiere comprar unos libros muy interesantes.

   ① la – darla   ② le – darle   ③ le – darla   ④ la – darle

2. 밑줄 친 곳에 알맞은 말을 고르시오.

   _____ más le oigo, más duele la cabeza.

   ① Cuándo   ② Cuánto   ③ Como   ④ Según

3. 밑줄 친 부분에 들어갈 알맞은 것을 고르시오.

   Mi padre me dijo que él _____ a la universidad de madrid el año próximo.

   ① visitará   ② visitara   ③ visitaría   ④ haya visitado

4. 밑줄 친 부분과 동일한 의미로 바꾸어 쓸 수 있는 것은?

   Para ocupar este puesto de trabajo es requisito imprescindible ser español.

   ① aconsejable   ② innecesario   ③ indispensable   ④ sorprendente

5. 밑줄 친 곳에 가장 알맞은 말을 고르시오.

   Hoy día la contaminación del aire es un problema grave no sólo en Corea, ____ también en todas las partes del mundo.

   ① que   ② sino   ③ ni   ④ sin

6. 강조된 표현과 바꾸어 쓸 수 있는 말을 고르시오.

   A : No se lo digas tú. Prefiero hacerlo yo.

   B : Bueno, si te empeñas…

   ① quieres   ② te interesa   ③ insistes   ④ no te importa

7. 빈 칸에 들어갈 말로 알맞은 것을 고르시오.

A: No le habrás dicho nada a Selena de nuestro secreto, ¿Eh? ¿Te ha preguntado algo?

B: No, pero aunque me lo _____no le habría dicho nada.

① hubiera preguntado　　　　　② habría preguntado

③ haya preguntado　　　　　　④ había preguntado

8. 아래 문장에서 자연스러운 대화를 이룰 수 있는 가장 적절한 답을 고르시오.

A : ¿En esta ventanilla se hace el trámite?

B : Sí, dame tus papeles.

A : Un momento, ya los busco.

B : _____

① Cuentas con muchos testigos.

② Apúrate, ¿los tienes contigo o no?

③ ¿Por qué me entregas estos papeles?

④ Por supuesto que te doy papeles.

9. 밑줄 친 부분에 들어갈 알맞은 것을 고르시오.

_____ el pasaporte a Elena.

① Dala　　　　② Dela　　　　③ Dale　　　　④ Dalo

10. 밑줄 친 부분에 들어갈 알맞은 것을 고르시오.

_____ la película es principio.

① Lo mejor de　　　　　　　② El mejor de

③ El mejor que　　　　　　　④ La mejor de

11. 다음 빈 칸에 가장 알맞은 말을 고르시오.

No dejes _____ estudiar el español.

① de　　　　② a　　　　③ por　　　　④ en

12. 밑줄 친 부분에 들어갈 말로 알맞은 것은?

Para saber si nieva o no, preguntamos en general: ¿ _____?

① qué va a hacer ② qué tiempo hace

③ cuántos años tiene ④ cuánto tiempo lleva

13. 다음 괄호 안의 동사를 활용시킨 것 중 옳은 것은?

Te ruego que (pagar) la cuenta.

① pages ② pagas ③ pagaste ④ pagues

14. 강조된 표현과 바꾸어 쓸 수 있는 말을 고르시오.

- ¿Qué tal en la boda de Felipe y Ana?
- ¡Genial! **Nos pusimos las botas.**

① Nos divertimos mucho.

② Comimos mucho.

③ Bailamos todo el tiempo.

④ Eramos los más elegantes.

15. 빈 칸에 들어갈 말로 알맞은 것을 고르시오.

- ¡Otra vez llegamos tarde al cine!
- Cuando lleguemos ya _____ la película. Siempre nos pasa lo mismo.

① habría empezado ② empezará

③ habrá empezado ④ empezaría

16. 빈 칸에 들어갈 말로 알맞은 것을 고르시오.

- ¿ _____ comentaste a tus compañeras la nueva propuesta?
- Están totalmente de acuerdo.

① Le ② Les ③ Se ④ Las

17. 다음 문장을 우리말로 바르게 옮긴 것을 고르시오.

Podré traducir este cuento en una semana a menos que encuentre muchas palabras difíciles.

① 어려운 단어들이 많지 않다면 나는 이 소설을 일주일 내에 다 번역할 수 있다.

② 어려운 단어들이 많지 않아서 나는 이 소설을 일주일 내에 다 번역할 수 있다.

③ 어려운 품목들이 많지 않다면 나는 이 계산서를 일주일 내에 다 번역할 수 있다.

④ 어려운 품목들이 많지 않아서 나는 이 계산서를 일주일 내에 다 번역할 수 있다.

18. 다음 글이 다루고 있는 내용은?

A: ¿Qué le pasó ayer, profesor?

B: Estaba muy _____ porque uno de mis alumnos llegó tarde a la clase por tercera vez en esta semana.

① enojado   ② abierto   ③ encantado   ④ contentísimo

19. 다음 괄호 안의 동사를 활용시킨 것 중 옳은 것은?

Mi papá me ordena que (ir) a la escuela en seguida.

① voy   ② iba   ③ fui   ④ vaya

20. 밑줄 친 곳에 가장 알맞은 말을 고르시오.

Cuando llegué al aeropuerto, el avión ya _____.

① ha salido   ② había salido   ③ está saliendo   ④ habrá salido

21. 다음 문장을 스페인어로 바르게 옮긴 것을 고르시오.

그는 나에게 다시 전화하겠다고 약속했다.

① Él me prometía que me llame por teléfono de nuevo.

② Él me prometía que me llamó por teléfono de nuevo.

③ Él me prometió que me llamará por teléfono de nuevo.

④ Él me prometió que me llamaría por teléfono de nuevo.

22. 다음 글을 읽고 로마군이 이베리아 반도에 들어오게 된 이유를 고르면?

> Los soldados romanos llegan a la Península Ibérica en el año 218 a. de C. para enfrentarse con las tropas de Aníbal. Como los romanos ganan la guerra, la Península se convierte en su colonia y el latín se extiende como lengua oficial. De ésta se derivan tres lenguas : español, portugués y catalán. Pero en la Península Ibérica hay otra lengua, el vasco, que se habla en el nordeste de España. A diferencia de las tres primeras, su origen no se conoce.

① Para hacer la guerra con las tropas de Aníbal

② Para expulsar a los vascos de la Península

③ Para extender su lengua, el latín

④ Para colonizar a los vascos

23. 빈 칸에 들어갈 말로 알맞은 것을 고르시오.

- ¿Me llamarás pronto?
- Sí, no te preocupes, _____ llegue a casa.

① después de   ② en cuanto   ③ al   ④ desde

24. 빈 칸에 들어갈 말로 알맞은 것을 고르시오.

- Se me ha vuelto a estropear el ordenador.
- Eres un desastre, no te habría ocurrido esto si _____ un antivirus.

① hubieras instalado   ② hayas instalado

③ habrías instalado   ④ has instalado

25. 빈 칸에 들어갈 말로 알맞은 것을 고르시오.

- Yo creo que tú sabes algo y no me lo quieres decir.
- De verdad que no. Si lo _____, te lo diría.

① sabría   ② supiera   ③ sepa   ④ sé

26. (　　　)안에 적당한 것을 고르시오.

(　　　) alumnas hablan español bien, pero (　　　) cantan muy bien.

① Aquéllas - éstas　　　　　　② Estes - ésas

③ Estas - aquéllas　　　　　　④ Éstas - aquéllos

27. Tengo dolor de cabeza. 와 같은 의미의 문장은?

① Me duelo la cabeza.

② Me duele la cabeza.

③ Me duelen la cabeza.

④ Me dolor de cabeza.

28. 다음 빈 칸에 가장 알맞은 말을 고르시오.

Sueño _____ mi novia todas las noches.

① con　　　　② a　　　　③ en　　　　④ de

29. 다음 (　　　) 안에 공통적으로 들어갈 말은?

Paso (　　　) paso se hizo una posición.
Poco (　　　) poco aprenderá usted a hablar español.
Cara (　　　) cara ambos murmuran.

① a　　　　② por　　　　③ con　　　　④ en

30. 다음 괄호 안의 동사를 활용시킨 것 중 옳은 것은?

Mi profesor le aconseja que (estudiar) mucho.

① estudia　　② estudie　　③ estudiará　　④ estudió

31. 빈 칸에 들어갈 말로 알맞은 것을 고르시오.

- ¿Y qué hiciste cuando se acabó la gasolina?
- Pues, _____ no tenía el móvil, tuve que andar hasta la gasolinera más próxima.

① como　　② porque　　③ de modo que　　④ a causa de

32. 빈 칸에 들어갈 말로 알맞은 것을 고르시오.

  - ¿Tengo que llevar algo para la fiesta de esta noche?
  - Con que _____ unos refrescos es suciente.

  ① traerías   ② traes   ③ traigas   ④ trajeras

33. 빈 칸에 들어갈 말로 알맞은 것을 고르시오.

  - No _____ la puerta a nadie hasta que yo llegue.
  - Vale, papá, no te preocupes.

  ① abrirías   ② abriste   ③ abres   ④ abras

34. 다음 괄호 안의 동사를 활용시킨 것 중 옳은 것은?

  Dudo que él (ser) coreano.

  ① era   ② es   ③ sea   ④ será

35. 대화의 내용으로 보아 어른 1인당 입장료는?

  A: Quiero tres entradas para el teatro. Vengo con mis dos hijos.
  B: ¿Cuántos años tienen? Los niños de menos de 10 años no pagan. Y los niños de 10 a 15 sólo pagan el 50%.
  A: Uno tiene 9 años y el otyo, 13 años.
  B: Muy bien. Entonces, son 6 euros.

  ① 2 euros   ② 3 euros
  ③ 4 euros   ④ 5 euros

36. 다음 밑줄 친 곳에 들어갈 알맞은 답을 고르시오.

  ¡PRECAUCIÓN!

  ANIMALES PELIGROSOS EN LIBERTAD.
  CIERRE LAS VENTANILLAS DE SU COCHE. NO DÉ DE
  COMER A LOS ANIMALES. VIGILE A LOS NIÑOS.

  SE RECOMIENDA IR A POCA VELOCIDAD

Usted puede leer este aviso en _____ .

① una autopista 　　　　　　　② un zoo

③ una tienda de animales 　　　④ un parque natural

37. 빈 칸에 들어갈 말로 알맞은 것을 고르시오.

　　－ ¿Qué le digo a la secretaria?

　　－ _____ quieras.

① Lo cual 　　② El que 　　③ Que 　　④ Lo que

38. 빈 칸에 들어갈 말로 알맞은 것을 고르시오.

　　－ ¿Qué te pasa? Tienes mala cara.

　　－ Estoy preocupado _____ lo del trabajo.

① a 　　　　② por 　　　　③ de 　　　　④ en

39. 다음 (　　)에 들어갈 가장 알맞은 것을 고르시오.

Margarita estudia con las muchachas (　　) conocí el año pasado.

① a quienes 　② quien 　③ quienes 　④ a que

40. 강조된 표현과 바꾸어 쓸 수 있는 말을 고르시오.

> － No sé si hacer el curso de inglés que me han ofrecido en la empresa.
> － La decisión es tuya; pero me han dicho que **merece la pena.**

① es muy importante

② se necesita un buen nivel

③ es para principiantes

④ es un buen curso

41. 빈 칸에 들어갈 알맞은 것은?

Pasen ustedes al bar. No esperen ustedes (　　　　).

① de pie 　　② a pie 　　③ sobre pie 　　④ con pie

42. 다음 괄호 안의 동사를 활용시킨 것 중 옳은 것은?

Temo que su salud (estar) peor.

① está   ② estaba   ③ estará   ④ esté

43. 빈 칸에 들어갈 말로 알맞은 것을 고르시오.

- ¿Vas mucho al cine?
- Sí, _____ estrenan una nueva película.

① cada vez que   ② ya que

③ mientras   ④ aunque

44~45. 다음 대화를 읽고 아래 질문에 적절한 답을 고르시오.

H: ¿Qué te pasó?
M: Me chocó por atrás un camión.
H: ¿Y cómo sucedió?
M: Tuve que frenar de repente porque se me cruzó un animal por delante.
H: ¿Qué han dicho los del seguro?
M: Que es culpa del camión, que debía haber guardado la distancia de seguridad.

44. ¿De qué está hablando la mujer?

① De un accidente de esquí.

② De un accidente automovilístico.

③ De una partida de caza.

④ De una maratón.

45. ¿Qué ocurrió primero?

① Vinieron los del seguro.

② Lo chocaron por atrás.

③ Frenó de improviso.

④ Se le cruzó un animal.

46. 제시된 문장과 유사한 의미의 문장을 고르시오?

> Le faltó poco para caer.

① Cayó gravemente enfermo.

② Esto no le cae bien.

③ Por poco se cae.

④ De repente se cayó.

47. 밑줄 친 부분에 들어갈 알맞은 것을 고르시오.

> El jefe no se atrevía _____ del despacho.

① de salir   ② a salir

③ para salir   ④ por salir

48. 다음 (   ) 안에 가장 알맞은 것을 고르시오.

> No podemos lavarnos (   ) agua.

① con   ② en

③ sin   ④ para

49. 빈 칸에 들어갈 알맞은 것은?

¡Qué tonto soy! Ahora me _____ cuenta de que me he olvidado de las llaves.

① habla   ② pongo   ③ tomo   ④ doy

50. 다음 괄호 안의 동사를 알맞게 활용한 것은?

El médico me prohibe que (fumar) mucho.

① fumo   ② fumaré   ③ fumé   ④ fume

51. 빈 칸에 들어갈 말로 알맞은 것을 고르시오?

> - Yo que tú, no me _____ esa falda; te queda demasiado estrecha.
> - Y entonces, ¿qué me pongo?

① pondré   ② habré puesto

③ ponga   ④ pondría

52. 빈 칸에 들어갈 말로 알맞은 것을 고르시오.

- Mira, si vamos a esta casa rural podemos montar _____ caballo.

- Ya, pero yo no sé montar.

① con   ② a   ③ por   ④ de

53. 빈 칸에 들어갈 말로 알맞은 것을 고르시오.

- ¿Hablaste con Francisco?

- No, antes de que pudiera hablar con él ya _____.

① se había ido   ② se habría ido

③ se iría   ④ se iba

54. 다음 (   )에 들어갈 가장 알맞은 것을 고르시오.

El señor kim y sus hijas (   ) salen a España hoy, me visitaron ayer.

① quien   ② el que   ③ quienes   ④ a quienes

55. 다음 빈 칸에 가장 알맞은 말을 고르시오.

Hemos estado paseando _____ la ciudad más de cinco horas.

① para   ② a   ③ hacia   ④ por

56. 문장의 뜻이 동일하게 알맞은 말을 넣으면?

Hacia las cinco empezó a llover y decidimos regresar a casa.

= Hacia las cinco _____ y decidimos regresar a casa.

① se marcho   ② se tomo a llover

③ se puso a llover   ④ dejo de llover

57. 다음 괄호 안의 동사를 알맞게 활용한 것은?

El profesor les permite a los alumnos que (salir) de la clase.

① salen   ② saldrán   ③ salgan   ④ salían

58. 빈 칸에 들어갈 말로 알맞은 것을 고르시오.

  – ¿Qué tal el viaje?

  – Muy bien, como no había tráfico sólo tardamos dos horas _____ llegar.

① para   ② en   ③ a   ④ de

59. 아래 문장에서 자연스러운 대화를 이룰 수 있는 가장 적절한 답을 고르시오.

A : Me robaron la billetera en pleno centro.

B : _____

① ¡Qué orgullo!   ② ¡Qué bonito!

③ ¡Qué bruto!   ④ ¡Qué envidia!

60. 다음 빈 칸에 들어갈 알맞은 표현을 고르시오.

Lleva _____ esta carta _____ las 2 de la tarde.

① escribiendo / desde   ② escribir / desde

③ a escribir / desde hace   ④ escrita / desde

61. 다음 글을 읽고 아래 물음에 답하시오.

Si hay 250Km, desde la ciudad A a la ciudad B y 120Km, desde la ciudad A a la ciudad C ¿qué porcentaje de la distancia desde A a B es la distancia desde A a C?

① 24   ② 36   ③ 48   ④ 52

62. 다음 괄호 안의 동사를 알맞게 활용한 것은?

No estamos asguros de que ellos (llegar) a tiempo.

① llegan   ② llegen   ③ lleguen   ④ llegaron

63. 빈 칸에 들어갈 말로 알맞은 것을 고르시오.

- Fíjate _____ esto ¡ Es increíble!
- A ver, a ver…

① en   ② a   ③ por   ④ para

64. 빈 칸에 들어갈 말로 알맞은 것을 고르시오.

- Gonzalo, ahí hay una señora _____ quiere hablar contigo.
- Dile que en cinco minutos la atiendo.

① quien   ② la cual   ③ que   ④ la que

65. 밑줄 친 부분과 같은 뜻을 가진 것은?

El tren llegará <u>a eso de</u> las diez de la noche.

① hacia   ② acerca de   ③ a   ④ después de

66. 다음을 스페인어로 바르게 작문한 것은?

내가 방에 들어갔을 때 나의 어머니는 식사 중이었다.

① cuando entró en el cuarto, mi mamá comía.
② cuando entró en el cuarto, mi mamá comió.
③ cuando entré en el cuarto, mi mamá comió.
④ cuando entré en el cuarto, mi mamá comía.

67. 다음 ( )안에 가장 알맞은 것을 고르시오.

Fuimos al cine para que mi hijo ( ) la "Guerra de las Galaxias."

① vio   ② viera   ③ vería   ④ venga

68. 다음 밑줄 친 곳에 들어갈 알맞은 답을 고르시오.

¡ ATENCIÓN!

DEBIDO A PROBLEMAS TÉCNICOS, TODAS LAS PERSONAS CON VUELOS INTERNACIONALES DIRÍJANSE A LAS PUERTAS DE EMBARQUE 20, 21 Y 22.

DISCULPEN LAS MOLESTIAS

Usted puede leer este aviso en _____

① un aeropuerto.

② una estación de autobuses.

③ una estación de trenes.

④ una agencia de viajes.

69. 빈 칸에 들어갈 말로 알맞은 것을 고르시오.

 - ¿Ya te has enterado de los resultados de la encuesta?
 - Sí, ya los conocía antes de que los_____

① publicaron   ② publicaban   ③ publicaran   ④ publiquen

70. 빈 칸에 들어갈 말로 알맞은 것을 고르시오.

 - ¿Qué prefieres que hagamos esta noche? ¿Vamos al cine o al teatro?
 - _____ tú quieras, cariño.

① Lo que   ② Lo cual   ③ El cual   ④ El que

71. 빈 칸에 들어갈 말로 알맞은 것을 고르시오.

 - ¿Por qué te ha llamado Hernán?
 - Me llamó _____ fuera a recoger al niño al colegio.

① porque   ② para que   ③ para   ④ debido a que

72. 다음 대화를 읽고 아래 질문에 적절한 답을 고르시오.

> H: Hubo un terremoto en Japón.
>
> M: ¿Fue muy fuerte?
>
> H: Bastante, pero no hubo victimas ni destrozos grandes. Ya sabes que han tomado muchas medidas de prevención.

¿Por qué el terremoto no causó muchos daños en Japón?

① Porque no fue muy intenso.

② Porque los japoneses están preparados.

③ Porque no hubo víctimas ni grandes pérdidas.

④ Porque los japoneses están acostumbrados.

73. 다음 문장을 우리말로 바르게 옮긴 것을 고르시오.

Por más inteligente que sea él, no puede resolver todo.

① 그 사람은 매우 영리해서 모든 것을 해결할 수 있다.

② 그 사람은 매우 영리해서 모든 사람을 능가할 수 있다.

③ 그 사람이 아무리 영리해도 모든 것을 해결할 수는 없다.

④ 그 사람이 아무리 영리해도 모든 사람을 능가할 수는 없다.

74. 주어진 상황에서 빈 칸에 들어갈 말을 고르시오.

> Tienes que dirigirte al andén cuatro.
> Tú vas a tomar un _____

① avión   ② barco

③ tren   ④ a autobús

75. 부정 명령형으로 잘못된 것은?

① Háblame. - No me hables.

② Háblele. - No le hable.

③ Cantad vosotros. - No cantad vosotros.

④ Levántate - No te levantes

76. 빈 칸에 들어갈 말로 알맞은 것을 고르시오.

- ¡ Quién _____ ir contigo a Cancún!
- Pues si no vienes es porque no quieres.

① puede ② pudiera ③ pueda ④ podrá

77. 빈 칸에 들어갈 말로 알맞은 것을 고르시오.

- Me he encontrado una cartera con 5,000 pesos.
- Yo que tú, se la _____ a la policía.

① daré ② daría ③ diera ④ di

78. 밑줄 진 곳에 알빚은 단어를 고르시오.

El ladrón entró en una sala _____ puntillas para que nadie se diera cuenta.

① de ② a

③ para ④ por

79. 밑줄 친 부분이 가리키는 것은?

El señor Ruiz, que era un poco corto de vista, no podía leer el nombre de la calle. Entonces preguntó a un hombre que por allí pasaba. El hombre le contestó así: "Es que me pasa lo mismo que a usted. Tampoco sé leer."

① 키가 크지 않다. ② 거리 이름을 모른다.
③ 글을 읽을 줄 모른다. ④ 이 곳 출신이 아니다.

80. 아래 글을 읽고 주어진 문장을 완성하기 위한 답을 고르시오.

> Felipe: Si esta tarde haces la compra acuérdate de comprar leche. Si no vas a ir, avísame y la compro yo al salir de trabajo.
>
> Carmen.

Según esta nota:

① Felipe ha olvidado comprar leche.

② Carmen va a hacer la compra.

③ Carmen y Felipe necisitan leche.

④ Carmen ha olvidado comprar leche.

81. 빈 칸에 들어갈 말로 알맞은 것을 고르시오.

 - Mi casa está _____ cinco minutos de la plaza de la Constitución.
 - ¡Qué suerte! Yo vivo mucho más lejos del centro.

① a   ② por   ③ en   ④ entre

82. 다음 (   )안에 가장 알맞은 것을 고르시오.

El camarero no tardó (   ) traer una taza de café.

① de   ② en   ③ a   ④ por

83. 다음 글을 읽고 아래 물음에 답하시오.

> Un auto hace 15 kilómetros por litro de *bencina manejando a 50 kilómetros por hora. Si se maneja a 60 kilómetros por hora sólo *rinde un 80%.
> *bencina 벤진   *rendir (이익을) 거두다

¿Cuántos litros de bencina necesitaría para recorrer 120 kilómetros manejando a 60 kilómetros por hora?

① 6.4   ② 8

③ 9.6   ④ 10

84. 강조된 표현과 바꾸어 쓸 수 있는 말을 고르시오.

　－ Creo que Laura lo hizo a **propósito**.

　－ Yo no estoy tan seguro.

　① con interés　　② sin pensar　　③ con intención　　④ para molestar

85. 빈 칸에 들어갈 말로 알맞은 것을 고르시오.

　－ A veces te comportas como si _____ un niño.

　－ Perdóname, te prometo que no volverá a suceder.

　① eres　　　　② seas　　　　③ fueras　　　　④ serías

86. 빈 칸에 들어갈 말로 알맞은 것을 고르시오.

　－ No se atreve _____ decírselo a sus padres.

　－ ¿Por qué?

　① a　　　　　② de　　　　　③ en　　　　　④ para

87. 아래 문장에서 자연스러운 대화를 이룰 수 있는 가장 적절한 답을 고르시오.

　A : ¿Crees que fue justo el fallo?

　B : _____

　① De ninguna manera.　　　② Respeto la creencia popular.

　③ No me arrepiento de nada.　④ No recibimos ningún regalo.

88. 다음 (　)안에 가장 알맞은 것을 고르시오.

El café colombiano es uno de los (　　　) del mundo.

　① buenos　　② más buenos　　③ mejor　　④ mejores

89. 빈 칸에 들어갈 말로 알맞은 것을 고르시오.

> – En cuanto _____, dile que me llame.
> – Vale

① volverá ② vuelve

③ volviera ④ vuelva

90. 다음 밑줄 친 곳에 들어갈 알맞은 답을 고르시오.

> ALTEA, MODA JOVEN
> Carrado por reforma del 1 al 30 de septiembre. Abrimos en octubre con una nueva colección y con ideas renovadas.
>
> Te esperamos.

Según esta cartel, en octubre esta tienda _____

① igual que antes.

② permanecerá cerrada.

③ ya no venderá.

④ será diferente.

91. 빈 칸에 들어갈 말로 알맞은 것을 고르시오.

> – Yo que tú no le _____.
> – No sé por qué no.

① llamaré ② llamo

③ llamara ④ llamaría

92. 글의 내용과 일치하지 않는 것은?

> Durante la mayor parte del siglo XX Latinoamérica sufrió los patrones políticos que heredó del siglo anterior, incluyendo los del militarismo y del caudillismo. Las leyes y las instituciones políticas de estos países han sido con frecuencia menos importantes que la voluntad de sus líderes.

① 군사주의와 보스정치로 고통 받았다.

② 정치에 있어 19세기와 20세기는 연속선에 있다.

③ 법과 제도보다는 지도자의 의지가 더 크게 작용했다.

④ 20세기의 경제 상황은 과거 어느 때보다도 어려웠다.

93. 밑줄 친 단어의 유의어를 고르시오.

> Carlos es el <u>benjamín</u> de la familia.

① el menor   ② el más pequeño.

③ el superior   ④ el más grande.

94. 다음 문장 중 부정과거와 불완료과거 사용이 <u>잘못된</u> 것은?

① ¿Qué hiciste la semana pasada?

② Por lo general ella solía pasar los domingos en el campo.

③ Los lunes yo llegué a casa temprano.

④ Pedro estuvo sin salir de casa más de un mes.

95. 부정명령형으로 <u>잘못된</u> 것은?

① Dímelo. – Mo me lo digas.

② Ven tarde. – No vengas tarde.

③ Tómalo. – No lo tomes.

④ Coma tanto – No comas tanto.

96. 밑줄 친 부분과 같은 의미로 바꾸어 쓸 수 있는 것은?

> A : ¿Te gusta el cine?
>
> B : Sí, me encanta.
>
>   Voy al cine <u>siempre que</u> sale una nueva película.

① como   ② ya que   ③ proque   ④ cada vez que

97. 다음 문장을 스페인어로 가장 적절하게 옮긴 것을 고르시오.

> 어젯밤 그가 집에 도착했을 때는 몇 시였나요?

① ¿Qué hora llegó a casa anoche?

② ¿Qué hora llegó anoche la casa?

③ ¿Qué hora era cuando llegó a casa anoche?

④ ¿Cuando llegó a casa anoche, qué hora estaba?

98. 다음 문장을 우리말로 가장 적절하게 옮긴 것을 고르시오.

> Al girar en la esquina tropecé con un poste y por poco me caía.

① 모퉁이를 돌 때 기둥에 부딪쳐 넘어질 뻔했다.

② 그 기둥을 끼고 모퉁이를 돌면 나를 찾을 수 있다.

③ 모퉁이를 돌 때 기둥에 부딪치지 않도록 조심해라.

④ 그 기둥을 끼고 모퉁이를 돌 때 돌에 걸려 넘어졌다.

99. 강조된 표현과 바꾸어 쓸 수 있는 말을 고르시오.

> – ¿Has visto a Gonzalo últimamente?
> – No, pero me han dicho que está **de mudanza**.

① sin poder hablar ② cambiándose de casa

③ de viaje ④ de vacaciones

100. 빈칸에 들어갈 말로 알맞은 것을 고르시오.

> – Cariño, _____ llegues a casa, me llamas.
> – Vale, no te preocupes.

① hasta que ② en cuanto

③ mientras ④ como si

기본 독해 연습 번역 &
Ⅰ~Ⅲ 단원 종합 문제 정답

PARTE 4 Ser와 Estar의 용법

1.

Bárbara:	안녕하세요. 환, 집에 있습니까?
Madre:	그래, 침대에 있어.
Carlos:	몸이 좋지 않아요?
Madre:	그래, 아프단다.
Carlos:	헤이 환! 안녕?
Juan:	나 감기에 걸렸어, 그런데 너희들은, 잘 있었니?
Bárbara:	우리들은 아주 잘 있어. 오늘은 축제야, 그래서 수업이 없어.

2.

Antonio:	이곳이 환의 집입니까?
Bárbara:	아니야. 이곳이 아니야.
Antonio:	어디에 있습니까?
Bárbara:	pino 거리에 있어. 오른쪽으로 인접한 거리이지.
Antonio:	그 집은 어떻습니까?
Bárbara:	오래된 건물이지. 집 정면에는 정원이 있는데 조그맣지. 정원에는 한 그루의 나무가 있어. 나무는 중앙에 있고. 역시 벤치가 하나 있는데, 나무 아래에 있어. 문 위에는 발코니가 있고, 발코니에는 많은 식물들이 있어.

3.

Klaus:	저분 역시 학생입니까?
Carlos:	아니야, 학생이 아니라 교수님이야. 그리고 아가씨들은 학교에 근무하는 아가씨들이야. 저기 봐! 2명의 신입생들!
Klaus:	헤이 너희들 역시 외국 학생들이니?
John:	그래, 우리는 아메리칸이야. 나는 플로리다 출신이지.
David:	나는 캘리포니아 출신이야. 그런

	데, 너희들은 어디서 왔니?
Carlo:	나는 이탈리아 사람이야.

PARTE 5 형용사

1.

Policía:	당신들은 함께 여행하십니까?
Ana:	예, 그렇습니다.
Policía:	여러분의 여권을 볼 수 있을까요?
Ana:	제 것 여기 있습니다.
María:	이것은 제 것입니다.
Policía:	여러분은 관광객이십니까?
Ana y María:	아니요, 우리들은 학생입니다. 스페인어 과정을 이수하러 왔습니다.
Policía:	좋아요, 모든 것이 정상이군요.
Policía:	이것들이 여러분의 가방입니까?
Ana:	아니요, 이것들은 우리의 것이 아닙니다. 우리의 가방은 저것들입니다.
Policía:	신고해야할 것들이 있습니까?
María:	아니요, 단지 책들과 옷뿐입니다.
Policía:	통과하십시오. 우리나라에 행복하게 머무세요.
Ana:	저기 봐. 우리 친구들 페르난도와 루이스가 있어.
Fernando y Luis:	스페인에 온 것을 환영해. 이것 전부가 너희들 짐이니?
Ana:	그래 더 이상 아무것도 없어.
Fernando:	그렇다면 우리 승용차로 가자.

2.

–	저분 역시 학생입니까?
–	아니야, 학생이 아니라 우리의 교수님이야.
–	어디 출신이시지?
–	멕시코 출신이야. 멕시코 분이시지. 스페인어 교수님이야. 그분의 동생 역시 교수님이시지.
–	저 아가씨들, 역시 학생이십니까?
–	그래, 신입생들이야. 프랑스 아가씨들이지. 나의 반 동료들이야. 매우 명랑하지. 나

의 좋은 친구들이야.
– 당신의 반에는 많은 외국 학생들이 있습니까?
– 그래, 많지. 전 세계의 모든 곳에서 왔지. 모두들 매우 친절해.
– 당신의 친구들과 무슨 언어로 말하십니까?
– 그들은 스페인어를 좋아해. 그래서 항상 우리들은 스페인어로 말하지.

PARTE 6   수 형용사 및 시간, 요일, 날짜

1.

Viajero: 따라고나 행 다음 열차가 몇 시에 떠납니까?
Empleado: Ⅲ홈에서 11시 30분에 떠납니다.
Viajero: 몇 시에 도착합니까?
Empleado: 12시 30분에 도착합니다.
Viajero: 왕복표, 부탁합니다.
Empleado: 100 뻬세따입니다.

2.

María: 오늘은 무슨 요일입니까?
Pilar: 오늘은 화요일입니다. 내일은 수요일 모레는 금요일이지요.
María: 오늘은 며칠입니까?
Pilar: 오늘은 1999년 7월 27일입니다.
María: 몇 시죠? 나 시계 없는데.
Pilar: 3시 15분입니다. 3시 30분에 회화 수업이 있어요.
María: 그렇다면. 아직 커피마시기에 15분 정도 시간이 있군요.

3.

Antonio: 겨울에는, 산악지대와 고원지역은 춥습니다. 그러나 기온은 해변지역에서는 항상 온화합니다. 가끔, 바람이 많이 불지요. 특히 가을과 겨울에. 여름에는 일반적으로 날씨가 덥습니다. 북

쪽지역은 기후가 습하고 자주 비가 오지요.
Klaus: 당신은 무슨 계절을 좋아하지요?
Antonio: 나는 봄을 좋아하지요. 가끔 비가 오지만 자주 태양이 빛나죠. 기온은 전국적으로 매우 온화하지요.

PARTE 7   의문 부사 및 부사

1.

María: 당신은 무엇을 읽습니까?
José: 나는 신문을 읽고 있어.
María: 벽에는 뭐가 있지요?
José: 벽에는 한국 지도가 있어.
María: 탁자 위에는 뭐가 있나요?
José: 한 권의 책과 두 자루의 연필이 있어.
María: 그 책은 어디에 있습니까?
José: 그 책은 탁자 아래에 있어.
María: 고양이는 어디에 있습니까?
José: 고양이는 탁자 옆에 있어.
Luis: 하이메는 어디 있습니까?
Elena: 환 뒤에 있어.
Luis: 빠꼬는 어디에 있습니까?
Elena: 빠꼬는 환 정면에 있어.
Luis: 아나는 어디 있죠?
Elena: 아나는 환의 오른쪽에 있어.
Elena: 까르멘은 어디 있죠?
Luis: 까르멘은 환의 왼쪽에 있어.
Luis: 좋아. 다음에 봐.
Elena: 안녕. 다음에 봐.

2.

Susana: 들어와. 아무도 없을 거야. 나의 동료는 나갔음에 틀림없어. 우리 부엌으로 가보자. 너에게 마실 걸 좀 준비해 줄게. 너 뭘 좋아하지?
Tomás: 시원한 것. 맥주보다도 오렌지 주스가 좋아.
Susana: 냉장고가 텅 비어 있어. 맥주는

커녕 물 한 모금도 없어.
찬장을 보도록 하자. 빈병들뿐이야.
미안해. 이틀 만에 모든 것이 바닥이 났군. 그리고 집은 지저분해 졌어.
전혀 이해가 안 가는군. 먹을 것이리도 좀 있는가 보자. 여행 후라 배가 고프군. 너는?

Tomás: 모르겠어…… 찾든 말든……
Susana: 어떤 곳에도 먹을 게 아무것도 없군.
우리는 식당으로 가야하겠구나.
Tomás: 들어봐! 누군가 문을 열고 있다.
Susana: 이사벨이니?
Isabel: 그래. 나야. 너 벌써 왔니? 주말을 어떻게 보냈어?
Susana: 잘 보냈어. 그런데, 여기 무슨 일 있었니? 전 도시인을 다 초대했니?
Isabel: 단지 몇몇 친구들을, 그런데 걱정하지 마. 시장을 다 봐왔어.
이 바구니에 모든 것을 가지고 왔어.

PARTE 8 목적대명사

1.
vendedor: 뭘 원하십니까?
cliente: 와이셔츠를 사고 싶습니다.
vendedor: 색깔 있는 걸 원하십니까? 아니면 무색을 원하십니까?
cliente: 색깔 있는 걸 원합니다.
vendedor: 다양한 색깔의 와이셔츠를 가지고 있습니다. 푸른색, 녹색, 노란색, 검정색, 빨간색 그리고 체크무늬 등.
cliente: 좋아요. 치수 40을 나는 사용합니다.
vendedor: 어떤 것을 더 원하십니까?
cliente: 예. 넥타이를요.
vendedor: 무슨 색의 넥타이를 원하십니까?

cliente: 녹색 부탁합니다.
vendedor: 이것이 매우 좋군요.
cliente: 예. 동감입니다. 역시 지갑 하나를 사고 싶네요.
vendedor: 당신이 쓰시게요?
cliente: 아니요. 여자 친구에게 선물하려고요. 내일이 그녀의 생일이거든요.
vendedor: 이 모델이 유행 중입니다. 밤색과 검정색 지갑이 있어요.
cliente: 얼마죠?
vendedor: 500 유로입니다.
cliente: 조금 비싸군요. 그러나 매우 아름답군요. 그걸 사겠습니다.

2.
– 당신은 뭘 쓰십니까?
– 한통의 편지를 씁니다.
– 누구에게 쓰십니까?
– 한 남자 친구에게요.
– 무슨 언어로 쓰십니까?
– 영어로 씁니다.
– 당신은 영어로 잘 쓰시나요?
– 아니오, 영어로 잘 쓰지 못하지만 영어로 쓰는 것을 좋아합니다.

PARTE 9 동사

1.
Luisa: 오늘자 신문 (가지고) 있니?
Marta: 그래, 테이블 위에 있어. 무엇 때문에 그 것(신문)을 원하니?
Luisa: '관람물의 광고'을 보기 위해서, 오늘밤 우리는 한 편의 영화를 볼 수 있어.
Marta: 좋은 생각이야. 여기 있어.
Luisa: 고마워. 그러나 이건 오늘자 신문이 아니잖아. 4월22일자(신문)야. 오늘은 24일이야.
Marta: 미안해. 내가 방심했군. (정신없군) 이것이야.

Luisa: 어디보자… Apolo 영화관에서 흥미로운 영화를 상영하는군.
Marta: 몇 시에 시작하니?
Marta: 11시에, 지금은 9:30분이야.
Luisa: 시간이 많이 남았군. (영화보기) 전에 저녁식사나 할까?
Marta: 물론(좋지). 난 무척 배가 고파.

2.

– 너의 부모님은 몇 시에 돌아오시니?
– 6시에 돌아오셔. 네가 원한다면 피아노를 쳐도 돼.
– 나는 잠시 쉬는 게 좋겠어. 여행에 지쳤어.
  항상 스페인은 이렇게 날씨가 좋니?
– 이곳 역시 많은 눈이 오지. 어떤 때는 굉장히 추워.
  여름에는 날씨가 무척 덥지. 한국에서는 축구를 많이 하지. 그렇지?
– 이곳처럼 그렇지는 않지만 대중적인 운동 중 하나지.
  우리는 모든 부류의 운동을 좋아하지.
– 한국의 전통 운동은 어떤 거지?
– 태권도야. 격렬한 운동이지.
– 너와 함께 연습 할 수 있니?
– 네가 원할 때 너랑 태권도를 할 수 있지.

3.

Carlos: 빈 테이블 하나 있어요?
Camarero: 예, 모퉁이의 탁자가 비어있어요.
Carlos: 고마워요. 주문서 좀 가져다 주실래요?
Camarero: 여기 있습니다. 주문하시지요. 뭘 원하십니까?
Carlos: 첫 번째로 혼합 샐러드. 둘째로 뭘 먹을지 모르겠네요.
  뭘 나에게 권하시겠습니까?
Camarero: 파에쟈를 권하겠습니다. 특별 요리입니다.
Carlos: 좋은 생각이군요. 그렇다면 파에쟈를 주시지요.
Camarero: 후식으로는 뭘 원하십니까?
Carlos: 요즘 과일이요.

Camarero: 마실 것은요. 뭘 드시겠습니까?
Carlos: 목이 마르군요.

PARTE 10 분사

1.

Jaime: 너 마르따 보지 못했니?
Isabel: 오늘 오후에 오지 않았어. 정오에 전화가 왔는데 몸이 좋지 않다고 나에게 말하더군.
Jaime: 저런! 나에게 요구했던 소설을 가져왔는데. 그녀에게 무슨 일 있는지 너 아니?
Isabel: 토요일에 해변에 갔는데 너무 지나치게 일광욕을 했다고 하더군.

2

Felipe: 헤이 라파엘 뭐하고 있니?
Rafael: 나의 사촌에게 전화 걸었는데 통화 중이야.
Felipe: 너의 사촌들은 지금 뭐 하니?
Rafael: 뻬뻬는 마드리드 대학에서 금년에 역사와 지리를 5년째 공부하고 있어. 그리고 루이스는 다국적 회사에서 기술자로 근무 중이지. 너 그들을 기억하니?
Felipe: 물론이지. 비록 오랫동안 그들을 모지 못했지만.

3.

Pintor: 너는 나의 그림들을 봤니?
Amigo: 지난겨울 네가 그렸던 작품들을 봤지. 더 많이 그렸니?
Pintor: 그럼 지금은 훨씬 더 많지.
  작업실로 들어와 그것들을 보여줄게.
Amigo: 작업을 많이 했구나.
Pintor: 음. 갈수록 그림이 좋아.
Amigo: 전시회를 가진 적 있니?
Pintor: 작년에 마드리드에서 전시회를 했고, 몇 주 전에는 바르셀로나에서 개최했지.

Pintor: 너에게 작품 하나를 선물하겠어. 어떤 걸 고를 거야?

Amigo: 창문 옆에 있는 것.

Pintor: 내가 그렸던 최근 작품이야. 오늘 아침 그걸 마쳤어. 가져.

Amigo: 대단히 고마워. 아주 훌륭한 선물이군.
몇 년 내에 상당한 가치가 나갈 거라고 확신해.

PARTE 11 특수동사, 비교급 및 재귀동사 (대명사)

1.

Tomás: 당신은 어떤 외투가 더 좋아?

Carmen: 이것이 무척 좋군요. 그렇지만. 모르겠어요. 고르기가 힘들군요.

Tomás: 여보세요. 이 외투 얼마입니까?

Dependiente: 1,000 유로입니다. 밍크가죽으로 된 것입니다.

Tomás: 오! 조금 비싸군요.

Carmen: 그러네요. 하지만 값어치가 있어요.

Dependiente: 이것은 더 싸지만 그렇게 좋진 않아요. 여우가죽으로 된 겁니다.

Carmen: 나쁘진 않지만 그게(밍크가죽) 더 좋군요. 더 부드럽고 훨씬 더 아름다워요.

Tomás: 한 외투에 그렇게 (많은) 돈을 낭비한다는 것은 어리석은 짓 같소.

Carmen: 그러면 당신은 왜 새 차를 사기를 원하시죠?

Tomás: 그건 별개요. 그것(새 차)이 필요해요. 왜냐하면 다른 차가 낡았기 때문이죠.

Carmen: 내 외투들 역시 낡았어요. 게다가 역시 가죽으로 된 외투가 나는 필요해요.

Tomás: 왜 우리는 조금 더 싼 것을 사려고 하지 않지요?

Carmen: 인색하지 마세요. 가게에서 가장 나쁜 외투를 나에게 사주기를 원하시는 거죠?

Tomás: 항상 가장 비싼 것이 가장 좋은 것은 아니요.

Carmen: 당신을 위한 것이 아니기 때문에 그렇게 말하는 거죠.

Tomás: 좋소. 대화하기에 지쳤소. 여보세요. 그걸 포장해주세요

2.

– 마르띠네스 씨 당신은 음악을 좋아하십니까?

– 예. 무척 좋아합니다.

– 고전음악 혹은 현대음악 중 어떤 것을 더 좋아하시죠?

– 둘 다 나에게 같습니다. (둘 다 좋아합니다.) 선호하진 않아요.

– 나는 고전을 더 좋아합니다. 현대적인 것보다는 고적음악을 더 선호합니다. 나는 그것(고전)을 이해하려고 노력합니다. 그래서 시간이 한가할 때 콘서트에 갑니다. 베토벤의 5번 심포니를 들으면 말로 표현할 수 없는 감동을 합니다(느낍니다).

– 당신은 어떤 악기를 다룰 줄 아십니까?

– 예. 피아노를 연주합니다.

– 나는 현대음악을 좋아합니다. 라틴음악이 나를 유혹합니다(라틴음악이 좋습니다).

PARTE 12 전치사 및 전치격 인칭대명사

1.

페르난도와 안토니오는 서울에 막 도착한

스페인 관광객입니다. 페르난도는 이미 서울을 알고 있었습니다. 왜냐하면 1985년에 이미 한국을 방문했기 때문이죠. 그러나 안토니오는 그 생애에 처음 방문이었죠. 그래서 안토니오는 흥미로운 다른 장소들이나 서울에 관해서 그의 친구에게 질문을 할 수밖에 없었습니다.

Antonio:	페르난도. 내일 우리 어디로 갑니까?
Fernando:	먼저, 수도의 여러 곳을 방문할까 해. 왕궁들. 국립박물관, 서울올림픽공원 등. 밤에는 한국의 집에서 전통 춤의 공연을 보고자합니다.
Antonio:	우리는 국내(다른 곳)를 여행합니까?
Fernando:	그럼 물론입니다. 우리는 신라의 옛 수도인 경주로 이동합니다. (기원전 57 - 기원전 935).
Antonio:	그 도시는 어떻습니까?
Fernando:	경주는 벽이 없는 박물관이라고 당신에게 말할 수 있습니다. 왜냐하면 옛 한국의 유적들로 가득 차있습니다. 무엇보다도 불국사와 돌동굴인 석굴암은 가장 두드러집니다.
Antonio:	우리가 방문해야 할 다른 장소는 어디죠?
Fernando:	경주 근처에 위치하고 있는 몇몇 산업도시들을 방문할 가치가 있어요. 왜냐하면 한국 산업은 매우 발전되어 있거든요. 역시 제주도를 반드시 방문해야 해요. 서울에서 섬까지는 비행기로 오직 1시간이 걸려요.
Antonio:	모든 이러한 곳들을 빨리 방문하고 싶어요. 저는 무척 한국이 좋아요.

PARTE 13 관계사 및 접속사

1.

그 집 앞에서 사고가 일어났는데 이곳이 그 집이다.
- 무슨 일이 있었죠?
- 자동차 운전기사가 거리를 따라 자기 차를 천천히 운전을 하고 있었는데, 그때 서있던 한 남자가 갑자기 거리를 가로지르기로 결정했어. 운전기사는 멈추려고 노력했지만 그 남자에게 상처를 입히지 않을 수 없었어. 그러나 하나님 덕분에 심한 상처를 주지 않았어. 그러한 사건은 기사를 놀라게 했어. 그 남자는 자기 잘못을 깨달았고 자기의 길을 계속 가기를 희망했고 비록 그 남자는 자기 길을 가기를 고집했는데 그 운전기사는 가게 내버려 두지 않고 그를 의사에게 데리고 갔어.

2.

30분전에 나와 이야기했던 저 소년은 나의 아주 친한 친구입니다. 이 도시에서 매우 유명한 의사인 그의 아버지가, 방금 그에게 새로운 차를 사 주었습니다. 나 역시 그러한 선물을 받으면 좋을 텐데. 극소수의 젊은이들은 자기 자가용을 가지고 있습니다.

3.

그의 본명이 '환 브론드론' 인 마따씨에떼는 조그마한 집에 살고 있었습니다. 그 집 근처에는 왕궁이 있었습니다. 마따씨에떼에 관해 이야기를 들었던 왕은 주민들에게 해를 끼치는 호랑이를 죽이도록 그 (마따씨에떼)를 보냈습니다.
마따씨에떼가 숲에 도착했을 때, 호랑이가 그 뒤를 따라 달려 나오고 있었습니다. 그래서 마따씨에떼는 궁궐을 향해 달리기 시작했고, 문 뒤에 숨어 버렸습니다. 궁궐마당에서는 병사들이 호랑이를 죽여 버렸습니다. 그러자 마따씨에떼는 다음과 같이 외치면서 나왔습니다.
- 호랑이 어디 있죠? 내가 산채로 데리고 온 호랑이들 왜 죽였습니까?

왕의 딸은, 그녀는 매우 아름다웠는데, 다음과 같이 말했습니다.
- 환 당신은 정말 용감한 분이시군요! 당신은 나의 손을 얻었습니다. (나의 손을 잡으세요).

PARTE 14   미래

1.

Propietario:	당신들은 방을 보러 오셨습니까?
Alberto y Carlos:	예, 전에 저희들이 전화했습니다.
Propietario:	들어오십시오. 이곳이 부엌입니다. 매우 크진 않지만 필요한 모든 것이 갖춰져 있습니다. 여기서 세 분이 사실 겁니까?
Luis:	예. 그것이 우리의 의도입니다. 냉장고는 없나요?
Propietario:	예, 하나를 샀는데. 내일 그걸 가져 올 겁니다. 거실로 가보시죠. 역시 식당입니다. 하나의 소파와 2개의 흔들의자, 하나의 책장, 1개의 탁자 그리고 6개의 의자가 있습니다. 다음주에 벽들을 페인트칠하고 텔레비전을 설치할 겁니다. 이곳 침실중 하나입니다. 1개의 옷장과 1개의 흔들의자 그리고 1개의 책상이 있습니다. 침대는 매우 안락합니다. 저 발코니는 거리로 통합니다. 양탄자들은 세탁소에 있습니다. 모레 그것들을(양탄자)을 가져올 겁니다.
Alberto:	소음이 많나요?
Propietario:	아니오. 이 거리는 매우 조용합니다.
Carlos:	화장실을 볼 수 있을까요?
Propietario:	예. 복도의 끝에 있습니다. 뜨겁고 차가운 물이 나오고 욕조와 샤워기가 있습니다. 거울은 깨졌지만 다른 새로운 걸 사드리겠습니다.

2.

Teresa:	(치과)의사 선생님께서 우리를 맞이하실 수 있을까요?
Enfermera:	오늘 약속을 하셨나요?
Teresa:	아니오. 하지만 우리를 맞이하실 수 있는지요?
Enfermera:	두고 보시죠… 오늘 오전에 매우 바쁘신 걸로 믿습니다. (알고 있습니다.) 환자분은 누구시죠?
Teresa:	저분입니다. 그러나 너무 두려워서 감히 말을 하려하지 않아요.
Enfermera:	진정하세요. 손님 잠시 기다리시는 게 좋겠습니다.
Juan:	오늘 우리는 아무것도 이룰 수 없겠어.
Teresa:	그것이 당신이 좋아하는(바라는) 것이지. 안 그래?
Juan:	제발! 한 번 온 적이 있는데 다시는 오지 않을 거라고 약속했어. 나에게 많은 상처(고통)를 주었어.
Enfermera:	여러분은 운이 좋으십니다. 우리의 손님 중 한분께서 내일로 그의 방문을 미루셨어요. 대기실로 들어오시겠습니까?
Juan:	대단히 고맙습니다. 운이 있군(운이 따르는군). 사실이죠(그렇지)?
Teresa:	그래 하지만 당신은 면담(진료)을 체결하기 위해서는 사전에 전화를 했어야만 했어. 당신은 항상 최후의 순간까지 모든 것을 미뤄놓잖아. 너무 놀라서 이제 얼굴이 창백해지는군.

Enfermera:	이제 들어오십시오.
Teresa:	안으로 당신을 동행할까?
Juan:	아니야. 안절부절 못할 것 같아. 혼자 들어가는 게 좋아.

PARTE 15 직설법 과거

1.

Paco:	벌써 도착했어, 차를 멈춰!
Fidel:	이곳이 너의 마을이니?
Paco:	그래. 어릴 때 나는 여기 살았지. 저길 봐, 저곳이 우리 집이었지.
Fidel:	매우 조용하군.
Paco:	그래, 그러나 매우 변했어, 이곳이 마을의 광장이고 여기서 나의 친구들이랑 놀곤 했었지.
Fidel:	학교에 다니지 않았니?
Paco:	그래. 학교는 저 모퉁이에 있었고, 지금 그곳에는 슈퍼마켓이 있어. 우리는 매우 친절한 선생님을 모셨어.
Fidel:	일요일마다는 뭐했니?
Paco:	무척 즐거웠어. 그 때는 텔레비전도 영화관도 없었어. 친구들이랑 강으로 내려갔고, 그곳에서 오후를 보냈고, 수영도 하고 낚시도 하고 다음에 모두 함께 간식을 먹곤 했지.
Fidel:	여기서 매우 잘 보냈었군, 그렇지?
Paco:	그럼. 그래서 매년마다 마을을 방문하러 오지.

2.

Tomás:	주말 어땠어?
Pedro:	매우 좋아. 비록 약간 피곤하지만.
Tomás:	뭐 했니? 밖으로 나갔니?
Pedro:	아니야, 마드리드에 머물렀어. 주말마다 나가는 걸 좋아하지 않아. 교통량이 많아서 게다가 밖에 나가고 싶지 않았어.
Tomás:	그러면 뭐 했니?
Pedro:	너도 상상할 수 있어. 애들과 함께 토요일 오후에 나의 가족과 나는 레띠로 공원을 산책했어. 그리고 후에 호수에서 배로 산책(보트 놀이)을 했지. 그다음 우리는 노천카페에 앉아서 아이스크림을 먹었어.
Tomás:	밤에는 뭐 했니?
Pedro:	몇몇 친구들과 함께 저녁 식사를 하러 식당에 갔어. 우리는 저녁을 아주 잘 먹고, 새벽 1시에 잠자리에 들었어.
Tomás:	일요일에는 뭐했니?
Pedro:	일요일 오전에는 동물원에 있었고, 그러고 나서 우리는 대공원을 산보했지. 우리는 쾌적한 장소를 찾았고, 나의 부인이 준비한 간식을 먹었지.
Tomás:	그리고 잔디에서 낮잠. 얼마나 달콤할까!
Pedro:	좋아, 잠은 잘 수 없었지만 나무 아래서 휴식을 취했지. 마지막으로 우리는 놀이 공원으로 갔지.
Tomás:	공중열차는 타지 않았니?
Pedro:	그럼 얼마나 무서웠는데! 마지막으로, 나는 매우 피곤한 채 집에 도착했어. 월요일은 축제날이어서 다행이야.

3.

나는 어릴 때 북쪽의 한 마을에 살았지. 근처에 강이 흐르고 산들로 둘러싸인 매우 아름다운 마을이었지. 매우 고요한 삶이었어.

겨울에는 매일 학교에 갔었고, 일요일마다 산보하러 가기 위해 친구들과 약속 했었지. 여름에는 강에서 수영도 하고 낚시도 하곤 했지. 오후에는 시골 광장에 무도회가 있었지.

지금은 극소수의 사람만 남아있어. 젊은이들은 일하러 도시로 떠나버렸고, 여름에는(요즘) 어떤 사람들만이 전원의 조용한 삶과 경치를 즐기기 위해 돌아오지.

어느 일요일 나는 낚시하러 가기로 작정했지. 필요한 모든 것들을 준비했고 시골 근처에 있는 강으로 갔었지. 그러나 너무 운이 없어서 낚시는 물론 단 한 마리의 고기도 잡지 못했어. 이런 식으로 오후 5시까지 하루 종일 보냈어. 갑자기 한 농부가 다가와서 나에게 다음과 같이 말했어.

"여보세요, 낚시의 시즌이 어제 끝난 줄 모르시오? 그래서 낚시가 금지 됐소."

"나는 그걸 몰랐소." 화가 나서 대답했다.

"이제야 하루 종일 물고기들이 나오지 않았는지를 나는 이해한다."

PARTE 16 접속법 및 명령법

1.

Miguel:	안녕! 너희들 벌써 여기 있어 (돌아왔어)? 오랜 시간 너희들을 기다리지 않았는데. 너희들 편지에 이달 말쯤에 도착할 거라고 말했잖아.
Antonio:	그래 하지만 우리는 여행을 앞당겼어. 이런 식으로 네가 우리를 여기서 맞이하는군.
José:	거주지를 아주 잘 정한 것으로 보이는데. 이 낯선 곳에 어때?
Miguel:	쉽게 적응을 했지. 아무쪼록 많은 시간 이곳에 머무를 수 있으면 좋겠어!
Antonio:	매우 아름다운 집인데. 너희 집이니?
Miguel:	아니야. 임대한거야. 너희들이 원한다면 언제든지 여기 머무를 수 있어. 그 방은 이중으로 돼있어. 그 방에 너희들 잘 적응하도록 해. 너희들이 편한대로 있기를 바란다. 너희들은 부엌, 냉장고, 전축, 나의 책들… 사용할 수 있어.
José:	대단히 고마워. 너는 좋은 친구야.
Miguel:	그건 그렇다 치고, 마드리드의 우리 친구들은 잘 있어?
Antonio:	모두들 매우 잘 보내고 있어. 너에게 많은 안부를 보냈어.

José:	우리는 수도(마드리드)를 잊지 말도록 약간의 선물들을 가져왔지. 네가 좋아하길(마음에 들길) 바란다.
Antonio:	너의 여자친구 루이사는 자기에게 편지를 쓰도록 펜을 보내왔어. 모두들 너의 소식들을 원해.
Miguel:	나는 모두(친구)들에게 편지를 쓰면 좋을 텐데. 나는 매우 게을러서 언젠가는 그들을 보러 갈 거야.
Miguel:	너희들은 얼마나 머무를 거니?
José:	우리는 모르겠어. 아마 2주 혹은 그 이상 머무를까봐. 우리는 서두르지 않아. 어떻게 우리가 있느냐에 따라 달라.

2.

Antonio:	문에 알베르토인가 하는 사람이 있어. 너에 대해 물어본다.
Miguel:	나의 친구야. 들어오라고 그래.
Alberto:	헤이! 보지 않은지 이틀이 되는군. (너를 본지 이틀만이군) 네가 방문객이 있는 줄 몰랐어.
Miguel:	방학을 여기서 보내러 온 친구들이야.
Antonio y josé:	좋아. 너희들을 남겨둔 채. 우리는 잠깐 수영하러 갈 거야. 조금 있다 보자.
Alberto:	너의 아파트는 매우 변했구나. 전에는 (아파트) 정리가 잘됐었는데.
Miguel:	그들(친구들)이 도착한 이후에 모든 게 변했어. 그들(친구들)이 원한다면 모든 시간 (얼마든지) 머물러도 된다고 그들에게 말했어. 그랬더니 영원히 (그들이) 머물려고 결정한 것 같아. 나 미쳐버리겠어. 계속 나를 귀찮게 해. 내가 (책을) 읽으면, 그들은 전축을 틀고, 내가 음악을 들으면 그들(친구들)은 읽기를 시작하거나 잠을 자. 그래서 소음을 원치 않

	아. 매우 무질서해. 더러운 컵들을 방치하고 바닥에 모든 것을 버리고, 오늘 당장 그들이 떠났으면 좋겠어.
Alberto:	왜 그들이 떠나라고 너는 말하지 않지?
Miguel:	매우 좋은 친구들이었어. 그래서 나 자신이 그들을 초대했어. 만약 지금 떠나라고 그들에게 요구한다면, (그들은) 화를 낼 거야. 그들이 나를 위선자라고 생각할 텐데 난 그들을 쫓을 순 없어.
Alberto:	그들은 너의 친절한 접대를 남용하는 것 같아. 나는 너의 입장이었더라면, 그들에게 호텔로 가라고 얘기하겠어.
Miguel:	그들을 보내고 싶어. 하지만 할 수 없어. 그들은 나의 모든 친구들을 알아. 그들이 나의 모든 친구들에게 말할 걸 상상해 봤니?

Ⅰ 단원 종합문제 정답

1	③	26	①	51	①	76	③
2	①	27	④	52	①	77	④
3	④	28	③	53	②	78	④
4	③	29	②	54	②	79	①
5	①	30	②	55	②	80	④
6	②	31	②	56	④	81	①
7	①	32	③	57	④	82	④
8	③	33	③	58	②	83	①
9	②	34	②	59	②	84	①
10	④	35	④	60	④	85	③
11	③	36	①	61	②	86	①
12	①	37	③	62	④	87	①
13	①	38	②	63	①	88	②
14	②	39	④	64	②	89	④
15	④	40	①	65	④	90	③
16	①	41	④	66	②	91	④
17	①	42	②	67	①	92	①
18	②	43	③	68	③	93	①
19	①	44	②	69	②	94	②
20	①	45	③	70	②	95	③
21	②	46	②	71	④	96	②
22	②	47	③	72	②	97	②
23	①	48	③	73	③	98	①
24	③	49	④	74	③	99	④
25	③	50	②	75	③	100	②

1	①	26	①	51	④	76	①
2	③	27	③	52	③	77	①
3	②	28	③	53	④	78	③
4	②	29	②	54	②	79	③
5	④	30	④	55	④	80	②
6	③	31	①	56	②	81	④
7	②	32	④	57	②	82	②
8	③	33	③	58	②	83	①
9	②	34	②	59	②	84	①
10	④	35	②	60	④	85	③
11	③	36	②	61	①	86	①
12	①	37	①	62	②	87	④
13	①	38	①	63	④	88	②
14	④	39	①	64	①	89	④
15	③	40	③	65	②	90	①
16	①	41	③	66	③	91	①
17	①	42	①	67	④	92	④
18	③	43	③	68	④	93	④
19	④	44	①	69	③	94	①
20	①	45	①	70	②	95	②
21	④	46	③	71	④	96	②
22	④	47	③	72	②	97	②
23	③	48	④	73	④	98	①
24	③	49	④	74	②	99	①
25	④	50	④	75	④	100	②

Ⅲ단원 종합문제 정답

1	④	26	③	51	④	76	②
2	②	27	②	52	②	77	②
3	③	28	①	53	②	78	①
4	③	29	①	54	③	79	③
5	②	30	②	55	④	80	③
6	③	31	①	56	③	81	①
7	①	32	③	57	③	82	②
8	②	33	③	58	②	83	①
9	③	34	③	59	③	84	③
10	①	35	③	60	①	85	③
11	①	36	②	61	③	86	①
12	②	37	④	62	③	87	①
13	④	38	②	63	①	88	④
14	②	39	①	64	③	89	④
15	③	40	④	65	①	90	④
16	②	41	①	66	④	91	④
17	①	42	④	67	②	92	④
18	①	43	①	68	①	93	①
19	④	44	②	69	③	94	③
20	②	45	④	70	①	95	④
21	④	46	③	71	②	96	④
22	①	47	②	72	②	97	③
23	②	48	③	73	③	98	①
24	①	49	④	74	②	99	②
25	②	50	④	75	③	100	②

2007년 ~ 2016년
외무영사직 기출문제

스페인어

문 1. 밑줄 친 부분에 들어갈 말로 알맞은 것은?

> A: Mamá, el ordenador no funciona.
> Parece que está _____.
> B: Pues, tendremos que avisarlo al técnico.

① averiado   ② arreglado

③ preparado   ④ equivocado

문 2. 밑줄 친 부분에 들어갈 말로 알맞지 않은 것은?

> Ellos se pelearon mucho, pero _____ se reconciliaron.

① al fin   ② por fin

③ a fines de   ④ finalmente

문 3. comercio와 직접적인 관련이 없는 것은?

① echar de menos

② pagar en abonos

③ cambiar la mercancía

④ estar libre de impuesto

문 4. 밑줄 친 부분과 동일한 의미로 바꾸어 쓸 수 있는 것은?

> Para ocupar este puesto de trabajo es <u>requisito imprescindible</u> ser español.

① aconsejable   ② innecesario

③ indispensable   ④ sorprendente

문 5. 밑줄 친 부분에 들어갈 말을 순서대로 바르게 배열한 것은?

> _____ López, tienen una hija preciosa.
> _____ sábado 25 voy a ver al señor García.
> _____ miércoles siempre voy al cine.
> Se casó a _____ cuarenta.

① El – Los – El – el

② El – El – El – los

③ Los – El – Los – el

④ Los – El – Los – los

문 6. 밑줄 친 부분에 공통으로 들어갈 말로 알맞은 것은?

> Mi hermana salió _____ compras.
> ¿Qué piensa Ud. _____ mi nueva casa?

① a   ② de

③ en   ④ por

문 7. 밑줄 친 부분의 쓰임이 바르지 않은 것은?

① Este anillo está de oro.

② Rosa está enfadada con nosotros.

③ María y yo estamos de vacaciones.

④ Los niños están jugando en el patio.

문 8. 과거분사의 쓰임이 바른 것은?

① Ellos beben el agua purificado.

② Nosotras hemos venidas al mercado.

③ El turista tiene reservada una hanitación.

④ Los carteristas fueron detenido por la policía.

문 9. 밑줄 친 부분의 쓰임이 바르지 않은 것은?

① Ellos salieron de la clase porque tocó el timbre.

② Ella habló despacio, de modo que la entendí bien.

③ Cuando ellas llegaron a la tienda, se huyó el ladrón.

④ Ayer te llamé para que vinste a comer con mi fanilia.

※ 다음 문장을 스페인어로 가장 적절하게 옮긴 것을 고르시오. [문10 ~ 문11]

문 10. 그 여자들은 자신들을 위하여 돈을 저축한다.

　① Ellas se ahorran del dinero.
　② Ellas ahorran dinero para sí.
　③ Ellas ahorran dinero para se.
　④ Ellas se ahorran para el dinero.

문 11. 이 식당의 음식은 맛이 좋다.

　① Se come bien en este restaurante.
　② Este restaurante tiene buen servicio.
　③ Hay varios menúes en este restaurante.
　④ Este restaurante nos ofrece los platos a buen precio.

※ 다음 문장을 우리말로 바르게 옮긴 것을 고르시오. [문 12 ~ 문13]

문 12. Por más inteligente que sea él, no puede resolver todo.

　① 그 사람은 매우 영리해서 모든 것을 해결할 수 있다.
　② 그 사람은 매우 영리해서 모든 사람을 능가할 수 있다.
　③ 그 사람이 아무리 영리해도 모든 것을 해결할 수는 없다.
　④ 그 사람이 아무리 영리해도 모든 사람을 능가할 수는 없다.

문 13. Podré traducir este cuento en una semana a menos que encuentre muchas palabras difíciles.

　① 어려운 단어들이 많지 않다면 나는 이 소설을 일주일 내에 다 번역할 수 있다.
　② 어려운 단어들이 많지 않아서 나는 이 소설을 일주일 내에 다 번역할 수 있다.
　③ 어려운 품목들이 많지 않다면 나는 이 계산서를 일주일 내에 다 번역할 수 있다.
　④ 어려운 품목들이 많지 않아서 나는 이 계산서를 일주일 내에 다 번역할 수 있다.

문 14. 밑줄 친 부분이 가리키는 것은?

El señor Ruiz, que era un poco corto de vista, no podía leer el nombre de la calle. Entonces preguntó a un hombre que por allí pasaba. El hombre le contestó así: "Es que me pasa lo mismo que a usted. Tampoco sé leer."

　① 키가 크지 않다.
　② 거리 이름을 모른다.
　③ 글을 읽을 줄 모른다.
　④ 이 곳 출신이 아니다.

문 15. 글의 내용과 일치하지 않는 것은?

Durante la mayor parte del siglo XX, Latinoamérica sufrió los patrones políticos que heredó del siglo anterior, incluyendo los del militarismo y del caudillismo. Las leyes y las instituciones políticas de estos países han sido con frecuencia menos importantes que la voluntad de sus líderes.

　① 군사주의와 보스정치로 고통 받았다.
　② 정치에 있어 19세기와 20세기는 연속선에 있다.
　③ 법과 제도보다는 지도자의 의지가 더 크게 작용했다.
　④ 20세기의 경제 상황은 과거 어느 때보다도 어려웠다.

※ 다음 글을 읽고 물음에 답하시오. [문16 ~ 문17]

En los países hispanos los estudiantes que terminan la secundaria pueden asistir a diferentes tipos de instituciones académicas. Para las profesiones, si uno quiere ser abogado, médico, etc., hay que ir a una facultad de la universidad. Para téecnicos especialistas hay institutos técnicos. Para los artistas hay conservatorios y academias de arte, música, etc. También hay academias militares para los que van a ser oficiales. Para los que van a ser maestros de escuela hay escuelas normales que son de dos años. Y para los religioses hay seminarios.

문 16. ¿Adónde deben ir para ser ingeniero?

① a un seminario

② a un conservatorio

③ a un instituto técnico

④ a una escuela normal

문 17. 교사 양성 기관의 수업 기간은?

① 1년 　　　　② 2년

③ 3년 　　　　④ 4년

문 18. 글의 제목으로 가장 알맞은 것은?

La palabra tabú, de origen polinesio, significa lo prohibido. Los tabúes léxicos son, pues, palabras que nombran realidades desagradables y que por eso los hablantes evitan decir: en este sentido pueden considerarse palabras prohibidas. Los términos que se refieren a la muerte (realidad desagradable por excelencia), a ciertas enfermedades que se consideran vergonzosas, a la actividad sexual, etc., son tabúes generalizados.

① tabúes léxicos

② historia del tabú

③ tabúes polinesios

④ importancia del tabú

문 19. 다음 대화가 이루어지는 공항 내의 장소로 가장 적절한 것은?

A: Buenas tardes. Su pasaporte, por favor. ¿Cuántos equipajes tiene?

B: Una maleta sólo. La bolsa la llevo conmigo.

A: Bueno. Aquí tiene su passaporte y tarjeta de embarque. ¡Buen viaje!

① el aparcamiento

② la sala de espera

③ la zona de tiendas

④ el mostrador de facturación

문 20. 밑줄 친 부분에 들어갈 말로 알맞은 것은?

Para saber si nieva o no, preguntamos en general: ¿_____?

① qué va a hacer

② qué tiempo hace

③ cuántos años tiene

④ cuánto tiemop lleva

스페인어

문 1. 밑줄 친 부분에 들어갈 말로 알맞은 것은?

> Para ir a un sitio usamos uno de los medios de transporte. Por ejemplo, el coche, el autobús, la moto, el metro, el tren, _____ el barco.

① el pie　　　　② el avión
③ el zapato　　　④ el puente

문 2. 다음 단어들과 가장 관련이 깊은 것은?

> bocina, freno, parabrisas, parachoques, volante

① 가구　　　　② 자동차
③ 컴퓨터　　　④ 주방기구

문 3. 밑줄 친 부분에 들어갈 말로 알맞은 것은?

> España es el país más montañoso de Europa, después de Suiza. El 66% del terrirorio está a una _____ superior a los 500 metros sobre el nivel del mar.

① altura　　　　② anchura
③ distancia　　　④ profundidad

문 4. 밑줄 친 부분에 들어갈 말로 알맞은 것은?

> A: ¿Qué día es hoy?
> B: Hoy es lunes.
> A: Entonces, pasado mañana es _____.

① martes　　　　② jueves
③ viernes　　　　④ miércoles

문 5. 다음 문장 중 의미가 동일하지 않은 것은?

① No va a pasar por aquí dos meses.
② Llova dos meses sin pasar por aquí.
③ Hace dos meses que no pasa por aquí.
④ No pasa por aquí desde hace dos meses.

문 6. 밑줄 친 부분에 들어갈 말로 알맞은 것은?

> Ella tiene la novela de _____ autor me hablaste.

① que　　　　② cuyo
③ cuya　　　　④ quien

문 7. 밑줄 친 부분의 쓰임이 바르지 않은 것은?

① Creo que Carlos viene hoy.
② Deseo que Juan estudie mucho.
③ Mis padres me prohiben que fumara mucho.
④ Mis padres se alegran de que estemos con ellos.

문 8. estar와 hay의 용법에 관한 다음 예문 중 적절하지 않은 것은?

① Hay mucha gente en el concierto.
② Los turistas están en la Plaza Mayor.
③ Hay ese hospital al otro lado de la iglesia.
④ Nuestra universidad está cerca del centro de la ciudad.

문 9. 밑줄 친 부분에 들어갈 표현으로 알맞은 것은?

> _____ tengan algo que declarar dében pasar por aquella puerta.

① Que　　　　② El que
③ El cual　　　④ Quienes

※ 다음 문장을 스페인어로 가장 적절하게 옮긴 것을 고르시오. [문10 ~ 문11]

문 10. 미겔은 자기가 그것을 마치는데 한 시간은 걸릴 것이라고 말했다.

① Miguel dijo que empezaría en tardarlo.
② Miguel dijo que tarda una hora en terminarlo.
③ Miguel dijo que tardará una hora en empezarlo.
④ Miguel dijo que tardaría una hora en terminarlo.

문 11.

> 어젯밤 그가 집에 도착했을 때는 몇 시였나요?

① ¿Qué hora llegó a casa anoche?
② ¿Qué hora llegó anoche la casa?
③ ¿Qué hora era cuando llegó a casa anoche?
④ ¿Cuando llegó a casa anoche, qué hora estaba?

※ 다음 문장을 우리말로 바르게 옮긴 것을 고르시오. [문12 ~ 문13]

문 12.

> Al girar en la esquina tropecé con un poste y por poco me caía.

① 모퉁이를 돌 때 기둥에 부딪쳐 넘어질 뻔했다.
② 그 기둥을 끼고 모퉁이를 돌면 나를 찾을 수 있다.
③ 모퉁이를 돌 때 기둥에 부딪치지 않도록 조심해라.
④ 그 기둥을 끼고 모퉁이를 돌 때 돌에 걸려 넘어졌다.

문 13.

> No dejes de enviarme ese paquete.

① 그 소포를 내게 부쳐라.
② 내가 그 소포를 부친다.
③ 그 소포를 이제 내게 부치지 마라.
④ 내가 그 소포를 부치도록 허락해라.

문 14. 글의 내용과 가장 관련이 깊은 것은?

> El presidente ha declarado el estado de emergencia para ayudar a afrontar un derrame de petróleo que amenaza a la costa del oeste del país. Ordenó que se destinaran todos los recursos disponibles para atender el derrame. El derrame tuvo lugar el domingo y se cree que se está extendiendo. La prensa ha cuestionado la velocidad de la reacción inicial y el Gobierno dijo que se estaba haciendo todo lo posible para limitar el daño.

① 석유 과소비
② 석유 수출 증가
③ 석유 유출 사고
④ 국제 유가 상승

문 15. 글의 내용과 일치하는 것은?

> Esmeralda, una niña de cinco años, está en casa con su abuela. Su padre trabaja, sus hermanos están en la escuela, y su mamá está en la casa de una vecina enferma. Quiere ir a jugar afuera pero no puede, porque hace mal tiempo.

① 에스메랄다는 자기 할아버지와 함께 있다.
② 에스메랄다의 아버지는 지금 이웃집에 있다.
③ 에스메랄다는 지금 밖에 나가서 놀 수 없다.
④ 에스메랄다의 형제들은 밖에서 친구와 놀고 있다.

문 16. 밑줄 친 부분에 들어갈 말로 가장 알맞은 것은?

> Si la diversidad geográfica de Latinoamérica es grande, lo mismo puede decirse de su _____ : no hay un prototiop racial latinoamericano.

① tierra
② biografía
③ pariente
④ población

문 17. 다음 광고문에서 언급되지 않은 내용은?

> ¡ CHANCLA, tus tiendas de moda!
> Chancla es una cadena de 50 tiendas que vende ropas en toda España. Más de 300 empleados ayudan al cliente a elegir lo mejor de la moda. En nuestras tres fábricas diseña y confecciona la última moda para exportar a toda Europa.

① 이 회사 제품은 수출도 한다.
② 이 회사는 최근에 설립되었다.
③ 이 회사는 공장을 가지고 있다.
④ 이 회사는 체인점 형태로 운영된다.

문 18. 대화의 내용과 가장 관계 깊은 속담은 ?

> A: ¿Cuántas horas tardamos en llegar a
> Barcelona?
> B: Si vamos directo, unas seis horas.
> A: Entonces, me gustaría visitar a mi tía Ana,
> que vive en Zaragoza. ¿Cómo le parece?
> B: Claro. Zaragoza está en el camino. Allí
> descansamos un rato. Así, podremos hacer
> dos cosas al mismo tiempo: visitar a tu
> tía y, al mismo tiempo, descansar y comer
> algo.
> A: De acuerdo.

① Más vale tarde que nunca.
② Matar dos pájaros de un tiro.
③ Nunca es tarde para aprender.
④ En boca cerrada no entran moscas.

문 19. 다음 물음에 대한 답으로 적절하지 않은 것은?

> ¿Qué tiempo hace hoy?

① Está nublado.
② Está lloviendo.
③ Hace buen tiempo.
④ Hoy no tengo tiempo.

문 20. 다음 표현을 우리말로 바르게 옮긴 것은?

> ¿Que todo salga muy bien!

① 모든 것이 잘 되기를!
② 모두 식사를 잘 하기를!
③ 모두 외출을 잘 다녀오기를!
④ 모든 소금을 잘 이용하기를!

스페인어

※ 밑줄 친 부분에 들어갈 말로 가장 알맞은 것을 고르시오. [문1 ~ 문3]

문 1.
José se especializa en la construcción de las presas. Es _____ civil.

① médico ② ingeniero
③ cantante ④ contador

문 2.
_____ mucha gente en la sala de espera.

① Es ② Está
③ Están ④ Hay

문 3.
Cuando dije a mi madre todo lo que habíamos ganado, ella se quedó_____ _____con alegría.

① atónita
② temblorosa
③ con la boca abierta
④ con la cara pálida

문 4. 문법적으로 옳지 않은 것은?
① ¿A qué hora te acostabas anoche?
② Cuando yo era niño, iba al cine con mis padres.
③ Por fin, ellos entendieron por qué lloraban los niños.
④ Mis hermanos miraban la televisión cuando entré en el cuarto.

문 5. 다음 문장 중 의미가 동일하지 않은 것은?
A los lectores _____ cae bien aquel poeta.

① las ② les
③ los ④ nos

문 6. 숫자 쓰기가 바르지 않은 것은?
① 123: ciento veintitrés
② 576: quinientos setenta y seis
③ 791: setecientos noventa y uno
④ 805: ochocientos y cinco

문 7. 빈칸에 들어갈 말로 알맞은 것은?
Juan es tan alto _____Pedro.

① ni ② como
③ que ④ pues

※ 다음 문장을 스페인어로 가장 적절하게 옮긴 것을 고르시오. [문8 ~ 문9]

문 8.
나는 루이사를 알지만, 어디에 사는지는 모른다.

① Sé a Luisa, pero no sé dónde vive.
② Sé a Luisa, pero no conozco dónde vive.
③ Conozco a Luisa, pero no sé dónde vive.
④ Conozco a Luisa, pero no conozco dónde vive.

문 9. 밑줄 친 부분에 들어갈 표현으로 알맞은 것은?
내가 만일 지금 시간이 있다면, 그녀를 방문할 텐데.

① Si tengo tiempo ahora, la visito.
② Si tuviera tiempo ahora, la visito.
③ Si tuviera tiempo ahora, la visitaría.
④ Si hubiera tenido tiempo ahora, la habría visitado.

문 10.
A: ¿Tienes ㉠ de comer?
B: Lo siento. No tengo ㉡ .

	㉠	㉡
①	algo	nada
②	nada	algo
③	nadie	algo
④	nadie	nada

※ 다음 스페인어 문장을 우리말로 가장 적절하게 옮긴 것을 고르시오. [문11 ~ 문12]

문 11.
> Nunca dejes de sonreír, ni siquiera cuando estés triste.

① 슬플 때는 미소를 짓지 마라.
② 슬플 때조차도 미소를 잃지 마라.
③ 슬프지 않을 때는 미소를 짓지 마라.
④ 슬프지 않을 때는 늘 미소를 지어라.

문 12.
> En la cuarta esquina doble a la derecha y luego siga derecho.

① 네 번째 광장에서 왼쪽으로 돌아 곧장 가세요.
② 네 번째 거리에서 곧장 가다가 왼쪽으로 도세요.
③ 네 번째 모퉁이에서 오른쪽으로 돌아서 똑바로 가세요.
④ 네 번째 모퉁이에서 오른쪽으로 돈 후에 다시 오른쪽으로 가세요.

문 13. 글의 주제로 알맞은 것은?

> Es en Valencia, España, donde Ud. puede encontrar el mejor arroz. Creen que es por la experiencia y la tradición, y también por la clase de arroz que los valentinos cultivan y por la clase de agua. La paella es un plato conocido por todo el mundo. Su nombre viene del tipo de recipiente en que uno prepara el plato, que se llama una paellera. Hace muchos años la paella era un plato muy común de trabajadores y campesinos pobres.

① 스페인의 농업
② 발렌시아의 전통
③ 빠에야 명칭의 유래
④ 스페인 주방 용기의 종류

문 14. 글의 내용과 일치하지 않는 것은?

> Internet está consiguiendo transformar el modo en que nos comunicamos. Por el coste de una llamada local se puede enviar un correo electrónico a la otra parte del mundo y de forma casi instantánea. Por esta razón, otros sistemas tradicionales, como el fax o las cartas, pierden sentido o están en peligro de extinción. El e-mail es más rápido, más cómodo y, especialmente, más económico.

① 국내 통화료로도 국제 전자메일을 보낼 수 있다.
② 인터넷은 우리의 의사소통 방식에 변화를 주고 있다.
③ 이메일은 기존의 통신 수단보다 더 경제적이며 편리하다.
④ 최근 들어 팩스나 편지 등과 같은 재래식 통신 수단의 이용이 증가하고 있다.

문 15. 도서관에 관한 다음 글의 내용가 일치하는 것은?

> BIBLIOTECA SAN AGUSTÍN
> - Horario de préstamo: desde las diez de la mañana hasta las cinco de la tarde.
> - Deje su abrigo antes de entrar.
> - Si tiene teléfono móvil, desconéctelo durante su estancia en la biblioteca.
> - Imprescindible carné de estudiante.

① 대출 시간은 오전 10시부터 오후 5시까지이다.
② 학생증이 없는 경우에는 운전면허증을 제시하면 된다.
③ 핸드폰을 가지고 들어 갈 수 있으며 급한 경우에는 사용할 수 있다.
④ 부모를 동반한 5세 이하의 어린이는 음료수를 가지고 들어갈 수 있다.

문 16. 글의 내용과 일치하는 것은?

> El español es hoy la segunda lengua más hablada de Europa. El número de alumnos de español está creciendo en Europa en estos años; las lenguas francesa, italiana o alemana experimentan, en cambio, una importante reducción en su alumnado. La vitalidad de nuestro idioma se debe a dos cause fundamentales: España y las cosas españolas están en auge en todas partes; el idioma español es fonológicamente sencillo para el estudiante extranjero. Sin embargo, la política cultural española en el exterior está muy abandonada: faltan catedráticos y profesores capacitados a causa de la pobreza presupuestaria.

① 외국인 학생 입장에서 볼 때 스페인어는 발음이 어렵다.

② 스페인어는 유럽에서 두 번째로 많이 사용되는 언어이다.

③ 프랑스어, 이탈리아어, 독일어를 배우는 학생들의 수는 증가추세에 있다.

④ 스페인 정부의 활발한 대외 정책이 스페인어 보급에 크게 이바지하고 있다.

문 17. 다음 글이 다루고 있는 내용은?

> Algunos de los lectores de más edad se acordarán de aquella época. De un tiempo pasado en el que los niños no jugaban con videojuegos ni con ningún otro tipo de entretenimiento electrónico. Entonces, se divertían con cosas tan insospechadas como los juguetes de papel.

① 장난감 가격 동향

② 비디오 게임 현황

③ 컴퓨터 게임 산업

④ 종이 장난감의 추억

※ 밑줄 친 부분에 들어갈 말로 가장 알맞은 것을 고르시오. [문18 ~ 문20]

문 18.
> A: ¿_____?
> B: 25 de julio.

① Tienes hora

② Tienes tiempo

③ Qué fecha es hoy

④ Qué tiempo hace hoy

문 19.
> A: Hola buenas tardes. ¿Qué quería?
> B: Busco un vestido de noche.
> A: ¿_____?
> B: Corto, pero elegante.

① Cuándo quiere

② Cuántos quiere

③ Quién lo quiere

④ Cómo lo quiere

문 20.
> A: ¿Qué le pasó ayer, profesor?
> B: Estaba muy _____ porque uno de mis alumnos llegó tarde a la clase por tercera vez en esta semna.

① enojado   ② abierto

③ encantado   ④ contentísimo

스페인어

문 1. 밑줄 친 부분에 가장 알맞은 것은?

> A mal tiempo, buena _____.

① cara　② clima　③ rostro　④ humor

문 2. 밑줄 친 부분의 쓰임이 옳지 않은 것은?
- ① Estoy cansado de tanto estudiar.
- ② Salgo a las cuatro de la tarde.
- ③ Vamos a esperar con paciencia.
- ④ Los precios han aumentado en un veinte para ciento.

문 3. 다음 글의 내용으로 보아 Ana는 오늘 아침 몇 분 지각했는가?

> Jefe: Siempre llegas tarde a la oficina. Ya son las nueve y cuarto. El trabajo empieza a las nueve. ¿No lo sabes?
> Ana: Lo siento mucho.

① tres minutos　　② cinco minutos
③ quince minutos　④ viente minutos

※ 밑줄 친 부분에 가장 알맞은 것을 고르시오. [문4 ~ 문5]

문 4.
> El trabajo me gusta, pero ofrecen un _____muy bajo.

① sueldo　　　② paga
③ contabilidad　④ mano de obra

문 5.
> Cuando mi hija cumplió tres años, _____en comer sola.

① deseó　　② quiso
③ se empeñó　④ empezó

문 6. 밑줄 친 부분과 의미가 가장 가까운 것은?

> A: Creo que este viaje será muy fatigante.
> B: ¿Por qué?
> A: Porque el vuelo durará casi ocho horas. Además, debemos hacer escala en Panamá.

① despegar
② parar temporalmente
③ subir a un lugar
④ levantar el vuelo

문 7. 다음 글의 내용가 일치하지 않는 것은?

> Soy una hija entre dos otros, un hermano mayor y una hermana menor. Tenemos mucho en común pero diferimos en algunos aspectos físicos. Por ejemplo, soy morena, pero mi hermana menor es rubia, y mi hermano, calvo.

① 오빠는 대머리다.
② 여동생은 금발이다.
③ 내 머리색은 검다.
④ 나는 삼 남매 중 막내다.

문 8. 밑줄 친 부분에 가장 알맞은 것은?

> En el mundo existen cien millones de niños que viven en la calle, según UNICEF. La mayoría se concentra en los países en vías de desarrollo. Sin embargo, esto no es un problema exclusivo del Tercer Mundo, _____ que afecta también a los países desarrollados.

① puesto
② para
③ junto
④ contra

문 9. 다음 글을 읽고 로마군이 이베리아 반도에 들어오게 된 이유를 고르면?

> Los soldados romanos llegan a la Península Ibérica en el año 218 a. de C. para enfrentarse con las tropas de Aníbal. Como los romanos ganan la guerra, la Península se convierte en su colonia y el latín se extiende como lengua oficial. De ésta se derivan tres lenguas: español, portugués y catalán. Pero en la Península Ibérica hay otra lengua, el vasco, que se habla en el nordeste de España. A diferencia de las tres primeras, su origen no se conoce.

① Para hacer la guerra con las tropas de Aníbal

② Para expulsar a los vasco de la Península

③ Para extender su lengua, el latín

④ Para colonizar a los vascos

문 10. 다음 글에서 설명하고 있는 것은?

> Una vez hubo una niña a la que le tocó en una tómbola un cerdito de barro pintado de color de rosa. Aquel cerdito era una hucha, pero la niña no sabía lo que era una hucha y sólo veía un cerdito de barro pintado de color de rosa con una ranura en el lomo y en la barriguita un círculo que si se empujaba con el dedo pulgar se abría como una ventana y se podía mirar dentro que era oscuro y estaba hueco.

① 복권   ② 통돼지구이

③ 돼지저금통   ④ 아기돼지 삼 형제

문 11. 밑줄 친 부분에 가장 알맞은 것은?

> Ella está _____ porque su marido murió el año pasado.

① soltera   ② divorciada

③ separada   ④ viuda

문 12. 다음 중 문법적으로 옳지 않은 것은?

① La capital de Corea es Séul.

② Roberto es más inteligente que David.

③ María ha abierta una ventana.

④ Teresa es tan simpática que toda la gente la quiere.

문 13. 밑줄 친 부분에 가장 알맞은 것은?

> Eran las ocho de la mañana cuando oímos gritos en la calle. Susana y yo nos levantamos y nos asomamos a la ventana. Afuera _____ miles de personas gritando.

① había   ② han

③ ha   ④ estaba

문 14. 밑줄 친 부분에 공통으로 들어갈 말로 알맞은 것은?

> ○ Corea es un país que no cuenta _____ suficientes recursos naturales.
>
> ○ Los pilotos del avión amenazaron _____ ir a la huelga.

① a   ② con

③ por   ④ desde

문 15. 다음 문장을 간접화법으로 바르게 바꾸어 쓴 것은?

María me dijo, "Yo te di el libro."

① María me dijo que yo te doy el libro.
② María me dijo que ella me daba el libro.
③ María me dijo que yo te di el libro.
④ María me dijo que ella me había dado el libro.

※ 다음 문장을 우리말로 바르게 옮긴 것을 고르시오.
[문16 ~ 문17]

문 16. Carmen fue dada de alta del hospital ayer por la tarde.

① 까르멘은 어제 오후에 병원에서 진료를 받았다.
② 까르멘은 어제 오후에 병원에 입원했다.
③ 까르멘은 어제 오후에 병원에서 퇴원했다.
④ 까르멘은 어제 오후에 병원에서 성장 치료를 받았다.

문 17. Federico, cada vez que se cruza con la chica que le gusta, se pone rojo.

① 페데리코는 얼굴이 빨간 소녀와 매번 만나는 것을 좋아한다.
② 페데리코는 붉은색 옷을 입은 여자와 마주칠 때마다 좋아한다.
③ 페데리코가 마주치는 여자는 항상 붉은색 옷을 입고 있다.
④ 페데리코는 그가 좋아하는 여자와 마주칠 때마다 얼굴이 빨개진다.

※ 다음 문장을 스페인어로 바르게 옮긴 것을 고르시오.
[문18 ~ 문19]

문 18. 그는 편지 한 장을 스페인어로 썼다고 나에게 말했다.

① Le dije que escribe una carta española.
② Me dijo que había escrito una carta en español.
③ Me dijo que la carta escribe en español.
④ Le dije que el español había escrito la carta.

문 19. 우리는 2년 전부터 스페인어를 배우고 있다.

① Hacían dos años que aprendimos español.
② Hace dos años que aprendemos español.
③ Hacía dos años que aprendamos español.
④ Hacen dos años que aprendamos español.

문 20. 다음 전화 대화에서 밑줄 친 부분에 가장 적절한 표현은?

A: Dígame.
B: ¿Está Victoria, por favor?
A: En este momento _____. Está bañando al niño.
B: Vale, gracias. La llamaré después.

① no es aquí
② no puede ponerse
③ se ha equivocado
④ sí, soy yo.

스페인어

※ 밑줄 친 부분에 들어갈 말로 가장 적절한 것을 고르
시오. [문1 ~ 문2]

문 1. A buena _____ no hay pan duro.

① hambre   ② noche

③ sed   ④ semana

문 2. Si yo fuera mariposa, _____ a ti.

① volaría   ② volaré

③ vuelo   ④ vuela

문 3. 다음 글의 내용으로 보아 Ana는 오늘 아침 몇 분
지각했는가?

A: Juan no fue a la fiesta.

B: ¡_____! Estoy seguro de que
se habría divertido mucho y, además,
habría conocido a mis amigos.

① Qué suerte   ② Qué lástima

③ Qué milagro   ④ Qué bonito

문 4. 다음 문장의 밑줄 친 단어와 가장 유사한 의미의
단어는?

Los tripulantes no deberán consumir alcohol
durante el período de servicio.

① camareros   ② soldados

③ pilotos   ④ fontaneros

문 5. 비교급을 잘못 사용한 문장은?

① Lo peor es haberte conocido.

② Esta sala es mejor que aquélla.

③ José tiene menos tiempo que yo.

④ Ella es tanta inteligente como Alejandra.

문 6. ㉠ ~ ㉤에 들어갈 동사의 변화형을 순서대로 가장
적절하게 배열한 것은?

Pablo Picasso (㉠) en 1881, en Málaga. Su
padre (㉡) profesor de dibujo. Desde el
comienzo de su vida (㉢) destinado a
sorprender en la historia del arte. Picasso (㉣)
en Francia mucho años pero siempre (㉤)
en contacto con España.

	㉠	㉡	㉢	㉣	㉤
①	nacía	era	estuvo	vivía	se mantenía
②	nació	era	estaba	vivió	se mantuvo
③	nacía	fue	estuvo	vivió	se mantenía
④	nació	era	estaba	vivió	se mantenía

문 7. 다음 우리말을 스페인어로 가장 적절하게 옮긴 것
은?

식사하기 전에 손을 잘 씻어라.

① Lávese bien las manos antes de comer.

② Lavas bien las manos antes de comer.

③ Lávate bien las manos antes de comer.

④ Lava bien las manos antes de comer.

문 8. 제시된 문장 다음에 이어지는 두 사람의 대화 순
서를 가장 적절하게 배열한 것은?

– Hola, Raúl. Quiero hablar con tu madre.

(가) ¿No sabes cuándo regresa?

(나) No está en casa. Está en mercado.

(다) No, no lo sé

① (가) – (나) – (다)   ② (나) – (가) – (다)

③ (나) – (다) – (가)   ④ (다) – (가) – (나)

※ 다음 문장을 우리말로 가장 적절하게 옮긴 것을 고르
시오. [문9 ~ 문10]

문 9. | Han llegado ya los pedidos que hicimos, si bien no están en las condiciones que pactamos.

① 우리가 주문한 상품이 도착했기 때문에, 그들은 우리와 계약할 조건을 확인한다.
② 우리가 주문한 상품이 우리가 계약한 조건에 잘 맞지 않으면 반송할 것이다.
③ 비록 우리가 계약한 조건에 맞지는 않지만 우리가 주문한 상품이 도착했다.
④ 우리가 계약한 조건에 맞지 않아 상품을 다시 주문했다.

문 10. | Ella cayó dormida con la luz encendida, deslizándose las gafas de lectura por la nariz.

① 그녀는 등불을 켜들고 졸다가 넘어져 독서용 안경이 코에서 플러내렸다.
② 그녀는 불을 켜둔 채 졸다가 코 위에 걸어두었던 독서용 안경이 떨어졌다.
③ 그녀는 등불을 들고 가다 조는 바람에 넘어졌고 코 위에 걸어두었던 독서용 안경이 떨어졌다.
④ 그녀는 불을 켜둔 채 잠들어 버렸고 독서용 안경이 코로 훌러내렸다.

문 11. 밑줄 친 부분에 들어갈 가장 적절한 단어는?

Está lloviendo ahora.
Para salir de casa, tenemos que llevar _____.

① gafas de sol ② paraguas
③ bufandas ④ guantes

문 12. 밑줄 친 부분에 공통적으로 들어갈 가장 적절한 단어는?

Las _____ son más que un simple pedazo de la tela; son el símbolo del país. Las _____ son la imagen de al unión de nación, de sus ideales, de su historia y también de su cultura.

① ropas ② faldas
③ cocinas ④ banderas

문 13. 명사의 복수형이 옳지 않은 것은?
① el café – los cafés
② el paraguas – los paraguas
③ el lunes – los luneses
④ el régimen – los regímenes

문 14. 밑줄 친 부분에 공통으로 들어갈 말로 알맞은 것은?

A: ¿Quién te mandaría esas flores?
B: _____ ha de haber mandado Jorge.

① Me las ② Te las
③ Me lo ④ Se las

문 15. 다음 문장을 스페인어로 가장 적절하게 옮긴 것은?

후안은 치과에 갔다 왔으나 계속 이가 아프다고 말했다.

① Juan dijo que había ido al dentista pero le dolían los dientes.
② Juan dijo que habría ido al dentista pero le duelen los dientes.
③ Juan dijo que fue al dentista pero le dolían los dientes.
④ Juan dijo que ha ido al dentista pero le dulen los dientes.

문 16. 다음 구인 광고문에서 언급되지 않은 조건은?

> Empresa de Importación-Exportación precisa relaciones públicas de habla inglesa, hombre o mujer, mayor de dieciocho años. Imprescindibles conocimientos básicos de español. Disponibilidad para viajar. Sueldo a convenir.

① 스페인어 ② 남녀 불문
③ 재택근무 ④ 18세 이상

문 17. 다음 글의 주제로 가장 적절한 것은?

> No toda la grasa es mala y tenemos los beneficios que vamos redescubriendo en nuestra 'grasa nacional' o, más apropiadamente, en nuestro aceite de oliva extra virgen. La grasa, en su justa medida, también tiene sus beneficios. Desde el punto de vista evolutivo, la grasa acumulada permitió a nuestros antepasados sobrevivir, tras su diáspora* africana, durante las épocas en las que las fuentes nutritivas eran escasas y difíciles. Recordemos también que la grasa es la forma más compacta y eficiente de acumular y transportar las reservas energéticas.
>
> *diáspora: 이산 (離散), 뿔뿔이 흩어짐

① 좋은 지방으로서 올리브 유의 효용
② 지방을 보는 부정적인 인식에 대한 반박
③ 지방이 인류의 역사에 기여한 것
④ 지방이 인체에 미치는 긍정적인 효용

※ 다음 글의 내용과 가장 일치하지 않는 것을 고르시오.
[문18 ~ 문19]

문 18.

> Frida Khalo era hija de una mexicana y de un alemán. Un gran accidente de tráfico fue su motivo a la pintura. Más tarde, sus cuadros fueron estudiados por su futuro marido, Diego Rivera Fue muy animada por él mismo a seguir pintando. Su experiencia peronal está expresada en sus cuadros. Sus cuadros están en la galería de Arte Contemporáneo de Ciudad de México. Su casa fue transformada en un museo que lleva su nombre.

① 그녀는 교통사고로 인해 그림을 그리게 되었다.
② 그녀의 남편은 디에고 리베라였다.
③ 그녀의 그림에는 개인적 경험이 배어있다.
④ 그녀의 그림들은 박물관이 된 그녀의 집에 소장되어 있다.

문 19.

> La papa, o patata, como se la conoce en España, es originaria de los Andes, donde se comenzó a cultivar hace unos 5,000 años porque resistía las bajas temperaturas de las montañas. Parece que los españoles introdujeron la papa en Europa en el siglo XVI, pero su consumo no se popularizó hasta el siglo XVIII Un hospital de Sevilla fue el primer lugar europeo en el que se uilizó para alimentar a personas. En aquella época se pensaba que solo servía para curar enfermedades.

① El ser humano empezó a consumir patas en los Andes hace varios miles de años.
② En el XVI, los españoles llevaron las patatas a España.

③ En aquella época la gente no pensaba que era un alimento que se podía tomar en las comidas.

④ El consumo de las patatas se popularizó en el siglo XVIII.

문 20. 다음 글의 내용과 가장 일치하는 것은?

> Ahora que cada rincón del planeta ha sido explorado, cada playa y cada bosque inventariados, quedan viajes muy excitantes por realizar. Me refiero al viaje geográfico como metáfora del único viaje que de verdad importa, el viaje interior. Hoy en día son muchos los viajeros que se dirigen, más allá del último horizonte, hacia una meta que ya está presente en lo más profundo de su ser. Cuando embarcan en un avión, lo hacen para descubrir esa meta, que equivale a descubrirse a sí mismo.

① 요즘은 자기 자신을 돌아보고 찾는 여행을 많이 한다.
② 많은 개발로 인해 사람들이 여행할 곳이 없어지고 있다.
③ 지리적으로 가장 먼 곳을 비행기를 타고 여행하는 것이 유행이다.
④ 요즘은 국내 여행이 크게 유행하고 있다.

스페인어

문 1. 남성형과 그에 상응하는 여성형이 바르게 짝지어 지지 않은 것은?

① el rey – la reina

② el autor – la actriz

③ el héroe – la heroína

④ el príncipe – la princesa

문 2. 밑줄 친 부분에 들어갈 말로 알맞은 것은?

A: ¿Dónde está Argentina?

B: Está _____ Bolivia.

① al sur de

② del sur a

③ en sur de

④ por el sur en

문 3. 밑줄 친 부분에 들어갈 말로 적절하지 않은 것은?

A: ¿Qué película dan en el cine Capitol estos días?

B: Una película muy famosa de Almodóvar.

A: Entones, vamos juntos a verla mañana. ¿Qué te parece?

B: _____.

① A veces

② Magnífico

③ Estupendo

④ Buena idea

문 4. 밑줄 친 부분에 들어갈 말로 알맞은 것은?

A: Carmen es guapa e inteligente, ¿verdad?

B: Sí, _____ es.

① la

② lo

③ las

④ los

문 5. ㉠과 ㉡에 들어갈 말로 알맞은 것은?

Fernando habla español (㉠) bien (㉡) su profesor.

	㉠	㉡
①	tan	que
②	tan	como
③	tanto	que
④	tanto	como

문 6. 밑줄 친 부분에 들어갈 말로 알맞은 것은?

A no ser que _____ enfermo, él siempre viene a clase.

① esté

② está

③ estaría

④ estuviera

※ 다음 문장을 스페인어로 바르게 옮긴 것을 고르시오. [문7 ~ 문8]

문 7. 그는 나에게 다시 전화하겠다고 약속했다.

① Él me prometía que me llame por teléfono de nuevo.

② Él me prometía que me llamó por teléfono de nuevo.

③ Él me prometió que me llamará por teléfono de nuevo.

④ Él me prometió que me llamaría por teléfono de nuevo.

문 8. 내가 그 스페인 남자와 결혼했다면 지금 스페인에서 살고 있을 텐데.

① Si me casara con aquel chico español, ahora viviera en España.

② Si me habría casado con aquel chico español, ahora vivo en España.

③ Si me hubiera casado con aquel chico español, ahora viviría en España.

④ Si me hubiera casado con aquel chico español, habría vivido en España.

문 9. 다음 문장을 우리말로 바르게 옮긴 것은?

> Me parece que hay más libertad en las ciudades que en los pueblos, porque te conoce menos gente y te sientes menos controlado.

① 내 생각엔 도시보다 시골에 더 자유가 있어, 왜냐하면 아는 사람도 많고 자유롭게 다닐 수도 있잖아.

② 내 생각엔 도시보다 시골에 더 자유가 있어, 왜냐하면 네가 아는 사람이 더 적어서 자유롭다고 느끼잖아.

③ 내 생각엔 시골보다 도시가 더 자유로워, 왜냐하면 널 아는 사람이 더 적고 네가 덜 통제 받는다고 느끼잖아.

④ 내 생각엔 시골보다 도시가 더 자유로워, 왜냐하면 사람들이 시골보다 많지만 서로 간의 간섭이 심하지 않잖아.

문 10. 글의 내용으로 보아 축제는 몇 일간 지속되는가?

> La fiesta comienza a las seis de la mañana del catorce de agosto y termina a las nueva de la noche del veintiuno del mismo mes. Una de las actividades favoritas de los ciudadnos son los conciertos en la playa.

① tres días   ② ocho días

③ diez días   ④ quince días

문 11. 밑줄 친 부분에 들어갈 말로 알맞은 것은?

> A: ¿Cómo se llama?
> B: Me llamo Kim Aram.
> A: ¿Kim es su nombre?
> B: No, es mi _____.

① primo   ② trabajo

③ familia   ④ apellido

문 12. 밑줄 친 부분에 들어갈 말로 알맞은 것은?

> A: ¿Qué tal el gato?
> B: _____ se muere, pero lo llevé a tiempo al veterinario. Ahora está bien.

① Por poco   ② Por lo tanto

③ Por si acaso   ④ Por lo menos

문 13. 밑줄 친 부분과 바꾸어 쓸 수 있는 것은?

> La casa en que vivo es confortable.

① como   ② donde

③ cuando   ④ el cual

문 14. 밑줄 친 부분에 들어갈 말로 알맞은 것은?

> A: ¿Está incluida la cena en el precio del viaje?
> B: _____.
> A: Muy bien.

① Buen viaje

② Sí, está excluida

③ Sí, No hace falta pagar aparte

④ No tenemos tiempo para desayunar

문 15. 밑줄 친 부분에 들어갈 말로 알맞은 것은?

> Hace mucho tiempo que Imsil produce queso de buena calidad Por eso, visitan este pueblo muchas personas _____ les gusta el queso.

① quienes   ② los que

③ de quien   ④ a quienes

문 16. 밑줄 친 부분을 바르게 해석한 것은?

> A: Hola, ¿qué piensas hacer este fin de semana?
>
> B: Pues no sé. No tengo ningún plan. ¿Por qué me lo preguntas?
>
> A: Es que acaban de poner a la venta las entrasdas para la ópera Fedora, en el teatro Real.
>
> B: ¿De verdad? ¡No me lo digas!

① 곧 매진된다.

② 곧 판매시간이 끝난다.

③ 방금 판매가 중지되었다.

④ 방금 판매가 시작되었다.

※ 다음 글을 읽고 물음에 답하시오. [문17 ~ 문18]

> El gasto de Latinoamérica y el Caribe en defensa creció un 91% entre 2003 y 2008, según las cifras publicadas hoy en Londres por el Instituto Internacional de Estudios Estratégicos. En su informe 〈Balance Militar〉, 2009, el prestigioso centro de análisis de las relaciones internacionales indicó que los gastos militares de la región se cifraron el 2008 en 47,200 millones de dólares, frente a los 24,700 milliones de dólares de 2003.

문 17. 글의 주제로 가장 알맞은 것은?

① 영국 분석가들의 중남미 경제 전망

② 중남미 국가들의 국제관계 개선비용 증가

③ 라틴아메리카와 카리브해 연안 국가들의 방위비 증가

④ 영국 저명 전력문제연구소의 중남미지역 경제 성장 예견

문 18. 밑줄 친 부분이 가리키는 것은?

① Londres

② 〈Balance Militar〉

③ el gasto de Latinamérica y el Caribe en defensa

④ el Instituto Internacional de Estutios Estratégicos

문 19. 글의 내용으로 알 수 없는 것은?

> La Organización Mundial de la Salud (OMS) ha puesto por primera vez en estado de alerta a Roche Holding AG, la compañía fabricante del medicamento Tamiflu contra la gripe aviar, para que prepare sus reservas mundiales tras informarse de un supuesto contagio entre seres humanos en una aldea de Indonesia, según informaron hoy fuentes de la OMS.

① Tamiflu는 조류독감 치료약이다.

② 전 세계적으로 Tamiflu는 이미 충분히 비축되어 있다.

③ 인도네시아의 한 마을 사람들이 감염된 것으로 추정된다.

④ 세계보건기구는 Tamiflu의 제조사인 Roche Holding AG를 비상체제로 전환시켰다.

문 20. 대화의 내용으로 알 수 있는 것은?

> A: Buenos días, ¿adónde vas?
>
> B: Al aeropuerto. Mi padre llega en avión.
>
> A: ¿Dónde vive él?
>
> B: Vive en San Francisco.
>
> A: ¿Cuánto tiempo va a estar aqúi en Bosung?
>
> B: Se va a quedar un mes.

① A는 스튜어디스이다.

② B는 공항에 근무한다.

③ A는 보성에 한 달간 머물 것이다.

④ B의 아버지는 샌프란시스코에 살고 있다.

스페인어

문 1. 다음 설명이 의미하는 적절한 교통수단은?

> Medio de transporte subterráneo; se usa en las grandes ciudades.

① el tren　　　　　　② el metro
③ el taxi　　　　　　④ el autobús

문 2. 밑줄 친 부분에 들어갈 말로 알맞은 것은?

> El verbo que significa 'entregar algo por cierto precio' es _____.

① pagar　　　　　　② enviar
③ regalar　　　　　　④ vender

문 3. 밑줄 친 부분에 들어갈 말로 적절하지 않은 것은?

> A: ¿Qué hay en el frigorífico?
> B: Hay _____.

① heuvos　　　　　　② leche
③ zanahoria　　　　　④ cabina

문 4. ㉠~㉢에 들어갈 동사를 순서대로 바르게 나열한 것은?

> A: ¿Hay una gasolinera cerca de aquí?
> B: Sí, (㉠) dos gasolineras. Una (㉡) detrás del supermercado de allí y la otra (㉢) enfrente de esa gasolinera.

	㉠	㉡	㉢
①	hay	hay	hay
②	hay	está	está
③	está	hay	está
④	está	hay	hay

문 5. 밑줄 친 부분에 들어갈 말로 적절한 것은?

> El _____ habla mucho sabe poco.

① que　　　　　　② cual
③ quien　　　　　④ cuanto

문 6. 밑줄 친 부분에 들어갈 말로 적절한 것은?

> La _____ es la ciencia que estudia los restos que nos dejaron las civilizaciones antiguas.

① astronimía　　　　② arquitectura
③ arqueología　　　　④ antropología

문 7. 숫자를 스페인어로 바르게 옮긴 것은?

① 21 turistas: veintiuno turistas
② 100,000 alumnas: cien mil alumnas
③ 400 casas: cuatrocientos casas
④ 1,000 bicicletas: un mil bicicletas

문 8. 다음 문장의 밑줄 친 표현과 바꾸어 쓸 수 있는 것은?

> Volveré a casa temprano a menos que haya mucho tráfico.

① pero　　　　　　② aunque
③ para que　　　　　④ a no ser que

※ 다음 문장을 스페인어로 바르게 옮긴 것을 고르시오.
[문9 ~ 문10]

문 9. | 치마가 마음에 안 들어, 하나도 예쁘지 않아. |

① No quiero la falda, no es bonito.
② No gusto la falda, no es nunca bonita.
③ No me gusta la falda, no es nada bonita.
④ No deseo la falda, no es demasiado bonito.

문 10. | 비록 엄마가 아이들을 일찍 잠자리에 들게 하지만, 그들은 늦게 일어난다. |

① Aunque su mamá acuesta a los niños temprano, ellos despiertan tarde.
② Aunque su mamá acuesta a los niños temprano, ellos se despiertan tarde.
③ Aunque su mamá se acuesta a los niños temprano, ellos despiertan tarde.

④ Aunque su mamá se acuesta a los niños temprano, ellos se despiertan tarde.

문 11. 밑줄 친 se가 잘못 사용된 것은?

① Juan y Carmen <u>se</u> aman mutuamente.

② ¿A qué hora <u>se</u> abre el banco?

③ ¿Qué lengua <u>se</u> hablan en Canadá?

④ Pedro <u>se</u> lava las manos antes de corner.

※ 밑줄 친 부분에 들어갈 말로 가장 적절한 것을 고르시오. [문12 ~ 문13]

문 12.

A: Tuve un accidente, pero no me pasó nada.

B: _____.

① Menos mal　　② Por supuesto

③ Pero bueno　　④ De acuerdo

문 13.

A: ¿Cuánto cuestan las manzanas?

B: Hoy están a dos euros el kilo.

A: _____

B: Aquí tiene. Son cuatro euros.

① Póngame dos kilos.

② ¡Qué pesados!

③ Ponen dos kilómetros.

④ ¡Cuánto sube la vida!

문 14. 다음 광고문은 무엇에 관한 글인가?

Vamos en coche: de Valencia a Gijón. Somos tres chicas y tenemos espacio para una persona más. Precio: máximo 30€. Salimos el 2 de mayo.

① deporte　　② viaje

③ ciudad　　④ exposición

※ 다음 글의 주제로 가장 적절한 것을 고르시오. [문15 ~ 문16]

문 15.

Cuando una persona no tiene coche, usa con frecuencia el transporte público. Pero algunas personas prefieren pedirle a cualquier automovilista que las lleve adonde necesitan ir para ahorrarse así el dinero del pasaje. En casi todos los países de Europa, la expresión que se usa es 'hacer autostop', A algunas personas les gusta viajar así porque no cuesta nada y porque a veces se conocen personas interesantes. Otras no lo hacen porque creen que se peligroso.

① 자동차 편승 여행　　② 교통수단의 다양성

③ 친교의 중요성　　④ 유럽의 교통문제

문 16.

Estoy convencida de que un futuro con bajas emsiones de carbono, resistentes al cambio climático, no sólo es necesario sino también sostenible y rentable. Creo que la financiación necesaria fluirá más rápido de lo que muchos esperan. Un Fondo Verde para el Clima bien diseñado ayudará a asegurar que esto ocurra lo más pronto posible.

① 녹색기후기금

② 지구의 기온변화

③ 환경의 상업화

④ 환경을 둘러싼 국가 간 대립

문 17. 스페인어 속담에 해달하는 우리말 표현이 잘못 연결된 것은?

① Cada loco con su tema.

→ 사람은 누구나 자신의 주장이 있다.

② Dime con quién andas y te diré quién eres.

→ 친구를 보면 그 사람을 알 수 있다.

③ Más vale tarde que nunca.

→ 늦더라도 안 하는 것보다는 낫다.

④ Aunque la mona se vista de seda, mona se queda.

→ 원숭이도 나무에서 떨어질 날이 있다.

문 18. 다음 문장을 우리말로 가장 적절하게 옮긴 것은?

> Entra en vigor el alto el fuego acordado por Israel y Hamas.

① 이스라엘과 하마스에 의해 결정된 사격 개시가 실행에 옮겨진다.

② 이스라엘과 하마스가 합의한 정전이 효력을 발생한다.

③ 이스라엘과 하마스가 실행한 사격 중지는 효과가 있다.

④ 이스라엘과 하마스가 결행한 사격 개시는 효과가 있다.

문 19. ㉠ ~ ㉢에 들어갈 단어를 순서대로 바르게 나열한 것은?

> El clima de un lugar depende de varios factores. En primer lugar es importante su relación con (㉠). En los países hispanos al norte de la línea (㉡), como España, México, Colombia y los países de la América Central y del Caribe, es invierno desde 21 de diciembre hasta el 21 de marzo. En cambio, en los países hispanos al sur de la línea (㉢) – Ecuador, Perú, Bolivia, Chile, Argentina, Paraguay y Uruguay – comienza el invierno el 21 de junio y dura hasta el 21 de septiembre.

	㉠	㉡	㉢
①	la temperatura	polar	polar
②	en nivel de mar	marítima	marítima
③	el ecuador	ecuatorial	ecuatorial
④	el punto de ebullición	ardiente	ardiente

문 20. 다음 글의 내용으로 가장 적절한 것은?

> La riqueza de las Indias consistía en su mano de obra y en sus minas. Pero esas riquzas no eran inagotables. El descenso de población indígena explica que muchos españoles que llegaron tarde, cuando ya se habían repartido las mejores tierras, debían estar contentos con algunas estancias o incluso cultivar ellos mismos la tierra con alguna ayuda indígena.

① 식민시대 라틴아메리카에 늦게 도착한 스페인인들의 상황

② 식민시대 라틴아메리카에 간 스페인인들이 부자가 될 수 있었던 까닭

③ 식민시대 라틴아메리카에 도착한 스페인인들이 땅을 구입한 방식

④ 식민시대 라틴아메리카에서 원주민이 줄어들고 자원이 고갈된 까닭

스페인어

문 1. 밑줄 친 부분에 들어갈 말로 가장 적절한 것은?

Para ingresar dinero en la cuenta, usted debe _____ este imreso.

① rellenar   ② resfriar
③ colgar   ④ contratar

문 2. 밑줄 친 부분의 단어와 같은 의미로 쓰인 것은?

A: En la reunión es <u>preciso</u> que le hables a él del presupuesto.
B: De acuerdo.

① aburrido   ② aconsejable
③ necesario   ④ digno

문 3. 밑줄 친 부분에 들어갈 말로 가장 적절한 것은?

Este concierto me ha gustado mucho. Los músicos tienen que mucho la interpretación antes de un concierto.

① emitir   ② descartar
③ ensayar   ④ destruir

문 4. 밑줄 친 부분의 의미와 같은 것은?

Mis amigos me han regalado <u>un ordenador</u> para mi cumpleaños.

① un bolso   ② un abrigo
③ una máscara   ④ una computadora

문 5. 밑줄 친 부분에 들어갈 말로 적절한 것은?

A: Las entrevistas me cansan. No pensé en lo que decía.
B: No te precupes. Ya tendrás otra ocasión mejor.
A: _____
B: ¡Qué presimista eres!

① Lo dudo.   ② Ya lo sé.
③ Por supuesto.   ④ A sus órdenes.

문 6. A의 질문에 대한 B의 대답으로 적절하지 않은 것은?

① A: ¿Cuántos años tiene tu pardre?
   B: Sesenta y siete.
② A: ¿Cuál es tu dirección?
   B: Calle Bogotá, ochenta, segundo A
③ A: ¿Tienes hora?
   B: No tengo tiempo.
④ A: ¿Toledo está muy lejos de aqúi?
   B: No. A sesenta kilómetros.

문 7. 밑줄 친 부분에 들어갈 말로 적절하지 않은 것은?

_____ llegó a casa, él llamó por teléfono a su hija.

① Apenas   ② Con que
③ En cuanto   ④ Tan pronto como

문 8. ㉠ ~ ㉢에 들어갈 말이 바르게 짝지어진 것은?

(㉠) un gato en la calle y no sé de quién (㉡). El mío siempre (㉢) en casa sin salir.

	㉠	㉡	㉢
①	Está	es	hay
②	Hay	es	está
③	Es	está	es
④	Está	está	está

문 9. 다음 글의 주제로 가장 알맞은 것은?

> El Gobierno español está ultimando una profunda reforma del sistema de pensiones con el objetivo de suavizar el nexo legal entre alza de pensiones e inflación y acelerar el aumento efectivo de la edad legal de jubilación.
>
> El objetivo es quitar rigidez a un modelo que se ha visto cuestionado por la evolución de la población y una severa recesión en una economía obsesionada con la consolidación fiscal y que destina alrededor de un 10 por ciento de su Producto Interior Bruto a pensiones.

① 경기 침체의 원인
② 연금제도 개혁
③ 퇴직 연력 조정
④ 인플레이션 문제 해소 방안

문 10. 다음 글의 내용으로 알 수 없는 것은?

> Encuentro Matrimonial Mundial(EMM), fundado en 1965, es un movimiento eclesial que promueve unos Fines De Semana(FDA) diseñados para intentar ayudar a los matrimonios a mejorar su relación de pareja. Actualmente, está presente en más de 80 países en los 5 continente. Durante el Fin De Semana, las parejas asistentes aprenden y experimentan un método estructurado de comunicación, que promueve la escucha, el autoconocimiento y el respeto mutuo. Se trata de un tiempo pensado para dar a los matrimonios la oportunidad de revisar su relación de pareja, compartiendo entre ellos sentimientos, desilusiones y esperanzas, con la finalidad de renovar su ilusión y revitalizar su matrimonio.

① EMM은 1965년에 창설되었다.
② EMM 교육은 주말에 이루어진다.
③ EMM은 신앙을 통해 진정한 사랑은 배운다.
④ EMM은 80개국 이상에 설립되어 있다.

문 11. 밑줄 친 부분에 들어갈 적절한 단어는?

> Es _____ que mañana tampoco tenga tiempo yo.

① cierto   ② verdad
③ evidente   ④ posible

문 12. ㉠, ㉡에 들어갈 동사의 활용형이 바르게 짝지어 진 것은?

> A: ¿Qué le digo a tu hermana?
> B: Dile que (㉠) a casa ahora y que (㉡) muchos que hacer.

	㉠	㉡
①	vuelva	tiene
②	vuelva	tuviera
③	vuelve	tiene
④	vuelve	tenga

문 13. ㉠ ~ ㉢에 들어갈 단어의 형태가 바르게 짝지어 진 것은?

> Hoy he trahajado (㉠) que estoy muy cansado.
> Hoy hace (㉡) calor que no tengo ganas de hacer nada.
> Esta novela es (㉢) aburrida que no quiero recomendársela a nadie.

	㉠	㉡	㉢
①	tan	tan	tanta
②	tanto	tanto	tanta
③	tanto	tanta	tanta
④	tanto	tanto	tan

※ 우리말을 스페인어로 가장 적절하게 옮긴 것을 고르시오. [문14 ~ 문15]

문 14. 우리가 주문했던 것보다 더 많은 바지들이 도착했다.

① Han llegado más pantalones que habíamos pedido.
② Han llegado más pantalones de los que habíamos pedido.
③ Han llegado pantalones más que hubiéramos pedido.
④ Han llegado más pantalones de que hubiéramos pedido.

문 15. 나는 후안이 이미 왔으리라고는 믿지 않는다.

① No creo que Juan habrá venido ya.
② No creo que Juan hubiera venido ya.
③ No creo que Juan había venido ya.
④ No creo que Juan haya venido ya.

문 16. 밑줄 친 부분을 우리말로 적절하게 옮긴 것은?

Nuestros hijos dispondrán de parques y jardines para jugar con sus amigos y divertirse a sus anchas.

① 혼자서 ② 마음껏
③ 사이좋게 ④ 조심스럽게

문 17. 다음 문장을 우리말로 가장 적절하게 옮긴 것은?

Marta nos ha contado lo que pasó en la fiesta de anoche y nos quedamos helados.

① 마르타가 어젯밤 파티에서 일어난 일을 얘기해 줬는데 우리는 너무 재미있었다.
② 마르타가 어젯밤 파티에서 일어난 일을 얘기해 줬는데 우리는 너무 화가 났다.
③ 마르타가 어젯밤 파티에서 일어난 일을 얘기해 줬는데 우리는 너무 충격을 받았다.
④ 마르타가 어젯밤 파티에서 일어난 일을 얘기해 줬는데 우리는 너무 슬펐다.

문 18. 밑줄 친 부분에 들어갈 말로 적절하지 않은 것은?

La industria el tabaco no está próspera en estos momentos, en parte, por causa de los convenios que han firmado muchos países, con el propósito de erradicar el hábito de fumar. Con tantos impuestos, fumar ya no representa un gasto _____. Aunque todavía hay personas que siguen fumando tranquilamente.

① caro ② moderado
③ razonalbe ④ barato

문 19. 다음 글의 내용과 일치하지 않는 것은?

El planeta en que vivimos está "enfermo". No lo cuidamos suficientemente. La primera vez que todos los gobiernos del mundo se reúnen para hablar de medio ambiente es en 1992 en Río de Janeiro (Brasil). Desde entonces, todos los pueblos hablan de calentamiento del planeta, deforestación, tala indiscriminada de bosques, lluvia ácida, agujeros en la capa de ozono, efecto invernadero, deshielo de los casquetes polares, desertización, etc. Ante esta situación tan alarmante los gobiernos aumentan la protección de las zonas naturales e impiden que se destruya el háitat de animales y plantas en vías de extinción.

① 생태계 교란 ② 산림 벌채
③ 지구 온난화 ④ 오존층의 파괴

문 20. ㉠ ~ ㉢에 들어갈 말이 바르게 짝지어진 것은?

> Hay que advertir que en los países hispánicos no hay (㉠) que prohiban a los jóvenes entrar en tabernas, discotecas o cualquier otro lugar donde (㉡) bebidas alcohólicas. En España, por ejemplo, todas las universidades tienen tabernas donde se sirven bebidas alcohólicas. Nadie piensa que por esto la moral juvenil esté en (㉢).

	㉠	㉡	㉢
①	reglas	construyan	problemas
②	leyes	consuman	peligro
③	sistemas	conmuevan	pánico
④	formas	contraten	persistencia

스페인어

문 1, 밑줄 친 부분에 들어갈 말로 알맞은 것은?

> A: Oye, ¿qué te pasa? Te veo un poco deprimida.
> B: Me siento un poco _____ porque nadie me hace caso.

① feliz   ② alegre
③ desanimada   ④ satisfecha

문 2. 다음 설명이 가리키는 것으로 알맞은 것은?

> Es un órgano de la circulación de la sangre que está situado, en el hombre, en el pecho. Es considerado generalmente como asiento del amor y de los sentimientos o sensibilidad afectiva.

① la cabeza   ② el cerebro
③ el estómago   ④ el corazón

문 3. 밑줄 친 부분에 들어갈 말이 순서대로 바르게 짝 지어진 것은?

> Tu trabajo está _____ escrito y es un _____ análisis del texto.

① buen – bien   ② bien – bien
③ bien – buen   ④ bueno – bueno

문 4. 다음 문장을 스페인어로 바르게 옮긴 것은?

> 내가 잡지를 읽고 있을 때 어머니가 방으로 들어오셨다.

① Cuando yo leí la revista, mi madre entró en la habitación.
② Cuando yo leía la revista, mi madre entraba en la habitación.
③ Cuando yo leí la revista, mi madre entraba en la habitación.
④ Cuando yo leía la revista, mi madre entró en la habitación.

문 5. 문법적으로 옳지 않은 것은?

① Tengo un amigo cuyo hermana es profesora.
② Los libros, que están ahí, son tuyos.
③ Viene a la fiesta el chico con quien hablaste.
④ El día en que tú naciste nació también tu primo.

문 6. 밑줄 친 부분에 들어갈 말이 순서대로 바르게 짝 지어진 것은?

> Ella no dijo nada que _____ decisivo, _____ nos decepcionó.

① fuera – el que   ② eran – lo que
③ fuera – lo que   ④ eran – el que

문 7. 밑줄 친 부분에 들어갈 말로 알맞은 것은?

> El barco partió temprano _____ las Islas Canarias.

① de rumbo a   ② con rumbo a
③ a rumbo para   ④ en rumbo para

문 8. 밑줄 친 부분에 들어갈 말로 알맞은 것은?

> Entre los médicos latinoamericanos, se destaca Carlos Finlay, médico y biólogo cubano nacido en 1833. Su mayor contribución científica fue el descubrimiento del mecanismo de transmisión de la fiebre amarilla que _____ un enigma desde sus primeros registros en el siglo XV. Recibió numerosos premios en Estados Unidos y Europa.

① fue   ② había
③ hubo   ④ había sido

문 9. 문법적으로 옳지 않은 것은?

① Me alegro mucho de verte.
② Me encargo hallar una cosa que os guste.
③ Mi abuelo disfruta de muy buena salud.
④ ¿No te das cuenta de que me estás pisando?

문 10. 밑줄 친 부분에 들어갈 말로 알맞은 것은?

> Juan llevaba un traje horrible y sus compañeros le tomaban _____ diciéndole que era precioso.

① la mano ② la nariz

③ el pelo ④ el codo

문 11. 다음 문장을 스페인어로 옮긴 것으로 적절하지 않은 것은?

> 나는 일주일째 학교에 가지 않고 있다.

① No voy al colegio desde hace una semana.

② Hace una semana que no voy al colegio.

③ Llevo una semana sin ir al colegio.

④ Mientras una semana no estoy yendo al colegio.

문 12. 밑줄 친 부분에 들어갈 말로 알맞은 것은?

> A : ¿Sabes si ha salido Antonio del hospital?
> B : _____.

① No, sale mañana

② No sé. Es probable que salga hoy

③ No, acaba de salir

④ No, seguro que está en su casa

문 13. 다음 문장을 우리말로 바르게 옮긴 것은?

> De haber vivido tú en un pueblo pequeño, las grandes ciudades te parecerían insoportables.

① 네가 작은 마을에서 살았다면 대도시가 견디기 어렵게 느껴질 거야.

② 너는 작은 마을에서 성장해서 대도시에서 견디기 어려운 시련을 겪었어.

③ 대도시 사람들은 네가 작은 마을에서 살았던 삶에 대해 견디기 어려울 것 같다고 말해.

④ 네가 작은 마을에서 자랐기 때문에 대도시 사람들은 너를 견디기 힘들어해.

문 14. 다음 안내문의 내용으로 보아 밑줄 친 부분에 들어갈 말로 알맞은 것은?

> ## Zoológico de Barcelona
>
> Precios de las entradas :
>
> ● Adultos : 9 euros
> ● Niños :
> - A partir de tres años : 5 euros
> - Menores de tres años : entrada gratuita
> ● Grupos de 10 personas : una entrada de adulto gratis

> Según informa el cartel, José (9 años), Elena (2 años) y sus padres Ignacio y María tienen que pagar _____.

① una entrada ② dos entradas

③ tres entradas ④ cuatro entradas

문 15. 다음 글에서 언급되지 않은 것은?

> Cuba tiene todo lo que buscamos en unas vacaciones : playa, buen clima y el encanto de su gente, siempre alegre y afable con los visitantes. La isla nos brinda más de 5.000 kilómetros de hermosas playas, de todo tipo, algunas más explotadas turísticamente con grandes hoteles, y otras naturales con mucha vegetación tropical, lo cual le da un encanto único. Mantiene su aspecto colonial, conservando monumentos de los siglos XVI y XVII, como su barroca catedral de San Cristóbal.

① 쿠바의 기후 ② 쿠바의 인구

③ 쿠바의 유적 ④ 쿠바 사람들의 특징

※ 다음 글의 내용과 일치하지 않는 것을 고르시오. [문 16 ~ 문17]

문 16.
> En España, durante la semana, las tiendas o establecimientos comerciales abren temprano, a las ocho o nueve de la mañana, y cierran aproximadamente a las nueve de la noche. Algunas tiendas cierran al mediodía, desde las 3 hasta las 5 aproximadamente. Los fines de semana los horarios de apertura y cierre son distintos. Los sábados se acostumbra a cerrar al mediodía y ya no se abre hasta el lunes, pero hace ya años que muchas tiendas abren los sábados por la tarde. La mayor parte de los establecimientos se toman el domingo como día de descanso. Los bares y restaurantes se acostumbran a descansar entre semana, los lunes o los martes por ejemplo.

① 상점들은 주말에도 같은 시간에 문을 열고 닫는다.
② 주중에 상점과 상가들은 오전 8시나 9시경에 문을 연다.
③ 몇 년 전부터 토요일 오후에도 문을 여는 상점이 많아졌다.
④ 바와 식당들은 주중인 월요일이나 화요일에 쉬는 데 익숙하다.

문 17.
> España es el país de la Unión Europea con menor proporción de inmigrantes, lo que quizá explica que la xenofobia sea también más pequeña. Según los estudios anuales del Ministerio de Trabajo y Asuntos Sociales, el número de extranjeros residentes en España aumenta pero las actitudes xenófobas disminuyen. Alrededor de dos tercios de los españoles son nada o poco xenófobos, pero uno de cada tres espanoles muestra algún grado de xenofobia. El estudio también demuestra que el índice de xenofobia es menor en las regiones que más inmigración reciben, lo que puede explicarse por el hecho de que el contacto con los inmigrantes influye en que tal índice descienda.

① 스페인은 유럽연합의 다른 국가들에 비해 이민자 비율이 낮은 편이다.
② 스페인에서는 최근 이민자가 늘어남에 따라 외국인을 배척하는 경향도 증가하는 추세이다.
③ 스페인 국민의 3분의 1은 외국인을 배척하는 경향을 보인다.
④ 스페인에서 이민자가 많은 지역일수록 외국인을 배척하는 경향이 낮다.

문 18. 다음 글의 내용과 일치하는 것은?

> Según los especialistas, no hay que dejarse engañar por las arrugas, el paso lento y los movimientos reumáticos de las tortugas ya que los órganos de una tortuga no envejecen gradualmente ni se hacen menos eficientes con el paso del tiempo.

① 거북은 주름이 많을수록 오래 산 것이다.
② 거북은 나이가 들수록 걸음이 느려진다.
③ 거북의 신체 기관은 시간이 흐름에 따라 단계적으로 노쇠해간다.
④ 거북의 나이는 겉으로 보아 알기 어렵다.

문 19. 다음 문장을 우리말로 바르게 옮긴 것은?

> No sabes lo bien que me lo he pasado en su casa.

① 내가 그의 집에서 한 선행을 너는 모를 거야.
② 너는 내가 그의 집에 들렀던 것을 잘 모를 거야.
③ 그의 집에서 내가 무슨 일을 저질렀는지 너는 잘 모를 거야.
④ 너는 내가 그의 집에서 얼마나 잘 지냈는지 모를 거야.

문 20. 밑줄 친 부분에 들어갈 말로 알맞은 것은?

> A: Este chico es muy grosero, ¿verdad?
> B: Es igual que su padre.
> A: Sí, claro, y _____. No lo podrá evitar.
> B: Hombre, podía hacer un esfuerzo por ser un poco más sociable.
> A: Vamos, yo no digo que no pueda, pero es que cada uno es como es.

① de tal palo tal astilla
② más ven cuatro ojos que dos
③ a buen hambre no hay pan duro
④ a quien madruga, Dios le ayuda

스페인어

문 1. 밑줄 친 부분에 들어갈 말로 알맞은 것은?

> A: ¿A cuántos estamos hoy?
> B: _____.

① Hoy es viernes
② Son las dos y media
③ Estamos a 15 de mayo
④ Estamos bien cansados

문 2. 밑줄 친 부분의 의미와 같은 것은?

> A: ¿Viste el otro día la película?
> B: No, porque cuando llegué, ya se habían agotado las entradas.

① acabado   ② acordado
③ preparado   ④ evolucionado

문 3. A의 질문에 대한 B의 대답으로 적절하지 않은 것은?

① A: ¿Qué te apetece comer?
　 B: No tengo hambre.
② A: ¿Le ofrezco un café?
　 B: Sí, por favor, tráigamelo.
③ A: ¿Qué película quieres ver?
　 B: Ya lo sé.
④ A: ¿Qué horario tienes?
　 B: Trabajo desde las nueve hasta las seis.

문 4. 우리말을 스페인어로 바르게 옮긴 것은?

> 네 생일날 내가 너를 어느 레스토랑에 데려가기를 원하니?

① ¿Qué restaurante quieras que te lleve el día de tu cumpleaños?
② ¿Qué restaurante quieres que te lleva el día de tu cumpleaños?
③ ¿A qué restaurante quieres que te lleve el día de tu cumpleaños?
④ ¿A qué restaurante quieres que te llevo el día de tu cumpleaños?

문 5. 밑줄 친 부분을 우리말로 바르게 옮긴 것은?

> A: ¿Cuándo se fue Carmen?
> B: No hace ni cinco minutos que se ha ido.

① 떠난 지 정확히 5분 됐어.
② 떠난 지 채 5분도 안됐어.
③ 떠난 지 적어도 5분은 됐어.
④ 떠난 지 대략 5분 정도 됐어.

문 6. 밑줄 친 부분에 들어갈 말로 알맞은 것은?

> A: El concierto del año pasado debió de ser fascinante.
> B: ¡Ojalá _____ allí para verlo!

① estamos   ② estemos
③ estuviéramos   ④ hubiéramos estado

문 7. 밑줄 친 부분에 들어갈 말로 알맞은 것은?

> A: Si terminas el trabajo en una semana, nos marchamos de viaje.
> B: Entonces pondré _____ a la obra ahora mismo.

① pies   ② ojos
③ dedos   ④ manos

문 8. 우리말을 스페인어로 바르게 옮긴 것은?

> 오늘 회의는 콜럼버스 타워 309호에서 개최합니다.

① La reunión de hoy es en la sala 309 de la Torre Colón.
② Se anula la reunión de hoy en la sala 309 de la Torre Colón.
③ Hoy se decidirá una reunión en la sala 309 de la Torre Colón.
④ La reunión de hoy se traslada a la sala 309 de la Torre Colón.

문 9. ㉠ ~ ㉢에 들어갈 동사의 형태가 바르게 짝지어진 것은?

> ○ Nada más (㉠) a casa, encendió la televisión.
> ○ En cuanto (㉡) la tarea, te llamaré.
> ○ Siempre que me (㉢), me saluda.

	㉠	㉡	㉢
①	llegar	termine	ve
②	llego	termine	vea
③	llegara	termino	ve
④	llegar	termino	vea

문 10. 글의 내용으로 알 수 없는 것은?

> El año 2013 se caracterizó por la recuperación del crecimiento de la economía mundial, sobre la base de los procesos de mejora de las economías de los países desarrollados y el crecimiento de China, que fue de alrededor del 7%. En este contexto, la tasa de crecimiento económico de América Latina fue superior a la media mundial. Y la tasa de desocupación urbana registró un leve descenso como resultado del incremento del empleo. El poder adquisitivo de los salarios medios se mantuvo sin variaciones relevantes o se incrementó en forma moderada en la mayoría de los países.

① 2013년 라틴아메리카의 경제성장률은 세계 평균보다 높았다.

② 2013년 라틴아메리카의 도시 실업률은 고용의 증가로 인해 하락하였다.

③ 2013년 라틴아메리카의 평균임금 상승폭은 유지되거나 약간 하락하였다.

④ 2013년 선진국들의 경제호조와 중국의 성장으로 세계의 경기가 회복되었다.

문 11. 밑줄 친 부분에 들어갈 말로 알맞은 것은?

> La noticia corrió rápidamente _____ boca en boca

① a   ② de

③ en   ④ para

문 12. 문법적으로 옳지 않은 것은?

① Juan estaba muy enfermo.

② Ten cuidadoso con el perro.

③ Perdona que llegue tan tarde.

④ Me dijo que te diera recuerdos.

문 13. 밑줄 친 부분에 들어갈 말로 알맞은 것은?

> El profesor les pidió que se callaran, pero no le hicieron _____.

① caso   ② falta

③ juego   ④ alarde

문 14. ㉠, ㉡에 들어갈 동사의 형태가 바르게 짝지어진 것은?

> A: ¿Qué hiciste anoche?
> B: (㉠) al cine.
> A: ¿Y tu hermano?
> B: Cuando llegué a casa, mi hermano (㉡) dormido en su habitación.

	㉠	㉡
①	Iba	estaba
②	Fui	estaba
③	Iba	estuvo
④	Fui	estuvo

문 15. 우리말을 스페인어로 바르게 옮긴 것은?

> 그가 도착하지 않은 것은 유감이다.

① Es una lástima que él no llega.
② Es una lástima que él no llegó.
③ Es una lástima que él no ha llegado.
④ Es una lástima que él no haya llegado.

문 16. 스페인어를 우리말로 바르게 옮긴 것은?

> ¿Por qué no invertís en esa empresa farmacéutica cuanto dinero tenéis?

① 너희들이 가진 돈 전부를 그 제약회사에 투자하는 게 어떠니?
② 너희들은 돈이 얼마나 들었는지 왜 그 제약회사에 보고하지 않는 거니?
③ 너희들이 투자한 돈이 얼마인지 왜 그 제약회사가 알려주지 않는 거니?
④ 너희들이 가진 돈이 전부 얼마인지 왜 그 제약회사가 알고 싶어 하는 거니?

문 17. 밑줄 친 부분을 우리말로 적절하게 옮긴 것은?

> Javier: Papá, hoy volveré tarde. No me esperes despierto.
> Papá: A las 9, aquí, Javier.
> Javier: Pero, papá, a las 9 empieza la fiesta.
> Papá: Me da igual. Tienes 17 años y vuelves a las 9.
> Javier: Volviste ayer a la una de la madrugada.
> Papá: Javier, no hay discusión. Y no protestes más. Cuando seas padre, comerás huevos.

① 부모의 은혜를 다 갚을 수는 없다.
② 어른이 되거든 네가 하고 싶은 대로 해라.
③ 아버지가 되어 봐야 아버지의 마음을 알게 될 것이다.
④ 부모가 되어 가족을 부양하려면 때로는 먹고 싶은 것도 참아야 한다.

문 18. 문법적으로 옳지 않은 것은?
① Haré lo que pueda hacer.
② Hago lo que puedo hacer.
③ Hizo lo que pudiera hacer.
④ Iba a hacer lo que pudiera hacer.

※ 글의 내용으로 알 수 없는 것은? [문19 ~ 문20]

문 19.
> Aunque sabemos que las causas de la Guerra Civil Española fueron internas y bastante complejas, este onflicto produjo un extraordinario debate fuera de las fronteras espanolas. Los intelectuales extranjeros se sintieron en la obligación moral de tomar postura y escribieron miles de páginas sobre el problema. De esta literatura salió, en buena parte, la simplificación ideológica del conflicto.

① 스페인 내전은 외국에서 큰 논란을 야기했다.
② 많은 외국 문인들이 스페인 내전에 참전하고 싶어했다.
③ 스페인 내전을 다룬 많은 외국문학에서 이념적 단순화가 이루어졌다.
④ 외국의 지식인들은 스페인 내전과 관련하여 도덕적 의무감을 느꼈다.

문 20.

En España, el desigual reparto del trabajo doméstico es el obstáculo más importante para lograr la total integración de la mujer en el ámbito laboral. El trabajo doméstico todavía se considera una responsabilidad de la mujer, al igual que el cuidado de los ninos y de los ancianos. Se calcula que el 98% de las labores del hogar son desempeñadas mayoritariamente por mujeres. Por lo tanto, vemos que la división de papeles en la sociedad española todavía se encuentra dividida: los hombres se encargan del trabajo remunerado y las mujeres principalmente del doméstico.

① 아이와 노인을 돌보는 것은 여성의 몫으로 간주된다.
② 남성은 부수가 있는 일을 맡고 여성은 주로 가사를 담당한다.
③ 여성의 활발한 사회진출을 위해서는 남녀의 역할이 분리되어야 한다.
④ 불평등한 가사 분담은 여성이 노동환경에 완전하게 합류하는 데 가장 큰 장애가 된다.

스페인어

문 1. 밑줄 친 부분에 알맞은 표현은?

> A: Mañana tengo un examen muy importante.
> B: ¡ _____ !
> A: Gracias. Nos vemos este fin de semana.

① Suerte ② Perdón
③ De nada ④ Muy rico

문 2. 글의 내용과 일치하지 않는 것은?

> Pablo Sarasate es pamplomés de España, nacido en 1844. Desde muy niño toma leccierto. La reina Isabel Ⅱ le regala el violín Stradivarius y le ayuda a estudiar en París. Dicen que Sarasate es un gran violonista del siglo XIX. Su obra más importante es Zigeunerweisen

① 7살 때 Stradivarius 바이올린을 구입한다.
② 19세기의 위대한 바이올린 연주자이다.
③ Zigeunerweisen는 그의 작품이다.
④ Isabel Ⅱ 여왕이 그의 파리유학을 후원한다.

문 3. 밑줄 친 부분의 의미와 같은 것은?

> Poco después de su graduación, el joven abogado, que ya era un salsero reconocido en su país, hizo sus maletas, <u>agarró</u> su guitarra y se fue a Nueva York.

① desempacó ② abandonó
③ tomó ④ afirmó

문 4. 글의 제목으로 알맞은 것은?

> Muchos libros de textos escolares persisten en fijar los papeles tradicionales de los sexos o en ignorar a la mujer. Algunos libros han introducido tímidas reformas para evitar el sexismo incluyendo en mayor número de profesiones ejercidas por mujeres. Pero aún queda camino por recorrer porque en los hombres son ingenieros, médicos o filósofos mientras que las mujeres son vendedoras, maestras, secretarias o enfermeras.

① 학교 교재에 소개된 직업교육의 기능
② 학교 교육의 경쟁력
③ 학교 교재의 올바른 활용법
④ 교재에 나타난 성 역할 고정관념

문 5. 밑줄 친 부분에 들어갈 단어로 알맞은 것은?

> La tasa de _____ es la tasa de retorno que un inversionista debe recibir, por unidad de tiempo determinado, del deudor, a raíz de haber usado su dinero durante ese tiempo.

① aduana ② paro
③ interés ④ natalidad

문 6. 우리말을 스페인어로 바르게 옮긴 것은?

> 집에 도착했을 때 내 고양이는 방에서 잠들어 있었다.

① Cuando llegaba a casa, mi gato durmió en la habitación.
② Cuando llequé a casa, mi gato estaba dormido en la habitación.
③ Cuando llegaba a casa, mi gato ha sido dormido en la habitación.
④ Cuando llequé a casa, mi gato se durmió en la habitación.

문 7. ㉠, ㉡에 들어갈 것으로 알맞은 것은?

> Ellos abrieron las ventanas (㉠) par (㉡)
> par para cambiar aire.

	㉠	㉡
①	a	de
②	de	a
③	de	en
④	en	de

문 8. 스페인어를 우리말로 옮겼을 때 가장 가까운 것은?

> No me cansaré de repetirte que vayas.

① 너에게 그만 가라고 하는 건 피곤한 일이다.

② 나는 몇 번이고 반복해서 너에게 가라고 말할
    것이다.

③ 이제 피곤하니까 너는 그만 가렴.

④ 나는 끝까지 너와 함께 갈 것이다.

문 9. 밑줄 친 표현과 바꾸어 쓸 수 있는 것은?

> A: Estoy de mala leche.
> B: ¿Por qué? ¿Te pasa algo?
> A: Mi hermano me ha tomado el pelo.

① Estoy sucio.

② Estoy lleno..

③ Estoy de mal humor

④ Estoy resfriado.

문 10. 밑줄 친 부분이 옳은 것은?

① Quinientas mil personas escucharon música.

② Juan es superior que su hermano en cualquier
    tipo de actividades.

③ Tengo reservado una mesa en un restaurante
    italiano para esta noche.

④ Le robaron a esa actriz famosa cuanto joyas
    tenía en su habitación.

문 11. 밑줄 친 부분에 들어갈 표현으로 적절한 것은?

> Pedro: Lo hiciste muy bien en la ompetición.
> Juan: Gracias, pero _____

① ¡ anímate!, mujer.

② ¡ qué simpática eres!

③ tú tampoco lo hiciste bien.

④ lo habría podido hacer mejor.

문 12. 스페인어를 우리말로 바르게 옮긴 것은?

> Quedándote en casa mañana, aprovecharás
> mucho más el tiempo que en tu despacho.

① 너는 오전에 집에 있으면 사무실에 있는 것보다
    훨씬 시간을 잘 활용할 수 있을 것이다.

② 너는 내일 집에 잇을 수 있다면 사무실에 있는
    것보다 훨씬 시간을 잘 활용할 수 있을 것이다.

③ 너는 다음 날 집에 있으면서 사무실에 있는 것
    보다 훨씬 시간을 잘 활용했다.

④ 네가 내일 사무실에 있다면 집에 있는 것보다
    훨씬 시간을 잘 활용할텐데.

문 13. 밑줄 친 부분에 어울리지 않는 말은?

> (En la zapatería)
> A: Me gustaría comprar un par de zapatos,
>   por favor.
> B: _____

① ¿No le gustan los zapatos con cordones?

② Me gustan pero no me caben bien.

③ ¿Prefiere usted un tacón bajo o un poco alto?

④ Muy bien, ¿cuál es su número?

문 14. 글의 내용과 일치하지 않는 것은?

Un fenómeno importante en la configuración de la España actual ha sido el movimiento migratorio. Los movimientos migratorios se producen por diferencias de tensión demográfica sobre los recursos económicos disponibles. El funcionamiento de este mecanismo se aprecia claramente en nuestra migración interior. El más fuerte crecimiento vegetativo de la España peninsular se da en Galici, Murcia, Extremadura y en el interioi de Andalucía. Todas las mencionadas son zonas de baja renta per cápita, originándose en ellas una alta tensión demográfica sobre los recursos, que desencadena la emigración a las áreas de mayor desarrollo industrial y menor crecimiento vegetativo. Se crea así una serie de corrientes migratorias a Madrid, todo el Norte y Cataluña.

① 이주는 현대 스페인의 모습에 있어 중요한 역할을 했다.
② 공업과 농업 성장세가 높은 북부로 이주가 발생하고 있다.
③ 갈리시아, 무르시아, 안달루시아는 소득수준이 낮다.
④ 이주가 발생하는 요인은 가용경제자원 획득이다.

문 15. 밑줄 친 부분에 들어갈 단어로 알맞은 것은?

La energía eólica se genera a través de la fuerza del _____ .

① gas
② mar
③ viento
④ vapor

문 16. 밑줄 친 부분에 들어갈 것으로 옳은 것은?

A: Quiero ser actriz.
B: Tú llegarás a _____ .
A: Gracias.

① serla
② serlo
③ serlas
④ serlos

문 17. 글의 내용과 가장 일치하는 것은?

La frontera de 2500 millas entre México y los Estados Unidos es la única frontera visible entre los mundos desarrollados y en desarrollo. Entre las dos fronteras existe una tierra de nadie donde los inmigrantes latinoamericanos que quieren ir a EE UU se enfrentan a la vigilancia de las patrullas fronterizadas norteamericanas.

① 미국과 멕시코 정부 간에 정치적 갈등이 발생하고 있다.
② 미국과 멕시코는 영토 분쟁을 겪고 있다.
③ 불법이민자에 대한 미국 정부의 처우 문제가 대두되고 있다.
④ 미국행을 원하는 라틴아메리카의 이민자에 대해 언급하고 있다.

문 18. 글에서 언급되지 않은 것은?

Tanto los animales terrestres como los marinos se ven afectados por el calentamiento global. En general, el cambio en el clima les afecta en dos vertientes : su distribución y la relación con sus hábitats naturales, y su comportamiento. Si no se detiene el cambio climático una cuarta parte de las especies del planeta podría extinguirse. La única solución es reducir las emisiones de gases de efecto invernadero de una forma radical.

① 온실가스 배출량을 급격히 감소시키는 것만이
유일한 해결책이다.

② 기후변화는 동물들의 행동 양식에 변화를 일으
켜 먹이사슬을 파괴시킨다.

③ 기후변화가 멈추지 않으면 지구상에 존재하는
종(種)의 25%가 멸종될 수도 있다.

④ 육상동물들뿐만 아니라 바다동물들까지도 지구
온난화의 영향을 받고 있다.

문 19. 우리말을 스페인어로 잘못 옮긴 것은?

네가 관심이 있는 그 집이 매물로 나와 있다.

① La casa por la que tienes interés está en
venta.

② La casa que te interesa está en venta.

③ La casa la que te interesa está en venta.

④ La casa por la cual tienes interés está en
venta.

문 20. 글에 등장하는 '나'와 관계없는 내용은?

En el comedor no había nadie, aunque ya
eran las nueve de la tarde. Me senté a la
mesa y esperé unos minutos, y luego, para
matar el tiempo, busqué en mi diccionario de
bolsollo los nombres de las cosas que no
conocía. Por fin llegó la criada con la comida.
Empecé a comer con apetito de lobo. ¿Le ha
gustado la comida? ¿Quiere algo más? me
preguntó la dueña. Le contesté que había
comido bien, y era la verdad. Lo que me
inquieta es que, por lo visto, soy el único
huésped; prefiero comer en compañía.

① 하숙생이다.
② 모르는 단어들을 사전에서 찾아보았다.
③ 음식을 맛있게 먹었다.
④ 회사에서 식사하는 것을 더 선호한다.

2007년

1	①	11	①
2	③	12	③
3	①	13	①
4	③	14	③
5	④	15	④
6	②	16	③
7	①	17	②
8	③	18	①
9	④	19	④
10	②	20	②

2009년

1	②	11	②
2	④	12	③
3	③	13	③
4	①	14	④
5	②	15	①
6	④	16	②
7	②	17	④
8	③	18	③
9	③	19	④
10	①	20	①

2008년

1	②	11	③
2	②	12	①
3	①	13	①
4	④	14	③
5	①	15	③
6	②	16	④
7	③	17	②
8	③	18	②
9	④	19	④
10	④	20	①

2010년

1	①	11	④
2	④	12	③
3	③	13	①
4	①	14	②
5	③	15	④
6	②	16	③
7	④	17	④
8	①	18	②
9	①	19	②
10	③	20	②

2011년

1	①	11	②
2	①	12	④
3	②	13	③
4	③	14	①
5	④	15	①
6	④	16	③
7	③	17	②
8	②	18	④
9	③	19	④
10	④	20	①

2013년

1	②	11	③
2	④	12	①
3	④	13	①
4	②	14	②
5	①	15	①
6	③	16	①
7	②	17	④
8	④	18	②
9	③	19	③
10	②	20	①

2012년

1	②	11	④
2	①	12	①
3	①	13	②
4	②	14	③
5	②	15	④
6	①	16	④
7	④	17	③
8	③	18	④
9	③	19	②
10	②	20	④

2014년

1	①	11	④
2	③	12	①
3	③	13	④
4	④	14	②
5	①	15	④
6	③	16	②
7	②	17	③
8	②	18	①
9	②	19	①
10	③	20	②

2015년

1	③	11	④
2	④	12	②
3	③	13	①
4	④	14	③
5	①	15	②
6	③	16	①
7	②	17	②
8	④	18	④
9	②	19	④
10	③	20	①

2016년

1	③	11	②
2	①	12	②
3	③	13	①
4	③	14	②
5	②	15	④
6	④	16	①
7	④	17	②
8	①	18	③
9	①	19	②
10	③	20	③

2017년

1	①	11	④
2	①	12	②
3	③	13	②
4	④	14	②
5	③	15	③
6	②	16	②
7	③	17	④
8	②	18	②
9	③	19	③
10	①	20	④